金融数据安全治理的理论与实践

单 强 编著

中国金融出版社

责任编辑：刘　钊
责任校对：刘　明
责任印制：丁淮宾

图书在版编目（CIP）数据

金融数据安全治理的理论与实践 / 单强编著 .—北京 ：中国金融出版社，2024.5
ISBN 978-7-5220-2411-0

Ⅰ.①金…　Ⅱ.①单…　Ⅲ.①金融—数据处理—安全技术—研究　Ⅳ.①F830.41

中国国家版本馆 CIP 数据核字（2024）第 087834 号

金融数据安全治理的理论与实践
JINRONG SHUJU ANQUAN ZHILI DE LILUN YU SHIJIAN
出版发行　中国金融出版社
社址　北京市丰台区益泽路 2 号
市场开发部　(010)66024766，63805472，63439533（传真）
网 上 书 店　www.cfph.cn
　　(010)66024766，63372837（传真）
读者服务部　(010)66070833，62568380
邮编　100071
经销　新华书店
印刷　河北松源印刷有限公司
尺寸　169 毫米×239 毫米
印张　16.25
字数　280 千
版次　2024 年 5 月第 1 版
印次　2024 年 5 月第 1 次印刷
定价　68.00 元
ISBN 978-7-5220-2411-0

课题组成员名单

组　长： 单　强

副组长： 王新华　周道许

成　员： 刘玉书　刘　巍　刘燕青

余章馗　邓　康　王心玉

目 录 | Contents

一、金融数据安全治理概述

（一）基本概念

鉴于当前学术界关于金融数据安全治理领域所涉及的诸多概念尚未明确统一，本书立足金融数据安全治理体系建设实践，从国家法律法规、监管部门政策指引、国家和行业标准以及部分最新权威学术研究成果入手，对目前监管部门和金融机构实际运营过程中对相关概念形成的共识进行梳理和总结。

1. 数据治理

《信息技术服务　治理　第5部分：数据治理规范》（GB/T 34960）（以下简称《数据治理规范》）对数据治理（Data governance）的定义为，数据资源及其应用过程中相关管控活动、绩效和风险管理的集合。

数据治理源于组织外部监管、内部数据管理及应用的需求，目标是保障数据及其应用过程中的运营合规、风险可控和价值实现。组织应通过评估、指导和监督的方法，按照统筹和规划、构建和运行、监控和评价以及改进和优化的过程，实施数据治理的任务。

2. 数据安全治理

高德纳（Gartner）公司将数据安全治理（DSG）定义为“信息治理的一个子集，它专门通过定义的数据政策和流程来保护企业数据（无论是结构化数据库还是非结构化文件的形式）。”①

从高德纳的定义看，“数据安全治理不仅是一套用工具组合的产品级解决方案，而且是从决策层到技术层，从管理制度到工具支撑，自上而下贯穿整个组织架构的完整链条。组织内的各个层级之间需要对数据安全治理的目标和宗旨达成共识，确保采取合理和适当的措施，以最有效的方式保护信息资

① Donna Davis. Data Security Governance [EB/OL]. https://www.iri.com/blog/vldb-operations/data-security-governance/.

源”。①

一般而言，数据治理与数据安全治理，在组织内的主责部门，行为目标和工作内容方面存在不同，两者的区别见表 1-1。目前，国内学术界和部分企业也从数字资产的角度对“数据治理”和“数据安全治理”进行区分，但鉴于目前对“数字资产”与“数据确权”的概念尚未统一，两者的边界还不够清晰，因此，这里就不从数据资产角度对数据治理和数据安全治理进行辨析。

表 1-1　数据治理与数据安全治理的区别

类别	数据治理	数据安全治理
主责部门	IT 部门	安全合规部门
目标	数据驱动组织发展，提升组织数据资产价值	保障数据的安全、使用和共享
工作内容	数据质量提升	数据合规安全访问，数据分类分级监管

3. 金融数据治理

到目前为止，在国家法律法规和标准规范层面，尚无“金融数据治理”的明确定义，但根据金融管理部门出台的政策指引和已发布的相关标准，可对其进行明确界定。

《金融数据安全　数据安全分级指南》（JR/T 0197—2020）（以下简称《金融数据安全分级指南》）对金融数据的定义为，金融业机构开展金融业务、提供金融服务以及日常经营管理所需或产生的各类数据。该类数据可用传统数据处理技术或大数据处理技术进行组织、存储、计算、分析和管理。

《银行业金融机构数据治理指引》（银保监发〔2018〕22 号，以下简称《指引》）关于数据的定义为，银行业金融机构通过建立组织架构，明确董事会、监事会、高级管理层及内设部门等职责要求，制定和实施系统化的制度、流程和方法，确保数据统一管理、高效运行，并在经营管理中充分发挥价值的动态过程。

综合《金融数据安全分级指南》和《指引》对数据资料的相关表述，金融数据治理可定义为，金融机构通过建立组织架构，明确管理层及内设部门等职责要求，制定和实施系统化制度、流程和方法，确保金融数据统一管理、

① 中国教育网络．高校数据安全治理痛点与对策［EB/OL］．https://www.edu.cn/info/xy/xytp/202109/t20210909_2153293.shtml.

高效运行，并在经营管理中充分发挥价值的动态过程。

4. 金融数据安全治理

《金融数据安全　数据生命周期安全规范》（JR/T 0223—2021）（以下简称《金融数据生命周期安全规范》）对金融数据安全的定义为，确保金融数据在其生命周期各阶段的安全性，通过采取相应措施，将数据安全性遭受破坏可能带来的安全影响降至最低或降至可接受的范围内。

要对金融数据安全治理进行准确定义，需根据国家相关政策法规和相关标准，从治理视角、数据安全视角和金融行业的视角来准确界定金融数据安全治理的概念。

一是从治理的视角看，如图1-1所示，基于《数据治理规范》国家标准关于“数据治理”的界定，“数据安全治理”属于“数据治理”的组成部分，而“金融数据安全治理”属于“数据安全治理”的一个子集。

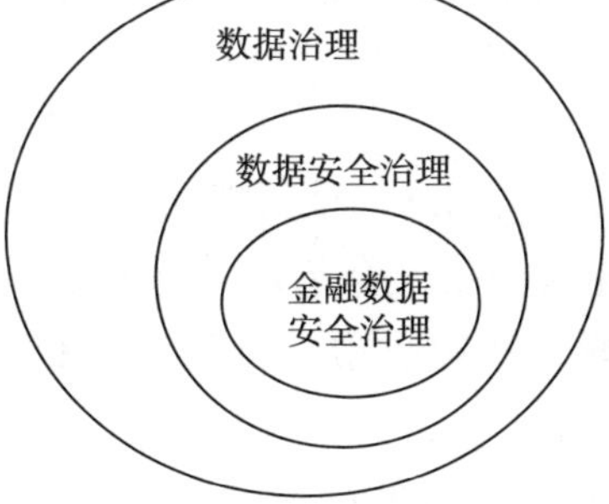

图1-1　金融数据安全治理的隶属关系

二是从数据安全的视角看，《数据安全法》定义的数据安全，是指通过采取必要措施，确保数据处于有效保护和合法利用的状态，以及具备保障持续安全状态的能力。

三是从金融行业的视角看，金融数据安全治理应结合金融业的行业属性。《指引》可作为当前金融行业开展金融数据安全治理的重要参考。

根据前面的相关论述，金融数据安全治理可被定义为，源自组织的外部监管、内部金融数据安全管理及应用的需求，为保障金融数据在其生命周期各阶段的安全性，做到金融数据安全的运营合规、风险可控和价值实现，通过评估、指导和监督的方法，按照统筹和规划、构建和运行、监控和评价以及改进和优化的过程，将金融数据安全性遭受破坏可能带来的安全影响降至最低或降至可接受的范围内的行为集合。

5. 金融数据安全治理体系

《现代汉语词典》对“体系”的定义为，若干有关事物或思想意识互相联系而构成的一个整体，如理论体系、工业体系等。一般而言，一个体系中的若干要素之间的联系会形成一个框架，在框架的支撑下，构成一个整体。金融数据安全治理体系是由金融数据安全顶层设计、金融数据安全治理环境、金融数据安全治理域和金融数据安全治理过程四个互相联系的部分构成的整体。其中，金融数据安全顶层设计包括金融数据安全相关的战略规划、组织构建和架构设计，是金融数据安全治理实施的基础。金融数据安全治理环境包括内外部环境及促成因素，是金融数据安全治理实施的保障。金融数据安全治理域包括金融数据安全治理体系和金融数据安全价值体系，是金融数据安全治理实施的对象。金融数据安全治理过程包括统筹和规划、构建和运行、监控和评价以及改进和优化，是金融数据安全治理实施的方法。

6. 数据治理与数据安全治理等三组关联概念的辨析

一是数据治理与数据安全治理的关系：数据安全治理是数据治理的一部分。

二是金融数据安全治理与网络安全治理的关系。

目前理论界和实务界对网络安全治理尚无权威的定义。从公开发表的研究文献看，网络安全治理与金融数据安全治理在技术层面上存在大量交集，在制度层面上存在诸多联系。

三是金融数据安全治理与金融安全治理的关系。到目前为止，从国家政策法规、相关标准以及公开发表的研究成果来看，金融安全治理的定义并未统一。本书从宏观层面界定金融安全治理，并对金融数据安全治理与金融安全治理的关系进行辨析。

从宏观层面看，国家金融安全是指一国（或地区）金融业包括金融机构、金融市场，在其发展过程中对来自国内外不利因素的干扰和冲击具有足够抵御与抗衡的能力，并保持正常运行和发展的一种稳定状态①。基于此，金融安全治理是以实现金融安全为目的的顶层设计、内外部环境建设、体系构建、运营评估和监督管理的合集。金融数据是监测分析金融安全状态、揭示金融风险、维护金融安全的重要工具。同时，金融数据安全是金融安全的主要内容之一。因而，金融数据安全治理与金融安全治理在一部分内容上存在交集。对于金融数据安全治理的研究，需同时兼顾数据安全治理、金融安全治理和

① 周道许，马天平．金融安全指数报告（国别版）［M］．北京：中国经济出版社，2022.

网络安全治理三种视角（见图 1-2）。

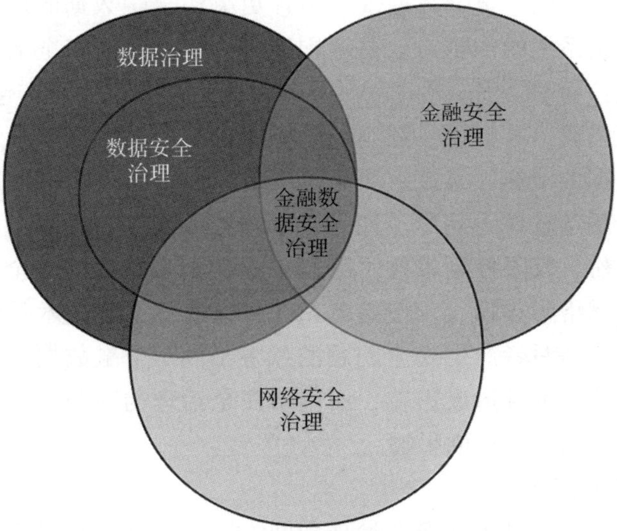

图 1-2　金融数据安全治理与数据治理、数据安全治理、金融安全治理、网络安全治理的关系

（二）金融数据安全治理、网络安全治理的区别与联系

从金融数据安全各相关要素的定义和数据流动视角下的网络安全与金融数据安全（见图 1-3）的区别及联系可看出，网络安全与数据安全是保障金融数据安全的两大支柱，其中网络安全侧重于金融数据流动渠道的安全，数据安全侧重于金融数据的内容和使用安全。从金融数据安全治理与网络安全治理的区别与联系看，两者存在五个方面的区别及五个方面的共同点。

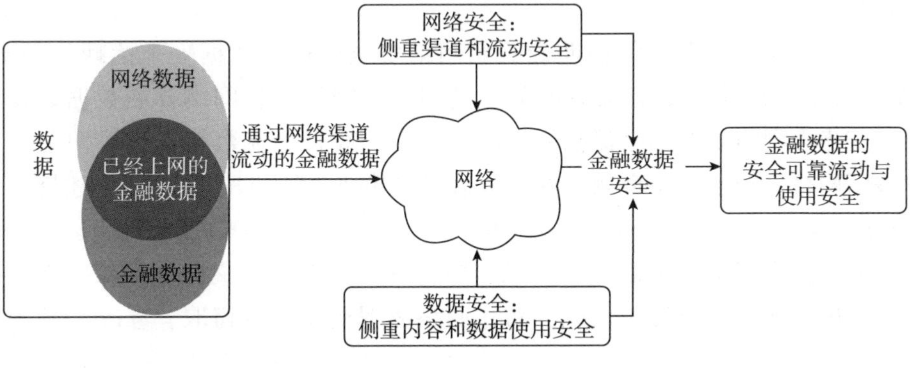

图 1-3　数据流动视角下的网络安全与金融数据安全关系图

1. 两者的区别

一是侧重点不同。金融数据安全治理更关注金融数据的保护，网络安全治理更关注网络系统的保护。二是范围不同。金融数据安全治理关注数据本身的安全问题，而网络安全治理需关注整个网络的系统安全，包括网络设备、网络协议、网络通信等方面。三是风险点不同。金融数据安全治理的风险主要来自金融数据的泄露、篡改、丢失等问题，而网络安全治理的风险主要来自网络攻击、恶意软件等问题。四是技术路径不同。金融数据安全治理通常通过加密、备份、权限控制等技术手段来保护金融数据的安全，而网络安全治理通常通过网络防火墙、入侵检测系统、安全认证等技术手段来保护网络系统的安全。五是两者产生安全问题的危害不同。金融数据安全治理的问题主要会对金融数据本身造成影响，而网络安全治理的问题可能会对整个网络系统以及网络上的用户造成影响。

2. 两者的共同点

一是保密性。金融数据安全治理和网络安全治理都着眼于数据和系统的保密，以确保只有获得授权的人员才能访问和使用。二是完整性保护。金融数据安全治理和网络安全治理都致力于保护数据和系统的完整性，以确保未经授权的修改、删除或破坏不会发生。三是可用性保护。金融数据安全治理和网络安全治理都关注确保数据和系统的可用性，以确保它们在需要时可被访问和使用。四是管理措施存在共性。金融数据安全治理和网络安全治理都需要采用管理流程控制等措施来防止未经授权的访问或滥用金融数据和相关系统。五是多层次的防御体系。金融数据安全治理和网络安全治理都需要采用多层次的防御策略，以确保金融数据和系统的安全，如防火墙、入侵检测和反病毒软件等。在具体实践中，金融数据安全治理与网络安全治理存在紧密联系。

一是网络安全等级保护明确规定网络安全治理是数据安全治理的基础。《数据安全法》第二十七条规定了“利用互联网等信息网络开展数据处理活动，应当在网络安全等级保护制度的基础上，履行上述数据安全保护义务”。这表明网络安全治理是金融数据安全治理的基础。《数据安全法》上述规定与《网络安全法》第二十一条“国家实行网络安全等级保护制度，网络运营应当按照网络安全等级保护制度的要求，履行下列安全保护义务，保障网络免受干扰，破坏或者未经授权访问，防止网络数据泄露或者窃取、篡改”的规定相对应。

二是数据出境管理同时涉及金融数据安全治理和网络安全治理。《关键信息基础设施安全保护条例》第二条规定：关键信息基础设施，是指公共通信和信息服务、能源、交通、水利、金融、公共服务、电子政务、国防科技工业等重要行业和领域的，以及其他一旦遭到破坏、丧失功能或者数据泄露，可能严重危害国家安全、国计民生、公共利益的重要网络设施、信息系统等。金融行业的信息基础设施属于“关键信息基础设施”。《数据安全法》第三十一条规定：关键信息基础设施的运营者在中华人民共和国境内运营中收集和产生的重要数据的出境安全管理，适用《网络安全法》的规定。可见，国家对金融数据的出境管理，金融数据安全治理与网络安全治理是同时考虑的，见表 1-2。

表 1-2　金融数据安全各相关要素的定义

安全要素	定义	来源
数据	是指任何以电子或者其他方式对信息的记录。	《数据安全法》第三条
网络数据	是指通过网络收集、存储、传输、处理和产生的各种电子数据。	《网络安全法》第七十六条
金融数据	金融业机构开展金融业务、提供金融服务以及日常经营管理所需或产生的各类数据。	《金融数据安全　数据安全分级指南》（JR/T 0197—2020）
网络	是指由计算机或者其他信息终端及相关设备组成的按照一定的规则和程序对信息进行收集、存储、传输、交换、处理的系统。	《网络安全法》第七十六条
数据安全	是指通过采取必要措施，确保数据处于有效保护和合法利用的状态，以及具备保障持续安全状态的能力。	《数据安全法》第三条
网络安全	是指通过采取必要措施，防范对网络的攻击、侵入、干扰、破坏和非法使用以及意外事故，使网络处于稳定可靠运行的状态，以及保障网络数据的完整性、保密性、可用性的能力。	《网络安全法》第七十六条
金融数据安全	主要是指确保金融数据在其生命周期各阶段的安全性，通过采取相应措施，将数据安全性遭受破坏可能带来的安全影响降至最低或降至可接受的范围内。	《金融数据安全　数据生命周期安全规范》（JR/T 0223—2021）

（三）金融数据安全治理体系构成

中共中央和国务院印发的《关于构建数据基础制度更好发挥数据要素作用的意见》强调要统筹发展和安全，贯彻总体国家安全观，强化数据安全保障体系建设，把安全贯穿数据供给、流通、使用全过程。党的二十大报告也要求“强化经济、重大基础设施、金融、网络、数据、生物、资源、核、太空、海洋等安全保障体系建设”。“金融+数据”的双重属性，对金融数据的安全保障体系提出了更高的要求。

1. 金融数据安全治理目标

安全和发展既相互依存又相互制约，这要求金融数据安全治理的目标需要与金融机构整体发展战略和业务目标保持一致性，而同时又要具备安全作为一切工作底线的特征。因此，数据安全治理目标是，通过组织、制度、机制、流程、文化、意识等“软”能力，以及数据安全保护技术、工具、平台等“硬”能力的建设与实践，规范金融机构数据的开发利用，提高金融数据安全保障能力，保障业务在合规保障及风险管理的前提下持续健康发展，确保金融数据安全与业务发展的双向促进，最终共同支撑实现企业战略目标。

2. 金融数据安全治理体系框架

为了实现金融数据安全治理目标，金融数据安全整体体系框架主要从金融数据安全组织、金融数据安全制度、基于业务场景的生命周期安全管理、金融数据安全运营、金融数据安全技术五个方面构建（见图 1-4）。

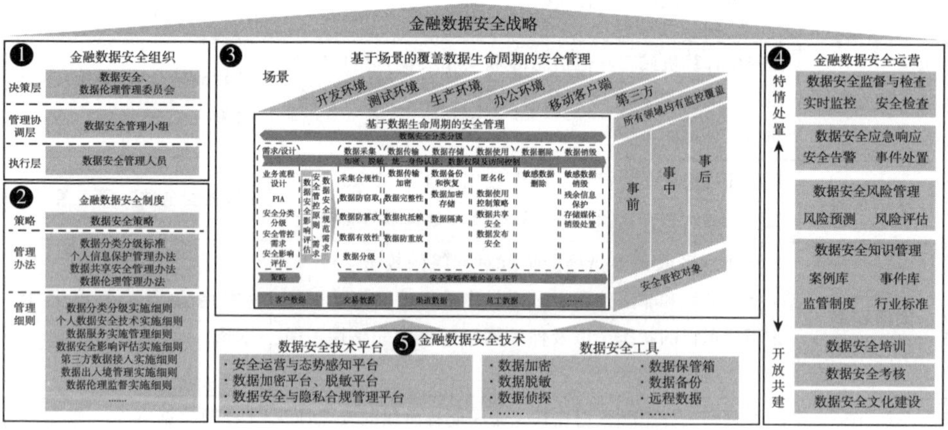

图 1-4　金融数据安全治理体系架构

3. 金融数据安全组织

金融机构应构建自上而下，至少覆盖决策层、管理协调层以及执行层三个层面的金融数据安全管理组织架构，应明确职责分配、工作流程以及沟通协作机制，推动数据治理工作落地，落实组织的数据安全保障要求。其中，决策层由参与业务发展决策的高管层和金融数据安全负责人组成，制定金融数据安全的目标和愿景，在业务发展和金融数据安全之间做出良好的平衡；管理协调层由金融数据安全的核心实体部门和业务部门的管理层组成，负责制定金融数据安全策略和规划，以及具体管理规范；执行层由金融数据安全相关的运营、技术和各业务部门的接口人员组成，负责保证金融数据安全工作的推进落地。同时，金融机构须通过建章立制和规范管理，以保证数据安全组织架构的稳定运转，重点工作包括：确立清晰的金融安全职责矩阵体系，明确金融数据安全角色权责，落实对内的数据安全人员管理和对外的第三方数据机构管理。

4. 金融数据安全制度

金融机构应在数据安全相关的法律法规约束下，根据自身业务情况，建立完善的金融数据安全管理制度体系，明确各层级部门与相关岗位数据安全工作权责，制定金融数据安全流程和操作细则，合规利用数据资产，避免违规法律责任。金融数据安全制度根据管理目标、管理范围以及适用对象，主要包括三个层次：一是总体数据安全策略，作为数据安全的顶层规划，落实企业发展战略要求，指导整个组织的数据安全工作；二是数据安全管理办法，介于顶层规划和实操执行之间，根据业务涉及的监管重点领域，对数据安全相关方面作出适配业务模式的通用型规范和约束；三是数据安全管理细则和操作规范，重点是执行，基于数据安全管理办法，详细阐述操作规则、流程、方法和方式，以及对数据使用的业务场景、数据生命周期、安全管控对象（包括系统、设备等）进一步细化。

5. 金融数据安全生命周期管理

金融机构应基于各类数据需求、数据分析、数据应用场景（场景示例见图 1-5），从数据全生命周期的角度对各类场景的安全管理进行规划和实施。一方面，以数据分类分级为基础，基于法律法规以及业务需求，确定不同场景下，数据采集、数据加工、数据传输、数据使用、数据储存、数据删除以及数据销毁等数据生命周期各环节的安全管理要求和技术保护要求，编制数据全生命周期的管理制度和技术规范，明确数据生命周期管理原则、责任分工、工作机制、工作流程、安全规范等，并通过场景化的业务需求及设计实现落地。另一方面，根据数据安全生命周期各环节风险评估方法论，对业务、系统等进行分析和评估后加以整改，确保数据安全策略始终有效并不断调整优化。

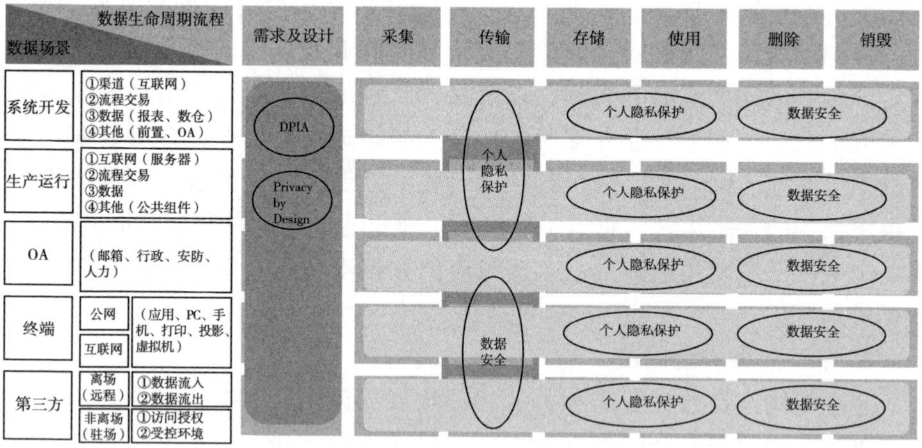

图 1-5　金融数据安全全生命周期管理的数据场景

6. 金融数据安全运营

金融机构在实际开展金融数字化业务时应具备一系列配套的运营体系，进而连接组织、制度和技术工具等领域的资源和能力。数据安全运营领域的能力建设可由具体到抽象，分为特情处置和开放共建两个维度。在特情处置方面，应优先发展能够进行实时监控以及安全检查的能力，具备应对数据安全突发事件的应急处置能力，以及连接特情处置和开放共建两方面的数据安全风险管理能力。在开放共建方面，应建立数据安全知识库，梳理汇总数据安全的法律法规、标准规范、相关案例、典型事件等；应开展数据安全培训和数据安全考核评价，提高员工数据安全的保护意识和水平；应在整个组织开展数据安全文化建设，营造全员共同维护数据安全和促进发展的良好环境。

7. 金融数据安全技术

金融机构应该利用技术手段和工具，通过信息化的方式推动金融数据安全管理工作落地，提升管理效率。金融数据安全技术是与制度流程相配套并保证有效执行的技术和工具，可以是独立的系统平台、工具、功能或算法技术等。需要综合所有安全域进行整体规划和实现，而且要和组织的业务系统与信息系统等进行衔接。按适用范围分，包括适用于所有安全域的通用技术工具，以及部分阶段或安全域试用的技术工具；按技术内容分，包括确保应用、设备、网络、物理等环境安全工具，以及实现流程和机制自动化的管理支撑工具。

（四）金融数据安全治理的意义和作用

1. 金融数据安全治理能力是国家竞争力的重要体现

数字经济正在推动生产方式、生活方式和治理方式发生深刻变革，成为重组全球要素资源、重塑全球经济结构、改变全球竞争格局的关键力量，2022年，美国、中国、德国、日本、韩国5个世界主要国家数字经济总量为31万亿美元，数字经济占GDP的比重为58%①。数据作为数字经济时代最为核心的生产要素，对其掌控和利用的能力，已成为衡量国家竞争力的重要指标，而金融业作为国民经济的核心产业，拥有海量高价值数据，是国家战略性数据资源共享、开放、流通的高地和桥头堡。因此，加强金融数据安全治理，始终确保金融数据作为助力金融业发展的正面因素，规避因为金融数据安全问题带来的隐患，保障金融数据安全开放和流通、加速金融数据要素市场化配置，不仅是金融业自身发展的重要关切，更是我国打造全球数字经济竞争新优势必须要思考与落实的重大课题。

2. 金融数据安全治理是维护金融安全的关键环节

在信息技术迅猛发展的背景下，金融机构生产运行、业务开展过程中收集、产生、处理的个人信息、机构数据、公共数据等数据，以不同形式传输于复杂的信息网络中、存储在紧密相连的各类信息系统中，其数据安全威胁的影响逐步从个别主体、机构内部转移扩大到整个行业，甚至影响国家安全、社会秩序、公众利益与金融市场稳定。原中国银保监会主席郭树清在《求是》杂志发表文章指出，“由于大数据、云计算、人工智能等高新技术广泛应用，传统金融风险的表现形式、传染路径发生深刻改变，数据安全等非传统风险日益突出。这些风险具有较强的突发性、隐蔽性和破坏力，不能不引起我们高度警惕”②。由此可见，数据安全治理是维护金融安全较为重要的一环。

3. 数据安全治理是金融机构数字化转型的基础保障

随着数字经济的发展，数字化转型已经成为各行业发展不可逆转的趋势，各行各业都在加速推进数字化转型进程。在金融科技的助力下，金融机构围绕其海量的数据，建立一套涵盖金融数据采、存、算、管、用等环节的完整高效的数据处理链条，不断提升数据资源的配置效率，加速数据要素价值的释放，从而一直走在这场生产力大变革的前列。可以说，“金融业务从流程驱

---

① 中国信息通信研究院．全球数字经济白皮书（2023年）［EB/OL］．http://dsjfzj.gxzf.gov.cn/dtyw/dtywzwyw/t16768299.shtml.

② 郭树清．坚定不移打好防范化解金融风险攻坚战［J］．求是，2020（16）．

动转变为数据驱动，核心技术从软件加硬件转变为数据加算法”，已成为金融机构数字化转型最为鲜明的特征。数据核心地位的凸显，意味着保障金融数据安全成为一切金融机构科技创新发展的基本前提，也是金融机构完成产品服务、经营模式和业务流程再造，实现数字化蜕变的必要条件。因此，解决好金融数据安全治理的困境，实现金融数据安全与金融创新发展之间的平衡，将成为金融机构数字化转型行稳致远的基础与保障。

4. 金融数据安全治理是金融消费者权益保护的必备要素

金融数据是金融数据主体及其相互关系的虚拟化存在，其安全问题的影响并不局限在虚拟世界，还可能引发侵犯金融消费者的隐私权、知情权、自主选择权、公平交易权等合法权益。例如，金融数据泄露后被不法分子获取，进而实施电信诈骗，严重危害数据主体财产安全，甚至人身安全；不法商家为牟利，未经用户同意就共享或者售卖数据资源，甚至金融机构内部员工“监守自盗”，非法出售客户信息事件也时有发生。可见，数据安全和个人信息保护已成为金融消费者权益在数字化时代的重要延伸，加强金融数据安全治理也成为保障金融消费者权利的客观要求，必须高度重视并落到实处。

二、金融数据安全的现状、风险及治理

（一）金融数据安全的现状及风险

当前，随着人工智能、区块链、云计算、大数据、5G、物联网等新兴技术的快速渗透，人类社会已经加速迈入数字经济时代。根据互联网数据中心预测，全球数据量2025年预计将增长至175ZB，我国数据规模将超越美国居全球首位，数据规模将达到48.6ZB，占全球总量的27.8%。随着全球数据量的急剧增长、数字化进程不断加速，数据安全问题及相关风险日益显现。境内外数据资产遭受攻击、泄露、窃取等安全事件频发，对社会与经济环境带来严重的负面影响，对相关企业也造成不同程度的经济损失。

金融业作为一个数据高度密集、网络数据安全要求较高和强监管的行业，数据安全面临较大挑战。尤其是近年来，国家和相关部门相继出台了多部数据安全领域的法律、法规、国家标准以及行业标准，对金融数据安全提出了更高的要求。金融业数据安全风险的识别难度不断增大、风险管控的复杂度不断增加、风险的危害程度不断提升，数据安全保护及合规审查的要求日趋严格。

随着金融科技在金融领域的深度融合应用，新技术在赋能金融业的同时也隐藏着数据安全风险。人工智能应用于金融业时，为金融机构的营销、风控、产品创新等业务提质增效，但同时人工智能模型存在强数据依赖、黑箱、鲁棒性不足等问题，受到数据投毒、模型逆向攻击等攻击方式的威胁。云计算在有效提升计算资源使用效率的同时，打破了传统的物理隔离，但也显著提高了管理的难度，加剧了数据安全风险。智能终端在数据采集、处理、存储和传输环节均有可能遭到恶意攻击；联邦学习、多方安全计算为金融机构的数据要素流通打下了良好基础，但由于外部数据来源复杂，其确权、安全责任划分和访问等机制仍处于探索阶段，存在数据安全隐患。

金融数据安全风险可能是由故意行为或意外行为引起的，也可能是由某些控制失效或不可抗力等因素引起的。数据安全风险大致包括数据泄露、数据丢失、数据篡改、数据滥用、数据假冒和数据错误等风险类型。

金融数据安全风险的主要类型及表现形式见表2-1。

表 2-1　金融数据安全风险的主要类型及表现形式

风险分类	风险描述	风险表现形式
数据泄露	误操作、软硬件缺陷、安全意识不足或电磁泄漏等导致数据被未授权人知悉的数据安全风险，一般为被动性的。	（1）从系统中导出数据，临时存储在移动介质上，移动介质在传递过程中不慎丢失，被不法分子获取，从而造成数据泄露。 （2）没有保密意识将敏感数据分享给不在知悉范围内的非授权部门等。 （3）磁盘数据未清除导致数据泄露。
数据窃取	出于获利、炫技等目的通过技术手段攻击、非法售卖等途径获取数据的数据安全风险，一般为主动性的。	（1）通过渗透攻击、恶意软件窃取系统数据。 （2）外部人员利用系统数据库漏洞进行拖库窃取数据。 （3）内部数据管理人员违规售卖个人信息获利等。
数据丢失	因物理环境因素（火灾、地震、断电、雷击等）、人为因素（误操作、盗窃、恶意破坏等）、技术原因（病毒、勒索软件等）、系统故障等因素导致数据失去且不易被恢复的数据安全风险。	（1）数据存储介质丢失或损坏，使数据丢失且无法恢复。 （2）断电等故障导致数据没有被完全保存，产生一段时间内的数据丢失。
数据篡改	对数据的内容、属性等进行增加、删除、修改导致数据的完整性遭到破坏的数据安全风险。	（1）业务系统被植入恶意木马程序，导致交易金额等数据被非法篡改。 （2）非授权增加特权账户或者修改权限，修改交易金额，修改银行利率数据等。
数据滥用	数据的使用超出了预先约定的目的、范围、用途、场景的数据安全风险。	（1）超出业务场景需要超范围采集个人信息，并导致用户权益受损。 （2）未经用户同意，将个人信息挪作他途，并导致用户权益受损。

（二）全球金融数据安全事件及产生的原因

1. 全球金融数据安全事件概况

据网络安全机构 CSHB 统计，2022 年在全球范围内共发生了 4100 起数据泄露事件，有 220 亿条数据失窃①，4.4 亿用户的个人隐私受到威胁，受影响

① Olivia Powell. The biggest data breaches and leaks of 2022 [EB/OL]. https://www.cshub.com/attacks/articles/the-biggest-data-breaches-and-leaks-of-2022#:~:text=More%20than%204%2C100%20publicly%20disclosed,as%20much%20as%20five%20percent.

的用户数量相比 2021 年增长了 41.5%①。单次数据泄露的平均成本已由 2021 年的 424 万美元攀升至 2022 年的 491 万美元②。由于金融数据具备高价值性、高指向性、高隐私性和高敏感性等特征，金融业成为数据安全事件的高发领域（见图 2-1）。全球范围内累计有超过 300 家金融保险机构报告发生数据泄露事件③，部分机构在一年之内多次发生数据泄露，细分领域覆盖银行、证券、保险、借贷平台等（见图 2-2）。

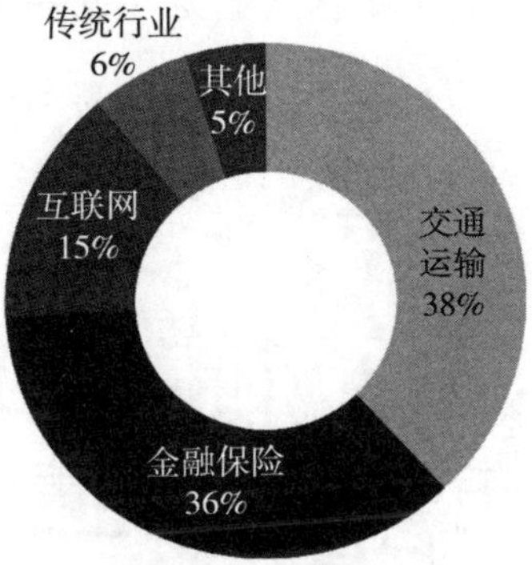

图 2-1　2022 年全球数据泄露安全事件按行业分类

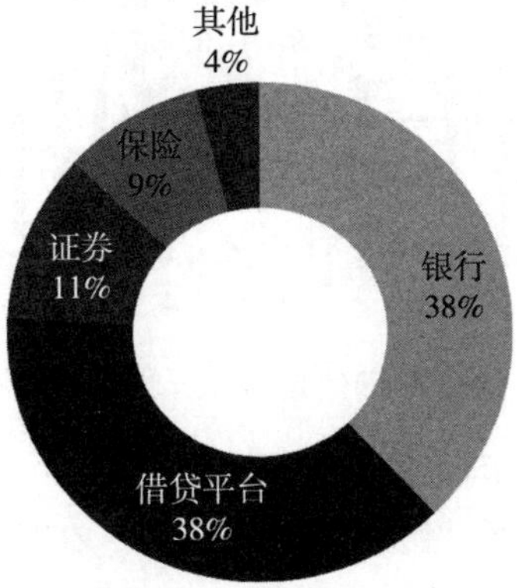

图 2-2　2022 年全球金融保险行业数据泄露安全事件按细分领域分类

---

① Anurag Lal. Lessons Learned from the Data Breaches of 2022 [EB/OL]. https://www.forbes.com/sites/forbesbusinesscouncil/2023/03/30/lessons-learned-from-the-data-breaches-of-2022/.

② IBM Security. 2022 年数据泄露成本报告 [EB/OL]. https://www.ibm.com/account/reg/cn-zh/signup? formid=urx-51643.

③ 威胁猎人. 威胁猎人发布《2022 年数据资产泄露分析报告》：超 3200 起，涉及金融物流电商等行业 [EB/OL]. https://threathunter.cn/reportDetail/eaeff5f5fb5e75cfec880a496fe54940.

根据 Verizon 发布的《2022 年数据泄露调查报告》①，金融保险行业中 73%的数据泄露事件起因于外部威胁，包括黑客攻击、三方泄露、运营商传输通道泄露等，另外 27%的数据泄露事件起因可归咎于操作失误、内部人员故意泄露、安全漏洞等组织内部原因。在网络攻击的动机方面，95%为经济利益因素驱动，其余 5%为间谍活动。金融机构在着重关注如勒索软件、安全漏洞、数据仓库提取过程等传统数据安全风险点之外，也要同步提高保护类似数字货币和客户信息等高价值数据的能力（见图 2-3）。

图 2-3　2022 年网络攻击事件相关新闻报道词云

2. 金融数据安全事件产生的主要原因

相较于全球范围内的金融数据安全事件，在我国金融强监管的环境下，金融数据安全事件多由内因引发。根据近年来金融监督管理部门和人民银行所公示的处罚公告，金融数据安全问题在数据全生命周期中均有体现。主要体现为：非法采集，虚报、伪造上报数据，篡改、破坏系统数据，非法泄露、倒卖个人信息，管理粗放、安全漏洞、违规存储，以及违规查询、违规使用六种类型，见表 2-2。

① Verizon. 2022 Data Breach Investigations Report [EB/OL]. https://www.verizon.com/business/en-gb/resources/reports/dbir/.

表 2-2　我国金融行业 150 起因违反数据安全相关规定的被处罚事件分布情况

生命周期	违法、违规形式	占比（%）
采集	非法采集	18.5
加工	虚报、伪造上报数据；篡改、破坏系统数据	7.3
传输	非法泄露、倒卖个人信息	17.8
存储	管理粗放、安全漏洞、违规存储	43.8
使用	违规查询、违规使用	12.6

注：数据来自人民银行行政处罚公告、原银保监会处罚公告。

若对金融数据安全事件进行深入分析，数据安全事件又可归为由技术漏洞、管理漏洞为主的内部原因（见表 2-3），以及由网络攻击、意识缺失为主的外部原因（见表 2-4）引起。因而，金融机构应加大数据安全科技资源的投入，在培养员工安全意识和提升数据安全治理管理能力方面双管齐下，夯实稳定的金融数据安全运营环境。

表 2-3　由内部原因引起的金融数据安全事件分类以及案例

问题描述	潜在风险	漏洞类型	事件举例
1. 信息采集、查询等使用环节管理不规范	违法采集、违规查询、违规使用	管理漏洞	南银罚字〔2022〕4 号 2022 年 7 月 4 日，××银行江西省分行因违反信用信息采集、提供、查询及相关管理规定，未经金融消费者明示同意，收集、使用消费者金融信息，未明示收集、使用消费者金融信息的目的、方式和范围等违规行为，被中国人民银行南昌中心支行警告，没收违法所得 6055 元，并处罚款 446.5 万元。
2. 客户敏感信息管理不善	泄露隐私	技术漏洞 管理漏洞	吉市银罚字〔2020〕2 号 2020 年 10 月 20 日，××银行吉林市江北支因侵害消费者个人信息依法得到保护的权利；违反反洗钱管理规定，泄露客户信息。被中国人民银行吉林市中心支行警告，并处 1223 万元罚款。
3. 数据存储制度不健全	违规保存客户身份资料和交易记录	管理漏洞	银罚字〔2020〕1 号 2020 年 2 月 10 日，××银行因未按规定保存客户身份资料和交易记录，未按规定履行客户身份识别义务等违规行为，被中国人民银行警告，并处罚款 2360 万元。

续表

问题描述	潜在风险	漏洞类型	事件举例
4. 数据管理粗放	篡改、泄露	技术漏洞 管理漏洞	赣银保监罚决字〔2020〕2号 2020年2月20日，××省农村信用社联合社因对全省农村商业银行非现场监管信息系统报表数据管理不到位被××省银保监局处以罚款50万元。
5. 系统权限管理存在漏洞	违规查询	技术漏洞 管理漏洞	杭银处罚字〔2019〕44号 2019年12月31日，××银行杭州分行因未经授权查询个人和企业信用报告，未按规定保存客户身份资料和交易记录等违规行为，被中国人民银行杭州中心支行处以罚款163.2万元。
6. 内部安防系统漏洞，安防体系不完善，缺乏应急预案	信息泄露、网络攻击	技术漏洞 管理漏洞	银保监罚决字〔2021〕1号 2021年1月19日，××银行因发生重要信息系统突发事件未报告，网络信息系统存在较多漏洞，互联网门户网站泄露敏感信息，数据安全管理较粗放等诸多问题，被银保监会警告，并处罚款420万元。
7. 内部人员泄露、参与售卖客户个人信息	泄露、贩卖	技术漏洞 管理漏洞	2019年10月4日，俄罗斯联邦储蓄银行发生一起可能涉及6000万张信用卡的数据泄露事件。据调查，一名内部员工可能是数据库泄露的幕后黑手。
8. 职员操作失误、被骗	过失泄露	技术漏洞 管理漏洞	池银罚字〔2018〕第6号 2018年11月29日，××农村商业银行因过失泄露信息和违规操作被中国人民银行池州市中心支行罚款22万元。

注：案例分别来源于人民银行行政处罚公告、原银保监会处罚公告、卡内基国际基金会。

表 2-4　由外部攻击导致的金融数据安全事件分类以及案例

问题描述	潜在风险	漏洞类型	事件举例
1. 黑客攻击	信息泄露、货币丢失	网络攻击	2021年12月4日，加密货币交易平台Bitmart遭遇重大安全漏洞，导致黑客提取了近2亿美元的资产。
2. 破坏性攻击	系统瘫痪	网络攻击	2022年2月28日，莫斯科证券交易所和俄罗斯联邦储蓄银行遭到DDoS攻击，导致其网站下线。
3. 勒索	信息泄露、敲诈勒索	网络攻击 意识缺失	2021年5月16日，法国保险商安盛表示，其在泰国、马来西亚、中国香港和菲律宾的分支机构受到勒索软件攻击。
4. 诈骗	信息泄露、货币丢失	网络攻击 意识缺失	2021年12月23日，新加坡华侨银行约790名银行客户遭遇网络钓鱼诈骗，损失至少1370万美元。

注：案例均来源于卡内基国际基金会。

（三）金融数据安全的治理情况

1. 数据安全相关的法律法规相继出台

随着数字经济对经济增长的拉动作用逐渐增强，数据作为核心生产要素，其重要性日益突出。同时，数据安全和个人信息保护也开始得到各国重视，“立法先行”是世界各国数据安全治理的普遍做法。据联合国贸易和发展会议（UNCTAD）统计，全球80%的国家已有数据安全和个人信息保护相关的立法或草案①。我国高度重视数据安全工作，党的十九届四中全会决定明确将数据作为新的生产要素，党的二十大报告强调要“完善重点领域安全保障体系和重要专项协调指挥体系，强化经济、重大基础设施、金融、网络、数据、生物、资源、核、太空、海洋等安全保障体系建设”。近年来，我国数据安全法治体系建设实现了跨越式突破，“法律法规+行业制度+实践规范”三层金融数据安全治理的监管体系已基本形成。

自2013年以来，我国发布的与数据安全相关的法律法规及核心要点概述如下：

2013年10月25日第二次修订发布的《消费者权益保护法》，第二十九条明确了经营者及其工作人员对收集的消费者个人信息必须严格保密，不得泄露、出售或者非法向他人提供。经营者应当采取技术措施和其他必要措施，确保信息安全，防止消费者个人信息泄露、丢失。

2015年7月1日发布《国家安全法》，其中第二十五条明确提出我国要“实现网络和信息核心技术、关键基础设施和重要领域信息系统及数据的安全可控”。

2016年11月发布《网络安全法》，从网络运行安全、网络信息安全、监测预警与应急处置等方面对网络运营者、关键信息基础设施运营者履行用户信息保护、个人信息保护、数据安全保护的义务提出了要求。

2019年1月1日发布《电子商务法》，第五条明确要求“电子商务经营者应当履行消费者权益保护、环境保护、知识产权保护、网络安全与个人信息保护等方面的义务”。

2020年1月1日发布的《密码法》是为了规范密码应用和管理，促进密码事业发展，保障网络与信息安全，维护国家安全和社会公共利益，保护公

---

① 赵军．全球数据合规与个人信息保护2021年总结与2022年展望（上篇）［EB/OL］．https://www.yenlex.com/news/content_185.html%E3%80%91.

民、法人和其他组织的合法权益。

2021年1月1日发布《民法典》，延续了《民法总则》第一百一十一条关于自然人个人信息保护的一般规定，并于人格权编中专章探讨民事主体的“隐私权和个人信息保护”，明确规定了隐私权与个人信息保护的基本定义、保护原则以及基本权利义务框架。

2021年6月10日发布《数据安全法》，规定国家建立数据分类分级保护、数据安全风险评估、数据安全应急处置、数据安全审查等制度机制，划定了一般数据处理者、重要数据处理者、关键信息基础设施运营者的数据安全保护义务。

2021年8月20日发布《个人信息保护法》，规定了个人信息处理规则、敏感个人信息处理规则、个人信息跨境提供规则，划定了个人在个人信息处理活动中的权利以及个人信息处理者应履行的义务。《个人信息保护法》确立了个人信息处理应遵循的原则，强调处理个人信息应当遵循合法、正当、必要和诚信原则，具有明确、合理的目的并与处理目的直接相关，采取对个人权益影响最小的方式，限于实现处理目的的最小范围，公开处理规则，保证信息质量，采取安全保护措施等，该法于2021年11月1日起施行。

2. 数据保护的规章制度逐渐完善

2019年5月，国家互联网信息办公室发布《数据安全管理办法（征求意见稿）》，规定在中国境内利用网络开展数据收集、存储、传输、处理、使用等活动，以及数据安全的保护和监督管理，适用本办法。

2019年11月发布《App违法违规收集使用个人信息行为认定方法》，为监督管理部门认定App违法违规收集使用个人信息行为提供参考，为App运营者自查自纠和网民社会监督提供指引。

2020年4月，中共中央和国务院印发的《关于构建更加完善的要素市场化配置体制机制的意见》，将数据作为与土地、劳动力、资本、技术并列的要素之一，提出要加快培育数据要素市场，具体包含推进政府数据开放共享、提升社会数据资源价值、加强数据资源整合和安全保护。

2020年5月，中国银保监会发布《银行业金融机构数据治理指引》，引导银行业金融机构加强数据治理，提高数据质量，发挥数据价值。指引包括总则、数据治理架构、数据管理、数据质量控制、数据价值实现、监督管理和附则等七章，共五十五条。

2020年9月，中国人民银行发布《金融消费者权益保护实施办法》，其中，第三章涉及“消费者金融信息保护”。目的是保护金融消费者合法权益，规范金融机构提供金融产品和服务的行为，维护公平、公正的市场环境，促进金融市场健康稳定运行。

2021 年 1 月，中国人民银行发布《金融科技发展规划（2022—2025 年）》，强调全面加强数据能力建设，在保障安全和隐私前提下推动数据有序共享与综合应用，充分激活数据要素潜能，有力提升金融服务质效。

2021 年 1 月，国家互联网信息办公室发布新修订的《互联网用户公众账号信息服务管理规定》，规范了互联网用户公众账号信息服务，维护国家安全和公共利益，保护公民、法人和其他组织的合法权益。

2021 年 1 月，中国银保监会发布《监管数据安全管理办法（试行）》，规范了监管数据安全管理工作，提高监管数据安全保护能力，防范监管数据安全风险。

2021 年 3 月，为了贯彻落实《网络安全法》关于“网络运营者收集、使用个人信息，应当遵循合法、正当、必要的原则”“网络运营者不得收集与其提供的服务无关的个人信息”等相关规定，国家互联网信息办公室、工业和信息化部、公安部、国家市场监督管理总局联合制定了《常见类型移动互联网应用程序必要个人信息范围规定》。该规定明确移动互联网应用程序（App）运营者不得因用户不同意收集非必要个人信息，而拒绝用户使用 App 基本功能服务。

2021 年 9 月 1 日施行的《关键信息基础设施安全保护条例》，要求关键信息基础设施运营者依照本条例和有关法律、行政法规的规定以及国家标准的强制性要求，在网络安全等级保护的基础上，采取技术保护措施和其他必要措施，应对网络安全事件，防范网络攻击和违法犯罪活动，保障关键信息基础设施安全稳定运行，维护数据的完整性、保密性和可用性。

2021 年 9 月，中国人民银行发布《征信业务管理办法》（中国人民银行令〔2021〕第 4 号），并于 2022 年 1 月 1 日起施行，规范征信业务及其相关活动，保护信息主体合法权益，促进征信业健康发展，推进社会信用体系建设。

2021 年 11 月，国家互联网信息办公室发布《网络数据安全管理条例（征求意见稿）》，旨在落实《网络安全法》《数据安全法》《个人信息保护法》等法律关于数据安全管理的规定，规范网络数据处理活动，保护个人、组织在网络空间的合法权益，维护国家安全和公共利益。

2021 年 12 月 21 日，国务院办公厅印发《要素市场化配置综合改革试点总体方案》，强化网络安全等级保护要求，推动完善数据分级分类安全保护制度，运用技术手段构建数据安全风险防控体系；探索完善个人信息授权使用制度；探索建立数据安全使用承诺制度，探索制定大数据分析和交易禁止清单，强化事中事后监管；探索数据跨境流动管控方式，完善重要数据出境安全管理制度。

2021 年 12 月 28 日，为了确保关键信息基础设施供应链安全，保障网络安全和数据安全，维护国家安全，国家互联网信息办公室等十三个部门联合发布实施《网络安全审查办法》，要求关键信息基础设施运营者采购网络产品和服务，网络平台运营者开展数据处理活动，影响或者可能影响国家安全的，应当按照本办法进行网络安全审查。

2021 年 12 月 31 日，国家互联网信息办公室、工业和信息化部、公安部、国家市场监督管理总局联合发布《互联网信息服务算法推荐管理规定》，要求算法推荐服务提供者应当落实算法安全主体责任，建立健全算法机制机理审核、科技伦理审查、用户注册、信息发布审核、数据安全和个人信息保护、反电信网络诈骗、安全评估监测、安全事件应急处置等管理制度和技术措施。

2022 年 1 月 10 日，中国银保监会印发《关于银行业保险业数字化转型的指导意见》，要求加强数据安全和隐私保护。完善数据安全管理体系，建立数据分级分类管理制度，明确保护策略，落实技术和管理措施。强化对数据的安全访问控制，建立数据全生命周期的安全闭环管理机制。加强第三方数据合作安全评估，交由第三方处理数据的，应依据“最小、必要”原则进行脱敏处理（国家法律法规及行业主管、监管部门另有规定的除外）。关注外部数据源合规风险，明确数据权属关系，加强数据安全技术保护。加强对外发布信息安全管理。

2022 年 6 月 14 日，国家互联网信息办公室发布新修订的《移动互联网应用程序信息服务管理规定》，新规定共 27 条，包括信息内容主体责任、真实身份信息认证、分类管理、行业自律、社会监督及行政管理等条款。

2022 年 7 月 7 日，国家互联网信息办公室发布《数据出境安全评估办法》，办法规定数据出境安全评估的范围、条件和程序，为数据出境安全评估工作提供具体指引。办法明确，数据处理者向境外提供在我国境内运营中收集和产生的重要数据和个人信息的安全评估适用本办法。

2022 年 9 月 9 日，国家互联网信息办公室、工业和信息化部、国家市场监督管理总局联合发布《互联网弹窗信息推送服务管理规定》，要求互联网弹窗信息推送服务提供者应当落实信息内容管理主体责任，建立健全信息内容审核、生态治理、数据安全和个人信息保护、未成年人保护等管理制度。

2022 年 11 月 25 日，国家互联网信息办公室等三部门联合发布《互联网信息服务深度合成管理规定》，要求深度合成服务提供者应当落实信息安全主体责任，建立健全用户注册、算法机制机理审核、科技伦理审查、信息发布审核、数据安全、个人信息保护、反电信网络诈骗、应急处置等管理制度，具有安全可控的技术保障措施。

2022 年 12 月 19 日，《中共中央　国务院关于构建数据基础制度更好发挥数据要素作用的意见》（以下简称“数据二十条”）发布，对加强我国数据基础制度建设，加快培育数据要素市场具有深远的影响和重大意义。“数据二十条”提出了构建 4 项基础性制度，即数据产权制度、流通交易制度、收益分配制度、安全治理制度①。

2023 年 1 月 3 日，工业和信息化部等十六部门联合发布《关于促进数据安全产业发展的指导意见》，明确了数据安全产业发展的指导思想和基本原则，提出了到 2025 年、2035 年分别需要实现的发展目标，并基于此确定了提升产业创新能力、壮大数据安全服务、推进标准体系建设、推广技术产品应用、构建繁荣产业生态、强化人才供给保障、深化国际交流合作七大重点任务。

2023 年 2 月 22 日，国家互联网信息办公室发布《个人信息出境标准合同办法》，明确通过订立标准合同的方式开展个人信息出境活动，应当坚持自主缔约与备案管理相结合、保护权益与防范风险相结合，保障个人信息跨境安全、自由流动。

2023 年 2 月，中共中央、国务院印发《数字中国建设整体布局规划》，数据安全作为数字中国关键能力之一，规划要求“增强数据安全保障能力，建立数据分类分级保护基础制度，健全网络数据监测预警和应急处置工作体系”。

2023 年 3 月 5 日，政府工作报告中提到“加强网络、数据安全和个人信息保护”，这是自 2021 年“数据安全”首次被纳入国务院政府工作报告以来，第三次强调数据安全的重要性。

2023 年 7 月 24 日，中国人民银行发布《中国人民银行业务领域数据安全管理办法（征求意见稿）》，进一步规范人民银行业务领域数据的安全管理。该办法规定的业务领域数据，指根据法律、行政法规、国务院决定和人民银

① 凌纪伟. 数字经济腾飞　建立数据基础制度体系　夯实数据要素市场基石［EB/OL］. http://www.xinhuanet.com/tech/20221222/0fe3bc778b15432da6c2d2e8a06c22d4/c.html.

行规章，开展人民银行承担监督管理职责的各类业务活动时，所产生和收集的不涉及国家秘密的网络数据。该办法细化明确了人民银行业务领域数据安全合规底线要求，填补本领域数据安全管理制度保障空白，指导数据处理者优质高效合规开展人民银行业务领域数据处理活动，履行数据安全保护义务，保障消费者和企业用户的合法权益，促进数据要素市场高质量发展。

2024 年 3 月 22 日，国家金融监督管理总局发布了《银行保险机构数据安全管理办法（征求意见稿）》，从数据安全治理、数据分类分级、数据安全管理、数据安全技术保护、个人信息保护、数据安全风险监测与处置等方面对银行保险机构落实数据安全主体责任提出了明确要求，保护个人和组织的合法权益。该办法的主要内容包括明确数据安全治理架构，建立数据分类分级标准，强化数据安全管理，健全数据安全技术保护体系，加强个人数据保护，完善数据安全风险监测与处置机制，以及明确监督管理职责。该办法从治理体系、管理制度、技术机制以及风险评估、监测与处置机制等方面对银行保险机构数据安全进行了系统规范，同时体现了“金融等主管部门承担本行业、本领域数据安全监管职责”的职责要求。相较于人民银行于 2023 年 7 月发布的《中国人民银行业务领域数据安全管理办法（征求意见稿）》，该办法体现了监管要求及监管方式上的差异性。

3. 金融数据安全治理相关标准提供配套支撑

近年来，为了促进数据安全政策法规的落地实施，我国研制发布了一系列的国家标准、行业标准及规范指南，形成了防止数据泄露、保护个人权益、提升数据安全治理能力等多方面的标准体系，为我国数据安全治理提供了有力支撑。

已发布的国家标准包括《信息安全技术　数据安全能力成熟度模型》（GB/T 37988—2019）、《信息安全技术　个人信息去标识化指南》（GB/T 37694—2019）、《信息安全技术　大数据安全管理指南》（GB/T 37073—2019）、《信息安全技术　个人信息安全规范》（GB/T 35273—2020）、《信息安全技术　个人信息安全影响评估指南》（GB/T 39335—2020）、《网络安全标准实践指南——个人信息跨境处理活动安全认证规范》《信息安全技术　个人信息去标识化效果评估指南》（GB/T 42460—2023）、《信息安全技术　个人信息处理中告知和同意的实施指南》（GB/T 42574—2023）等。

2023 年 8 月 25 日，《信息安全技术　重要数据处理安全要求》（征求意见稿）发布，为提高数据安全、促进经济发展提供规则依据。该项标准有助于数据处理者评估数据安全保障能力。在数据安全管理能力方面，该项标准就管理组织体系、管理制度建设、人员管理、员工培训、分类分级、应急响应、审计、风险评估、配合监督管理等内容进行了规定，基本涵盖了数据风险评估的要求。在数据安全技术能力方面，该项标准明确了收集、存储、使用与加工、传输与提供、公开、删除应满足的安全要求，覆盖了数据处理全生命周期。

2024 年 3 月 21 日，国家标准《数据安全技术数据分类分级规则》（GB/T 43697—2024）正式发布，给出了数据分类分级的通用规则，为数据分类分级管理工作的落地执行提供重要指导，该项标准拟于 2024 年 10 月 1 日起正式实施。该项标准规定了数据分类分级的原则、框架、方法和流程，给出了重要数据识别指南。行业领域主管（监管）部门可参考该项标准制定本行业、本领域的数据分类分级标准规范，指导行业领域数据分类分级和重要数据识别工作；各地区和各部门可按照业务所属行业领域的数据分类分级标准规范，参考该项标准开展数据分类分级工作，确定本地区、本部门的重要数据目录；数据处理者可根据数据的业务属性，按照业务所属行业领域的数据分类分级标准规范，参考该项标准开展数据分类分级工作，及时识别并报送重要数据目录。

已发布的金融行业标准包括《个人金融信息保护技术规范》（JR/T 0171—2020）、《金融数据安全　数据分类分级指南》（JR/T 0197—2020）、《多方安全计算金融应用技术规范》（JR/T 0196—2020）、《金融行业网络安全等级保护实施指引　第 2 部分：基本要求》（JR/T 0071. 2—2020）、《金融业数据能力建设指引》（JR/T 0128—2021）、《金融数据安全　数据生命周期安全规范》（JR/T 0223—2021）等。

（四）金融数据安全治理策略

2017 年，Gartner 提出了数据安全治理概念（Data Security Governance，DSG），从方法论角度阐述了数据安全治理框架。DSG 不仅是工具组合的解决方案，也是一套包括从前提、目标到技术支撑的完整理念和方法论，从决策层到技术层，从管理制度到工具支撑，从上到下贯穿整个组织的完整链条。Gartner 同时强调组织层级间需要对数据安全治理理念形成共识，适当选取合理的措施，尽可能有效保护数据资源。

Gartner 提出了 DSG 治理框架，分为 5 个步骤：

一是业务需求与风险/威胁/合规性之间的平衡，包括经营策略、治理、合规、IT 策略和风险容忍度 5 要素。

二是定级分类。梳理全部数据资产，进行数据分级分类，区别安全手段。

三是制定策略与降低风险。根据访问者身份和权限，赋予不同的安全策略。

四是安全工具支撑。DSG 模型描述了 5 个工具，包括 Crypto（加密）、DCAP（以数据为中心的审计和保护）、DLP（数据防泄露）和 IAM（身份识别与访问管理）。

五是策略配置同步。策略配置同步主要针对 DCAP 的实施而言，集中管理数据安全策略是 DCAP 的核心功能，而无论访问控制、脱敏、加密、令牌化，哪种手段都必须注意对数据访问和使用的安全策略保持同步下发，策略执行对象应包括关系型数据库、大数据类型、文档文件、云端数据等数据类型。

参照 Gartner 对数据安全治理的整体框架，我国从组织、制度、技术、运营等层面形成金融数据安全治理策略。一是组织机构建设，自上而下建立从各个领导层面至基层执行层面的管理组织架构，以保障数据安全管理方针、策略、制度的统一制定和有效实施。二是制度流程建设，结合工作实际，明确需编制的相关一级、二级、三级、四级管理和技术文件，指导数据安全制度体系的总体建设。三是技术工具建设，应结合业务场景，实现各项数据安全制度要求的自动化落实，为实现数据安全防护总体目标提供技术支撑。四是人员能力建设，人员是数据安全工作开展的主要参与方，应根据人员角色、岗位职责，从安全意识培养、安全能力培训、安全能力考核三个方面入手构建相适应的人才培养机制。

（五）金融数据安全治理实践

在数字经济和金融科技大发展的背景下，金融机构加强了金融数据安全治理，从组织机构、制定规范、数据全生命周期管理、技术防护、数据分级分类管理、人员能力建设等方面开展数据治理，金融数据安全治理积累了丰富的经验。代表性金融机构数据安全治理的具体实践见表 2-5。

表 2-5　金融机构数据安全治理实践

金融机构	治理维度	数据安全治理实践
工商银行	组织架构	基于金融科技发展委员会，从科技和业务两个条线开展数据安全管理工作。
	制度规范	分为业务管理和技术管理两个层面。业务管理方面，围绕数据安全策略、数据安全管理等方面制定并发布了企业级管理制度体系。技术管理方面，围绕数据生命周期安全建立和完善数据安全管理技术规范体系。
	数据全生命周期管理	在数据采集环节，通过数字签名等技术对数据源进行鉴别和认证，并对采集后的数据进行分类分级标识。 在数据传输环节，通过可信物理信道、加密传输和通信协议约定等实现数据的安全传输。 在数据存储环节，通过加密等技术保证数据存储的完整性，并根据数据的安全等级和系统的安全等级制定数据备份和恢复策略。 在数据使用环节，普遍应用数据控权和数据脱敏等技术保障数据安全，并探索使用多方安全计算和联邦学习技术，在数据不出域的情况下发挥数据融合联动效能。 在数据生命周期的末端，通过数据清理和存储介质的销毁来形成闭环。
	技术防护	打造数据安全技术平台，实现智能敏感数据识别、动态控权、统一数据脱敏引擎、数据水印溯源，以及数据安全监控审计五大核心能力。 1. 智能敏感数据识别 敏感数据识别是数据安全分类分级、安全措施布控落地的基础。通过对各业务系统数据进行采样，依据数据分类分级策略，自动识别出敏感数据及分类分级结果，辅助数据安全打标工作，识别结果用于控权、脱敏、审计等场景。技术上采用自然语言处理（NLP），结合正则匹配、关键字匹配、文本分类、相似度 AI 模型，构建智能数据识别能力。 2. 动态控权 动态控权为不同用数场景提供实时的权限控制及脱敏处理能力。通过 SQL 解析、改写等技术提供统一的库、表、字段、行级的数据访问控制能力。

续表

金融机构	治理维度	数据安全治理实践
工商银行	技术防护	3. 统一数据脱敏引擎 统一数据脱敏规则引擎为各类静态脱敏、动态脱敏场景提供统一的、丰富的数据脱敏服务及工具包。内置扰乱、泛化、有损、抑制四类算法，支持脱敏算法的灵活配置，满足各类脱敏场景的需求。 4. 数据水印溯源 数据水印溯源服务为外部数据交换场景下的数据防泄露提供基础能力。在与外部组织机构、合作方等第三方合作伙伴交换数据时，通过文本隐写、文档隐写、伪列、伪行等技术对数据文件进行标记，并在数据文件泄露后，对文件进行水印解析、溯源分析。 5. 风险监控审计 基于统一的大数据平台日志标准，建立统一的监控服务，提供敏感数据访问情况、用数行为分析等监控、审计、预警服务。 6. 技术工具为数据中台用数安全赋能 将数据安全技术支撑能力与数据中台深度融合，通过“统一分类分级与敏感数据识别”“统一授权”“统一访问控制”“共享安全保护”“监控与审计”等服务能力输出，实现中台数据全生命周期的用数安全。
建设银行	组织架构	1. 明确数据安全管理的决策层、牵头部门。数据安全决策层承接数据安全管理职责，负责建立数据安全管理体系，审核数据安全相关管理制度，审定数据安全相关工作计划、重大事项和资源投入，协调解决数据安全重大问题，监督检查数据安全管理工作成效。牵头管理部门负责统筹全行数据安全管理工作，组织实施数据安全管理体系的规划和建设，落实数据安全监管要求，体系化做好内外部数据安全防范工作的数据安全工作策略，组织推进数据安全文化建设和数据安全专业队伍建设，并对全行数据安全管理相关工作进行指导、监督与考核评价。 2. 组建涵盖总行多个业务部门的数据安全柔性团队，负责各项数据安全工作协同和推进。按照“谁的业务谁负责、谁的渠道谁负责、谁的场景谁负责”的原则，明确各领域数据安全管理工作的职责部门，落实所辖领域数据安全管理职责，本业务领域数据安全的源头管控，牵头推动管理职责内数据安全重点工作机制建设，制定或修订规章、制度、流程，执行数据安全管理相关工作要求。

续表

金融机构	治理维度	数据安全治理实践
建设银行	制度规范	一是数据管理领域方面，制定发布了数据治理、数据需求管理、数据风险管理、外部数据管理、数据安全分级标准、个人金融信息数据安全分级标准等规章制度。 二是科技管理领域方面，建立数据安全技术规范体系，包括信息安全管理制度、生产数据应用安全管理制度、软件开发安全方面的需求规范和测试规范等。 三是业务管理领域方面，各业务部门结合本部门本条线业务管理情况，在个人客户信息保护、用户敏感信息、员工行为管理、数据分析管理等领域制定了诸多涵盖数据安全管理要求的制度规范。 四是专项规章制度重检修订方面，正在按照相关法律规范要求，梳理并组织开展数据安全专项规章制度重检修订，涵盖数据安全管控、数据安全评估、安全检查、合作管理、外包管理、应急响应、技术工具等多个方面。
	人员能力建设	持续提升数据安全管理人员数据安全意识和履职能力，加大员工安全教育力度，开展培训讲座和警示教育，树立安全红线意识。在建设银行网络学习平台设立“数据安全”专栏，向全行员工提供法律标准解读分析等学习课程。同时编制了《信息安全事件警示录》《员工信息安全技能手册》《员工信息系统使用行为规范》等培训教育手册和网络课件，建立新员工入职培训、在职员工年度安全培训机制，持续常态化组织员工开展安全意识培训。此外，通过跟踪数据安全监管动态、业界实践、行内进展等，形成数据安全工作定期简报，加强行内宣贯，促进全行数据安全文化建设。
	数据分级分类管理	一是制定数据标准。制定了数据安全分级标准、个人金融信息数据安全分级标准。 二是实施数据资产自动化盘点与整合。通过全域数据资产梳理盘点、广域数据资产整合，构建了企业级数据资产目录，形成了涵盖系统组件、外部数据、集成数据、标签、指标、报表、数据产品等各类数据资产的全域数据资产目录。 三是自主研发分级模型。应用机器学习的方法研发了数据安全自动化定级模型，建立定级词库，通过机器学习的方法实现数据安全等级的自动化初判。 四是开展分级工作。拟将数据安全标准落实到每个数据项上，正在组织推进全行数据的安全分级打标工作，通过资产梳理、定级准备、级别判定、级别审核、级别批准等环节，完成数据安全定级及确认复核。

续表

金融机构	治理维度	数据安全治理实践
建设银行	数据全生命周期管理	将相关管理要求落实到数据采集、数据传输、数据存储等数据全生命周期的各个环节。 （1）数据采集 持续提升外部数据精细化管理水平，已建立外部数据统一引进和管理机制，通过管理和技术双重手段保障数据安全，严格审核供应商保证外部数据来源安全合规，定期对供应商资质进行抽检。 （2）数据传输 通过数据安全组件传输敏感数据，一是生产数据、前端分析数据、开发测试数据经过专人审核才能交付给用户；二是用户在桌面云内数据交换和从桌面云中导出数据到办公计算机中间环节无数据落地存储；三是对于涉及身份认证、客户资金交易等重要操作的数据采用安全传输协议加密传输。 （3）数据存储 数据集中存储在运营数据中心生产环境中，严格规范管理生产环境。所有操作通过安全操作管理系统完成。将生产环境划分多个安全区域，各个区域间通过防火墙隔离。 （4）数据使用 包括办公网络和设备的安全管控与行为监控，建立数据资产全链路数据流转监测机制，建立数据违规访问、大量下载等异常行为监控预警机制，建立统一数据授权使用管控机制。 （5）数据共享 在对外合作方面，通过完善服务供应商准入审查、修订对外合作协议等方式加强对合作方的安全管理。生产数据提取方面，已制定生产数据应用安全管理规程，并对线下交接传递数据进行限定。信息系统功能对接方面，涉及系统开发的情况已纳入信息系统需求管理，通过多方共同评审发现数据输出风险。 （6）数据删除、销毁 采用“不用数据及时销毁”的策略，对生产系统的报废设备存储部件通过专用设备进行消磁或物理粉碎处理；维修设备均须取下存储部件后方可带离我行修理；对终端电脑安装数据销毁工具，由员工对电脑中存储的不再使用的敏感信息进行销毁；对从生产环境提取的数据，在使用完毕后，数据安全组件提醒用户使用数据销毁工具进行销毁；并建立数据存储介质销毁安全管理机制，设立专人专岗，记录数据销毁全过程。

续表

金融机构	治理维度	数据安全治理实践
建设银行	应急管理	一是将数据安全纳入管控范围，从投诉、声誉、网络三个方面建立数据安全应急管理机制，修订并发布应急管理制度和应急预案等规范。二是明确信息安全事件的处置流程与职责，定期组织安全渗透测试和风险评估，统筹漏洞管理，对发现的问题及风险进行整改和应急处置，并组织安全应急演练和实战演习。在安全事件发生后，按照预案实施安全事件应急处置工作，认定安全事件等级和责任单位，完成安全事件的取证、攻击手法分析、数据泄露溯源分析、评估全行安全态势，挖掘潜在异常行为和攻击威胁。
	安全评估	开展全行数据安全管理现状评估工作。制订数据安全全面评估方案，并针对外部数据共享、新产品上线等重点场景制订数据安全分场景评估方案。推进各相关部门对辖内数据安全工作及重点场景数据安全保障情况开展自评估。
	技术防护	通过数据访问控制平台、隐私计算平台、数据安全下载平台等技术平台沉淀了数字脱敏、加密权限、访问控制、数字水印、隐私计算等数据安全核心技术，为后台生产数据、前端分析数据等场景的数据保护提供技术支撑。
邮政储蓄银行	组织架构	将数据安全纳入总行党委管理，在全行建立数据安全三道防线，明确相关部门具体职责。在岗位设置方面，发布《数据安全管理团队建设方案》，确定数据安全专兼职岗位设置标准以及专业队伍建设要求，明确数据安全专兼职人员职责。
	制度规范	全行修订《中国邮政储蓄银行数据安全管理办法》，明确全行数据安全职责分工、安全要求和工作流程等，为数据安全管理提供制度指导。同时，按照国家法律法规以及行业政策及标准的相关要求，结合全行数据安全制度建设需求，从数据安全战略、生命周期管理、基础安全管理三个方面初步建立了数据安全制度体系。
	人员能力建设	多层级多频次开展数据安全培训。面向全行员工组织开展数据安全法规政策解读培训，培训内容包括国内外数据安全法规标准解读以及从业人员相关要求；面向总行及各分行科技部门、业务部门开展数据安全分类分级方法培训、数据安全技术培训等内容。

续表

金融机构	治理维度	数据安全治理实践
邮政储蓄银行	数据全生命周期管理	从事前防控、事中评估、事后监督三个方面提升数据安全管控能力，确保金融数据安全应用。 事前防控方面，一是将数据安全要求纳入业务需求及技术方案，加强需求分析、系统设计、系统开发、系统测试、投产上线等各阶段的数据安全管控。二是落实数据采集、传输、存储、使用、备份、灾备与销毁等生命周期各环节要求。 事中评估方面，构建全行数据安全评估框架，全面评估、专项评估双管齐下。 事后监督方面，面向总行及各一级分行开展数据安全检查及审计。
	技术防护	一是加强加密管理，针对不同安全级别的数据采取不同的加密策略。二是加强终端管控。三是完善个人信息保护应急响应机制。四是加强联邦学习、隐私计算等新技术研究应用，搭建邮政储蓄银行多方安全计算平台。
光大银行	组织架构	建立信息科技与数据管理委员会、数据管理工作小组、各部门及其数据保护岗的三层数据保护组织结构。
	制度规范	为加强数据保护管理，提升数据保护合规管理能力，制定了《数据保护管理办法》，明确四个环境的保护治理第一责任人及各部门数据安全岗职责；形成覆盖六个阶段的全生命周期管理。针对数据保护处理建立了保护技术标准——《数据保护处理技术规范》。针对重要且泄露风险较高的办公环境，光大银行建立了《办公环境保护管理细则》。针对其他管理制度提出数据保护治理要求，将数据保护治理和隐私保护要求落实到全行各管理环节中。
	技术防护	通过打造“四大工具”，将数据保护治理要求落地： 一是数据侦探，推进办公环境敏感数据“零存放”； 二是数据安全合规管理与分析系统，推进敏感数据识别与监控； 三是多方安全计算平台，通过联合查询、联合统计及联合建模，实现数据在共享中的“可用不可见”； 四是办公环境数据安全防护系统，通过数据安全分级、加密存储、权限控制等安全管理，建设办公环境数据保护系统。

续表

金融机构	治理维度	数据安全治理实践
光大银行	数据共享安全管理	一是促进共享合规。根据法律法规要求签订与海外分行、光大集团的数据共享协议，完善第三方合作协议模板。 二是落地共享管理机制。梳理归纳数据共享合规要点，将安全要求落实于第三方合作、外包管理、委托处理等各个业务场景。 三是探索多方安全计算场景下的合规。
	人员能力建设	多渠道、多形式落实数据保护宣传，建立了从网络宣传、行内集中培训到现场数据安全检查三位一体的数据保护宣传检查机制。
上海银行	组织架构	信息安全领导小组统筹，总行数据管理与应用部组织推进，总行金融科技部提供技术支撑，总行人力资源部、法律合规部、审计部协同，各单位落实执行。
	制度规范	制定《上海银行数据安全管理办法》。办法中明确了包括组织架构管理、数据生命周期管理、数据分类分级、风险评估监测、事件处置等在内的总体要求，并细化制定了具体对应的操作规程。
	数据分级分类管理	以重要数据、敏感数据、一般数据、公开数据为划分类别在总行各业务条线内进行多轮梳理，确认重要数据范围，建立包含 273 个子类、4 个安全级别（由高到低）的数据安全分类分级目录。通过对数据管理系统中业务元数据以“AI 技术+人工”认定方式逐字段级进行分级认定，形成数据分类分级标准库，为数据安全分级管控提供了基础支撑。 对应用系统、终端 App 内个人信息使用过程制定了分级管控措施。个人敏感信息在页面展现、导出等用数环节通过分级授权访问、数据脱敏、禁止复制打印、下载加密、终端水印、记录操作访问日志等措施进行保护。对业务提数申请严格按照分类分级要求进行审批。通过设定个人敏感信息分级识别规则对外发邮件的主题、正文和附件内容进行实时检查，一旦拦截必须通过授权放行。
	技术防护	制定了数据安全技术能力框架，明确了安全技术演进路线：通过引入各类技术工具对数据生命周期各阶段加强防护并持续开展监测。具体包括数据采集阶段的 App 合规检测、数据资产发现、数字证书等；传输过程中的通道加密、协议加密；存储阶段中的数据加密技术；数据使用阶段的各类监测、网关、DLP、准入、脱敏、水印等工具；删除销毁阶段包括低格式化工具、物理消磁技术等。 规划建立全行级数据安全态势感知平台，通过接入各类异构安全系统日志信息以及各类监测分析、操作审计数据，部署全局安全风控规则并进行动态分析。

续表

金融机构	治理维度	数据安全治理实践
上海银行	安全评估	制定发布了12项重点数据安全能力评估指标，用于衡量和体现数据安全的管理过程和结果。具体包括对各单位数据安全管理工作的执行情况及其效果进行客观的度量；对数据生命周期包括采集、传输、存储、使用和销毁等阶段建立核心评估指标；对各单位员工数据安全认知水平建立衡量指标。结合技术监测工具，向各单位开展常规检查和每年定期抽查，对检查反馈材料按评估规则计算得出各项数据安全能力指标。
	人员能力建设	每年通过行报、电子大屏、终端屏保、线上直播培训、在线答题考试、线下主题活动等多种形式对外部法规、监管要求、内部制度、相关案件事件、工作要求等进行全面科普和宣导。
中原银行	组织架构	按照战略层、决策层、管理层、执行层和监督层的设计原则，明确各相关方在数据安全治理活动中的职责。其中，管理层主要是指数据管理委员会，包括科技和业务的一些主要部门作为委员会的常规成员。执行层主要落脚于金融科技条线的相关部门，包括金融科技部、数据信息部、科技风险三道条线。除此之外，行内各部门配备数据管家，负责在日常数据安全管理的过程中提供管理或技术上的支持，保证数据安全的各类要求可以快速上传下达。
	数据全生命周期管理	数据采集方面，建立了数据资产管理平台，实现数据安全分析结果的线上化，并开发推广密码加密的安全组件，实现用户输入的及时加密，保证端到端的数据安全传输。 数据传输方面，结合数据的敏感级别以及业务场景来明确定义加密传输的方式和算法。针对移动介质、智能设备等接入终端，也需要经过准入进行控制。 数据销毁阶段方面，当数据的使用生命周期已经结束，配备消磁仪、配置数据清理流程实现已经结束生命周期的数据销毁。
	安全运营	风险识别阶段，通过数据分级分类、数据传输通道梳理等手段，以及相关的一些技术管理手段，实现数据采集及传输阶段的数据安全风险识别。 数据保护阶段，通过加密存储、访问权限控制、透明平台、数字水印等手段，提升数据存储及使用阶段的数据保护能力。 风险监测阶段，通过建设SOC平台、应用流量分析平台、数据安全智能感知平台、终端用户行为分析平台等系统，实现数据非法使用的风险分析及监控。 协同响应阶段，通过预警通告、调查取证以及数据安全管理体系中数据安全干系人（如数据管家、合规专员）流程的协同，实现数据安全协同的运营及事件闭环处置。

续表

金融机构	治理维度	数据安全治理实践
华泰证券	组织架构	设立公司数据治理委员会，在经营管理层的领导下，负责统筹和领导数据安全工作；数据治理委员会下辖数据安全与个人信息保护工作小组，由信息技术部门、业务部门、合规风控部门派员参与，多部门协同工作。
	制度规范	制定公司级数据安全管理办法、围绕数据全生命周期的安全管理规范，以及细化的各类数据安全细则。
	技术防护	数据安全平台能力，基于 IPDR 框架，部署各类数据安全技术手段，覆盖网络、平台、应用、终端，形成事前、事中、事后的数据安全技术能力，并通过各技术能力组合形成风险识别、安全评估、安全防御、安全监测、安全响应五大服务能力。 数据安全运营能力，包括数据安全管理、能力运营、策略管理、安全事件分析四个方面。数据安全管理方面，通过深度分析各类法律法规和标准，形成数据安全基线和风险矩阵，为能力运营、策略管理和安全事件分析提供指引。能力运营方面，基于数据安全平台能力，开展安全评估、安全监测、安全检测和应急处置。策略管理方面，根据公司数据安全态势，动态调整数据安全管控策略，保障数据安全高效流转。 安全事件分析方面，对数据安全告警、数据流转记录、用户行为日志等进行分析溯源，发现数据安全风险。 数据安全可视化能力，基于数据安全平台能力和运营能力，绘制展示公司数据地图、数据流向图，依托态势感知能力展现数据安全风险态势、用户行为画像。
	安全运营	风险防范，采用“基线化+工程化+技术化”理念，以法律法规、行业标准、实践指南为切入点，将数据安全评估过程嵌入业务原有生产流程并在早期介入风险管理。 监控预警，依托数据安全技术体系，动态监控公司内部数据跨网、跨域、跨实体流转的数据，实时发现数据安全威胁并预警，快速溯源处置安全事件。 应急处置，建立数据安全事件应急响应机制，编制应急预案，开展应急演练，确保事件发生后可以快速响应，及时恢复。

续表

金融机构	治理维度	数据安全治理实践
国信证券	组织架构	成立了决策层—管理层—执行层三层数据治理组织架构。决策层由公司数据安全最高负责人、各业务、职能部门和信息化分管领导担任，负责对公司数据安全战略、范围、重大事项进行决策。管理层由数据安全管理团队组成，负责数据安全治理体系的规划、建设、持续运营、推广和培训。执行层由各个业务、职能和 IT 部门的成员组成，执行层是数据安全各项制度、策略和流程规范的主要执行者，也多是数据的提供方和消费方。
	制度规范	数据安全管理制度分为三级，分别是数据安全总则、管理办法和各项细则。 数据安全管理总则与数据安全战略相契合，是通过决策层审定的数据安全工作的指导文件。 数据安全管理办法明确了数据安全的组织与人员、数据确权、各生命周期的保护策略、应急响应、监控预警、审计评估、培训宣导等制度。 数据安全各项细则属于流程规范性文件，偏向流程落地和操作指引，包括数据分类分级模板、敏感数据申请流程、数据安全事件响应工单等流程模板和表单文件。
	人员能力建设	通过邮件、企业 OA、线上培训视频或者会议、线下培训等多种方式，以定期或者不定期的方式展开。培训内容包括内外部数据安全规章制度、数据安全管控流程、个人客户信息保密意识和手段、数据安全事件宣贯等，培训对象既可以是各个业务部门的业务和一线人员，也可以是职能内控部门和 IT 人员。
	安全运营	在数据安全治理运营层面，主要基于数据安全管理框架和各种技术平台落实数据安全各项管控措施，持续开展数据资产梳理、安全风险监测、应急事件响应、培训宣贯四个方面的工作。 在数据资产梳理方面，主要是借助数据安全运营平台的数据分类分级、敏感数据识别功能，基于前期调研梳理制定的数据分类分级策略，对数据库表、字段、数据文件进行自动扫描，记录和统计敏感数据、重要数据的分布、流向，打上分类分级标签，并对数据项的归属部门、责任人等信息进行权责归属登记。 在安全风险监测方面，通过数据流量监测、数据库账号监测等手段，持续监测数据流转和使用风险，针对异常事件进行告警和记录，方便事前、事中和事后的风险溯源和处置。 在应急事件响应方面，基于数据安全应急工单和流程，定期开展数据安全应急演练，并对每一个工单形成数据安全应急事件报告，归档并作为数据安全知识清单和培训材料。

续表

<table>
<tr><th>金融机构</th><th>治理维度</th><th>数据安全治理实践</th></tr>
<tr><td rowspan="2">光大证券</td><td>组织架构</td><td>制定《光大证券股份有限公司信息技术管理基本制度》，明确信息技术总部应确保制定完善的信息安全防护措施，建设符合要求的信息系统备份能力及运维管理能力。
制定《光大证券股份有限公司数据安全管理规程》，明确信息技术委员会是公司数据安全管理的最高决策机构，负责审定公司有关数据安全管理的规章、制度、办法等；数据治理办公室负责公司数据安全管理相关工作的组织协调、推进与督办。
数据治理办公室设在金融科技开发部。数据安全管理工作由金融科技开发部和信息技术总部互相配合，共同落实公司数据安全防护工作。信息技术总部牵头“以网络为中心”的数据安全，侧重计算资源与网络环境的安全防护。金融科技开发部牵头“以数据为中心”的数据安全，侧重于保障数据开发利用、数据价值释放、合规合理使用。</td></tr>
<tr><td>制度规范</td><td>规范系统安全等级管理。制定《光大证券股份有限公司信息系统分类分级管理规范》，将对投资者产生重大影响的信息系统定义为重要信息系统进行保障。
规范网络与信息安全管理，保护公司和投资者信息安全。制定《光大证券股份有限公司网络与信息安全管理规程》《信息科技密钥管理规范》等制度。
规范数据全生命周期安全管理。制定《光大证券股份有限公司数据管理规程》《光大证券股份有限公司数据安全管理规程》等制度。
规范数据安全合规使用。制定《光大证券股份有限公司数据使用权限审批管理规程》对于数据进行分类分级。
规范数据权限管理。设置信息系统岗位权限管理审核小组，先后制定并发布了《光大证券股份有限公司信息系统权限管理办法》《关于进一步完善信息系统权限管理流程的通知》等相关规定。
规范投资者隐私保护。制定《光大证券股份有限公司投资者权益保护工作管理办法》《光大证券互联网平台隐私政策》。
规范对分支机构、子公司以及第三方服务机构的管理。制定《光大证券股份有限公司分支机构信息技术管理规程》，加强对分支机构的信息技术的指导和管理；制定《信息科技 IT 供应商管理规范》《信息科技外包服务人员管理规范》等制度，加强对外部中介机构、信息技术服务商等第三方服务机构的管理。
规范数据安全事件应急和问责。一是划分了证券期货行业信息安全事件的等级；二是建立数据安全应急预案；三是构建数据安全检查、问责与纠错处置机制，公司制定并发布《问责管理办法》及附件《违规具体情形》。</td></tr>
</table>

续表

金融机构	治理维度	数据安全治理实践
光大证券	技术防护	网络隔离方面，公司设置端口级的网络访问控制策略，将内网、外网严格隔离，通过防火墙控制访问权限。内网区域、不同安全域之间采取严格的网络隔离。 用户认证方面，对于运维操作机，由服务台完成准入控制、杀毒软件安装，密码复杂度设置和屏幕保护设置。对于终端都会安装准入控制和杀毒软件，桌面屏保设置超时 10 分钟自动锁屏，要求员工妥善保管自己的密码、定期更改密码，防止攻击者以此作为突破口窃取公司数据。重要业务系统根据业务实际需求分配权限，同时通过严格的身份鉴别机制，防止未授权访问。 数据加密方面，公司对涉及敏感信息的传输均采取加密方式，防止在传输过程中被窃听。数据的内部转交必须通过安渡平台进行，外部移交则必须通过加密等方式进行，加密文件与密钥应通过不同的渠道进行交接。 数据备份方面，信息技术总部根据《信息技术总部电子数据与介质管理细则》保存及备份信息系统中的业务数据。公司制定了不同的备份和恢复策略，数据在变更时须走变更流程，及时进行备份；公司已实施统一备份平台建设，建有两地三中心的统一备份存储和磁带库，所有的重要数据可实现两地三中心的备份，并定期进行恢复验证。 数据销毁方面，公司对数据销毁进行规范约束，规定所有介质报废或维修前，都需要对介质上的电子数据进行清除与销毁，介质的销毁应确保销毁后的介质无法被重复使用且其中的数据无法被恢复，如介质上存储的电子数据与信息仍需使用，应对介质上存储的数据进行备份。 信息技术系统风险自查方面，在投资者使用的终端发布前进行安全扫描，发现安全漏洞，一票否决。同时在 App 终端上也会采用第三方安全厂商提供的加固措施，防止攻击者以终端作为入口渗透到后台进行投资者数据窃取。公司门户网站等 WEB 服务器上均安装了网页防篡改系统，实时监测网站页面和程序是否被非法篡改并且自动修复被非法篡改的页面和程序，同时通过 Imperva WEB 应用防火墙对 SQL 注入、跨站脚本等攻击行为进行过滤，另外，采取第三方的专业产品为我司外网重要网站进行 7×24 小时的安全监控。 定期风险评估方面，每季度对重要信息系统进行全面的安全漏洞扫描和渗透测试工作，并对中高风险及不可接受风险的漏洞通过 ITSM 进行漏洞修复跟踪与留痕，形成风险的评估和闭环管理，提高信息技术系统的安全性。此外，公司实施系统上线前、上线后（定期）相结合的方式进行漏洞管理。 系统日志方面，公司通过天眼系统对所有的网络流量进行安全监控，对所有的统计告警行为进行每日巡检，从而完善整体的防护体系。内网区域，公司部署堡垒机进行运维权限管理和审计，保障运维操作留痕；涉及内网区域间的数据传输的，通过部署安全数据摆渡系统进行审计、留痕。互联网业务系统均具备完善的日志留痕能力，可以完整记录用户的查询等操作，具备追溯客户完整操作行为的能力。

续表

金融机构	治理维度	数据安全治理实践
中国人寿保险	制度规范	集团公司积极推进全集团数据保护体系的建设规划，形成数据保护相关制度，包括《中国人寿数据治理工作管理办法》《数据治理成熟度专项提升工作方案》《中国人寿网络安全管理办法（试行）》《中国人寿保险（集团）公司数据分类分级管理办法》等。
	数据分级分类管理	《中国人寿保险（集团）公司数据分类分级管理办法》规定，数据保护级别从高到低共分为 5 个级别，要求对 4 级数据执行严格的安全管理，如在数据库中需要进行报文级加密存储，数据传输需要信道加密，在个人电脑非必要不存储，使用完成后应及时予以清除等。3 级数据共 42 类，对 3 级数据实行较为严格的安全管理，如 3 级数据对外传输应获得数据归属部门审批同意，传输过程需要进行报文级加密，系统展示需脱敏处理，并采取多因素认证或二次授权认证等机制。此外，对共 119 类 2 级数据、共 17 类 1 级数据及其安全管控要求进行了具体规定。
蚂蚁集团	组织架构	成立了蚂蚁集团隐私保护及数据安全委员会，制定企业数据保护方针，对数据安全制度流程、组织架构、人员配备等进行不断优化完善。
	数据安全运营管理	通过可执行安全基线、互动式心智运营、原生式数据保护、全景式安全度量、可自证溯源处置、测评认证、红蓝演练各环节，从不同侧重领域解决数据保护治理的各类难点问题，通过各环节之间的串联、互补、联动与反馈，促进数据保护运营管理能力的持续提升。 （1）可执行安全基线在安全制度和规范的基础上，针对组织重点关注的安全要求，通过清晰、明确、无歧义的规则表达和指标化映射方式，建立可执行、可度量的安全基线。 （2）互动式心智运营侧重于对人员安全心智和能力的提升，通过运营目标拆解、运营渠道有效触达以及设置激励机制等方式，提升心智运营的交互式体验。 （3）原生式数据保护侧重于在产品研发过程中，通过设置管理流程机制和安全技术能力等方式将数据保护要求前置，保证产品发布前已采取必要充分的数据保护措施。 （4）全景式安全度量通过设计安全度量指标、度量模型、度量算法等，建立覆盖重点安全要求和安全基线的安全度量体系，对人员、系统、数据资产等的安全风险态势与安全要求符合程度进行准确度量，实现安全态势持续监测、安全风险准确定位和安全水位直观呈现。

续表

金融机构	治理维度	数据安全治理实践
蚂蚁集团	数据安全运营管理	（5）可自证溯源处置基于应急响应、安全审计等工作机制，强化溯源过程可证能力建设，加强对于安全事件和责任人员的应急处置与审计问责。 （6）测评认证通过开展内部安全认证与外部测评认证工作，对组织的数据安全能力进行评估。 （7）红蓝演练通过开展以数据为主体的红蓝演练，以定制化攻击的方式检验安全防护能力与水平，从攻防视角验证数据安全防护体系的有效性。
	技术防护	以安全平行切面、密码基础设施、安全可信环境、终端安全等系统能力，数据资产识别、数据血缘图谱、异常访问检测等算法能力，以及准实时精准检索、压缩索引、异构数据提取等数据能力作为底层基础能力，从全息资产画像、深度安全防护、智能安全运营、隐私保护与隐私计算等领域构建全方位、体系化的产品能力，为数据安全复合治理提供技术支撑。

资料来源：数据安全推进计划．金融行业数据安全治理案例汇编（2022 年）．［R/OL］．https://mp. weixin. qq. com/.

三、金融数据安全面临的挑战及治理对策

（一）新形势下金融数据安全治理面临的挑战

金融业作为融通资金的行业，业务涉及面广泛，需处理和存储的数据形式多样、类型丰富、流转过程也较为复杂。金融机构在业务发展过程中，积累了海量的客户数据、交易数据和外部数据等。在数字经济和金融科技快速发展的背景下，这些金融数据逐渐成为金融机构的重要资产和核心竞争力，用数据驱动业务发展，提高经营质效，对推动金融机构的数字化转型具有重要意义。在金融数据赋能金融机构业务发展的同时，金融数据安全风险也日益上升，数据泄露、数据滥用等数据安全风险事件逐渐增加，数据安全保护的重要性愈发突出。近年来，随着以大数据、人工智能、云计算、区块链为代表的金融科技的快速发展和广泛应用，金融机构与外部机构进行的数据交换更加频繁，而传统的金融数据安全管理主要聚焦于网络安全管理层面，对数据安全的理解不够深入，对金融数据的各种使用场景也缺乏配套的安全管控措施。在新形势下，金融数据安全治理面临诸多挑战，主要表现在以下几个方面。

1. 需应对数据多样性带来的新场景风险

随着电子交易替代率的不断上升，金融机构存储的数据量不断上升，包括结构化数据（以关系数据库表形式管理的数据）、非结构化数据（没有固定模式的数据，如文档、图片、视频等）、半结构化数据（非关系模型的、有基本固定结构模式的数据，如日志文件、XML 文档、JSON 文档、Email 等），这些数据以多种形式散落在数据库、内外网电脑、开发测试环境、移动介质等载体中，流转于多种交互场景，涉及的风险因素较多，需多种数据安全技术措施提供相应的支持和保障。

2. 需应对业务线上化带来的新外部攻击风险

随着金融机构的业务线上化、移动化，以及与第三方业务合作的加深，

面临的外部攻击风险呈上升趋势。近年来，部分互联网平台的用户敏感数据泄露频发，有的数据库被非法利用在互联网进行传播，网络上甚至出现了专门针对此类数据交流和分享的社区，这些数据包括用户账号、明文密码、手机号码、身份信息等。不法分子将其收集起来，并进行关联、去重、筛选等清洗加工后，形成庞大的社工库，用来对金融应用实施撞库攻击。互联网金融应用除了需防范传统的 WEB 攻击、应用程序攻击、注入攻击、拒绝服务攻击防护等安全风险外，还需防范网络钓鱼、用户身份盗窃等新的外部攻击风险。

3. 需应对数据流转复杂带来的数据外泄风险

在数字金融快速发展的背景下，金融对数据价值的挖掘应用更加重视，导致数据流转更为频繁复杂，数据外泄的风险也随之上升。例如，当内部数据在个人办公 PC，应用系统、数据库、存储、网络等多个环节进行流转时，一旦某个环节外泄到互联网，则互联网邮箱、公有云网盘、WEB 类应用就会成为进一步传播数据的工具。当数据在内部员工、业务使用部门、IT 相关人员、系统开发和测试人员、监管机构、外包商以及商业合作伙伴等多类群体中进行流转时，由于不同群体的数据安全意识、安全管理能力以及安全技术防护能力等差异较大，也会导致数据外泄风险点增加。

4. 数据全生命周期的安全防控难度加大

数据安全涉及数据全生命周期的各个阶段，包括数据采集、数据传输、数据存储、数据处理、数据交换、数据销毁等活动，每个活动环节均需要采取相应的数据安全防控措施。目前金融机构之间及其与外部机构的数据交换共享时的数据安全风险防控，是实现金融数据开放共享的关键问题。与此同时，金融数据可变现、易变现的特点使接触到数据的人员窃取数据的动机或可能性增加，这些特点较大程度地增加了数据安全管理的难度。因此，为了防范金融数据安全风险，需将数据安全防控策略深入到数据生命全周期各环节，进一步延伸数据安全防线。

（二）新形势下金融数据安全治理的对策

1. 加强顶层设计，强化责任落实

首先，金融机构应根据金融科技特点，将数据安全纳入企业战略层面进行顶层设计和规划，建立涵盖数据全生命周期和业务全流程的制度规范体系，从组织机构、人力资源和资金资源等方面予以重点保障，在做好数据保护的基础上开展数据利用。其次，金融机构数据安全保护工作涉及较多的主体，为落实好制度规范要求，应根据数据访问关系，将数据资产关系人分为责任归属人、数据管理人和数据使用人，通过明确数据保护的主体责任，形成多方支持配合，共同保护客户数据安全的管理机制。最后，要加大宣传教育的力度，将新形势下的数据安全纳入全员教育，营造数据安全的企业文化，形成“数据安全、人人有责”的工作氛围。

2. 构建数据全生命周期的安全防护体系

（1）数据采集环节的安全防护

从外部数据供应方采集数据，通过合同协议明确双方在数据安全方面的责任和义务，明确数据采集范围、频度、类型、用途等，确保外部机构数据的合法合规性和真实性，通过系统批量采集的数据采用摘要、消息认证码、数字签名等密码技术确保采集过程数据的完整性；从个人金融信息主体方采集数据，采集的个人金融信息应与提供的金融产品或服务直接相关，与隐私政策中约定采集的内容保持一致，不超范围采集数据。

（2）数据传输环节的安全防护

一是保障数据传输工具的安全性，工具上线前应开展必要的渗透测试、漏洞扫描等工作，防止工具使用过程中遭受恶意破坏。

二是在传输前进行身份认证，确保数据传输双方是可信任的。

三是做好传输接口的管控和监测，对敏感数据进行加密传输。

四是数据传输完成后清除传输历史和相关缓存数据。

五是通过物理介质批量传递重要数据时对数据进行加密或脱敏，并由专人负责收发、传递、保管和销毁等保护措施。

（3）数据存储环节的安全防护

数据在境内存储应做好存储介质管理，建立数据存储备份机制。依据最小够用原则存储数据，不应以任何形式存储非业务必需的金融数据，存储时间应符合业务必需的最短时间。采取加密技术、数据库安全技术等措施保证数据存储的保密性和完整性。同城与异地数据备份中心应设置远程数据备份与恢复功能，利用通信网络将关键数据定时批量传送至备用场地。定期对备份数据的有效性和可用性进行检查，对主要备份业务数据进行恢复验证，根据介质使用期限及时转储数据，确保数据的可用性。

（4）数据使用环节的安全防护

严格遵循数据处理最小、必要原则，明确数据的处理和使用规范，确保相关方只能访问职责所需的最少够用的敏感数据。将开发测试环境数据与生产环境数据进行有效隔离。数据库层面特权账号应明确安全责任人，严格限定特权账号的使用地点，并配套堡垒机、动态口令等多因素认证措施进行身份认证。

（5）数据共享环节的安全防护

共享前应进行严格的审批并存档，同时开展个人信息安全影响评估，与共享的接口调用方签订合作协议。定期对数据接收方的数据安全保护能力进行评估，确保数据接收方具有足够的数据安全保护能力。开展共享监测和审计，对数据导入导出进行严格的审批和监控，确保对于数据共享的所有操作和行为进行日志记录，并对高危行为进行风险识别和管控。

（6）数据销毁环节的安全防护

建立数据销毁机制，明确存储介质删除方法，同时采用可靠的技术手段，确保被删除和销毁的用户个人电子信息不能被再次还原。针对不同的存储介质和设备有其不可逆的销毁技术及流程，建立销毁监察机制，严防数据销毁阶段可能出现的数据泄露问题。

3. 加强技术保障，不断延伸技术安全防线

加强对金融科技的跟踪、研究和应用，通过技术手段保障金融数据安全，借助网络、主机、终端、应用等多层级的安全监测机制，通过加强网络安全监测预警，优化开发安全生命周期管理，强化网络安全访问控制，加固主机系统和应用程序的安全防护，完善网络安全检测手段，利用业务安全监控等多种技术管控手段，整合网络安全资源，全面提升现有安全防护技术。包括但不限于以下方面：

（1）加强外部敏感数据的监测与处置

通过技术手段主动监测外部互联网上敏感数据的泄露情况，包括暗网中是否存在数据贩卖，互联网网盘中是否有敏感文档，代码托管平台上是否有源代码，以及是否存在钓鱼网站、盗版 App 等，并对上述事件持续监测，如果发现，则在第一时间启动处置流程，降低影响。

（2）注重数据的保密性和完整性

对于涉及金融交易的互联网应用，采用 SSL 安全通道接入，并对数据报文进行加密。网络边界采用防火墙、IPS、动态防护等安全设备，防止外部攻击造成数据泄露。采用硬件加密机、密押机等对 PIN 等重要信息进行加密传输、保存和 MAC 校验。采用证书体系对关键交易进行签名，抗抵赖。

（3）规范数据访问，加强对流动数据的监测

各应用系统应按照最小访问、最小授权的原则提供查询下载功能，进行用户管理和权限分配，规范业务人员访问信息系统的行为，配备流动数据的监测系统，便于对疑似数据泄露的追溯。科技人员的运维统一通过堡垒机实

施，并进行操作运维审计。

(4) 减少信息系统之间数据调用的人工处理

采用自动抽取、传输、加工、转入技术，减少人工介入数据处理过程。对于其他可能使用生产环境数据的，最小化限制下载的数据范围，建设数据脱敏系统进行脱敏处理，重要文件、报表采用水印等方式对数据进行溯源。

(5) 加强对网络系统终端的管控

部署桌面管控、终端加密系统，实现对网络准入控制和非法外连监测，采用安全介质进行数据交互，同时，对企业邮箱的外发邮件开展敏感数据审计或拦截。

(6) 加强对第三方外包机构的管理

与第三方外包机构签订保密协议，提供类似桌面云的环境用于开发测试工作，数据云端存储，限制数据拷出，监控日常操作行为。

(7) 开展日常金融数据安全风险评估

利用数据安全风险评估手段，如数据安全合规评估、个人信息安全影响评估、App个人信息安全评估等识别发现金融数据安全风险，开展日常数据安全风险评估。对发现的风险问题及时进行整改，提升金融机构的数据安全防护水平。

4. 加强数据安全态势感知能力的建设

近年来，无论是网络安全市场的导向还是金融机构的内生驱动，伴随着大型网络攻防演练的推广，各金融机构加大了网络安全态势感知体系的建设，形成了预防、监测、响应、处置等成熟的工作模式，对网络信息系统遭受攻击、运行状态、安全防护等情况的掌握较为清晰，而在数据安全层面较为缺失，需加快建立较为完善的基于数据安全态势感知的平台，监测敏感数据的分布、数据资产的保护、敏感数据的流动和访问等情况，以便更加全面地掌握数据资产的安全情况。

5. 规范金融数据的来源，推进数据的融合应用

《数据安全法》要求任何组织、个人收集数据，应当采取合法、正当的方式，不得窃取或者以其他非法方式获取数据。同时，对于相关机构提供的数据服务，应当要求数据提供方说明数据来源，审核交易双方的身份，并留存审核、交易记录。同时也阐述了安全与发展的关系，提出不能因为安全而停止数据的开发利用。然而，数据的开发利用离不开数据的流通融合，目前多方安全计算平台、联邦计算、区块链等技术提供了数据融合计算环境，为数据所有权与使用权分离、数据可用不可见，以及破除金融业态壁垒，发挥数据价值等方面提供了较好的技术支撑。目前，仍需做好基础技术与标准规范的研究，以发挥多方安全计算平台在数据要素融合应用中的作用。

6. 加强数据安全领域的人才培养

《数据安全法》强调培养数据安全领域的人才。数据领域作为技术与业务的交汇点，传统技术安全人才与专业法律人才在处理数据安全领域的问题上都存在一定的知识欠缺，优秀的数据安全人才应是既懂法律和业务，又懂技术的复合型人才。一般而言，数据安全领域的专业人才需具备以下素质：一是对新兴技术具有较强的敏感性；二是熟练掌握数据安全相关的法律法规和标准规范；三是熟练掌握业务知识，将数据安全防护贯穿于业务全流程。

（三）大型语言模型金融应用的数据安全治理

1. 大型语言模型概述

人工智能（AI）具有巨大的变革力量，对全球社会和经济产生深远影响。人工智能在塑造经济和金融部门发展方面发挥着越来越重要的作用，并被视为通过提高效率、改进决策流程以及创造新产品和产业来提高生产力和经济增长的引擎。人工智能还正在迅速改变金融业，通过重塑金融中介、风险管理、合规性和审慎监管的性质来改变行业格局。近年来，发展起来的大型语言模型（Large Language Model，LLM），如 OpenAI 的 GPT 系列模型，更是引发了全球巨大反响。大型语言模型是基于神经网络模型，经过大量数据（包括文本和文档）的训练，能够生成可理解且有意义的文本或人类语言，它可在各个领域广泛应用，对全球经济和金融部门产生重大影响。

截至目前，全球还没有对“大型语言模型”的统一权威的定义。维基百科“大型语言模型”英文词条整理了目前全球传播比较广的相关定义。“大型语言模型是一种由具有大量参数（通常是数十亿个或更多）的神经网络组成的语言模型，使用自我监督学习或半监督学习对大量未标注的文本进行训练”。[①]“大型语言模型在 2018 年前后出现，在各种任务中表现良好。这使自然语言处理研究的重点从以前为特定任务训练专门监督模型的范式中转移出来”。[②]“虽然大型语言模型一词没有正式的定义，但它通常指的是参数数量

① Goled, Shraddha. Self-Supervised Learning Vs Semi-Supervised Learning: How They Differ [EB/OL]. https://analyticsindiamag.com/self-supervised-learning-vs-semi-supervised-learning-how-they-differ/.

② Manning, Christopher D. Human Language Understanding & Reasoning [J]. Daedalus, 151 (2): 127-138.

为数十亿或更多的深度学习模型”。[①] “大型语言模型是通用的模型，擅长各种任务，而不是为一个特定的任务（如情感分析、命名实体识别或数学推理）而训练”。[②]

若将维基百科“大型语言模型”英文词条进行归纳整理，大型语言模型可理解为，一个由数十亿个及以上参数组成（权重）的神经网络模型，通过大量已标注或未标注文本进行训练，以学习语言的模式和规则，用于处理和理解人类语言。例如，OpenAI 的 GPT-3 有 1750 亿个参数（CPT-4 暂未公布具体参数），并利用互联网上公开可用的大型文本语料库进行训练。这使它能够生成与人类语言表达相似的文本，从而具有在各行业广泛应用的潜能。

大型语言模型有很多优点，但是也带来了一些挑战。例如，训练大型语言模型需要大量的计算资源和电力，这使只有少数大型公司和机构才能承受。此外，虽然模型在很多任务上都表现出色，但是它们也可能生成错误或误导性的信息，特别是在处理复杂或敏感的主题时容易出错。例如，如果问询 ChatGPT 法律相关问题，ChatGPT 会生成部分并不存在的判例，也会列出一些并没有的法律。另外，大型语言模型的数据安全和隐私问题也引发了关注。虽然模型本身不存储任何训练数据，但是如果训练数据中包含了敏感信息，模型可能会在生成的文本中无意中泄露这些信息。因此，对于大模型安全运营的研究也是当前广受关注的问题。

总体而言，大型语言模型在朝着更加精确、高效和安全的发展方向迭代。从目前的发展趋势看，大型语言模型在政府、经济、社会、文化和教育方面都有着广泛的应用前景。因为大型语言模型接近人的语言处理能力，又不受人的生理条件限制，且具备海量数据基础，因此，从国家层面来看，大型语言模型对于决策支持、促进经济增长、推动人力资源发展、改善公共服务、提升普及教育能力和促进国际交流与合作方面都有着广阔的应用前景，能够作为智能化基础设施发挥重要作用。所以，大模型的竞争是当前全球数字化转型向智能化升级过程中的重要抓手。

2. 大型语言模型在金融领域的应用

金融领域会产生大量的文本数据，包括新闻报道、公司报告、客户服务记录等，而大型语言模型能够从这些数据中提取有价值的信息，帮助决策者

① Carlini, Nicholas et al. Extracting [EB/OL]. https://www.usenix.org/system/files/sec21-carlini-extracting.pdf.

② Wei, Jason et al. Emergent Abilities of Large Language Models [J]. arXiv preprint arXiv: 2206.07682, 2022.

做出更好的决策。截至 2023 年 5 月，百度、阿里、腾讯和京东等头部互联网平台都开发了各自的大型语言模型，华为、科大讯飞、中科院自动化所等科技公司和科研机构也开发了各自的大型语言模型，具体情况见表 3-1。从大型语言模型的功能看，其在金融领域的应用可能会涉及以下五个主要方面。

表 3-1　截至 2023 年 5 月的国内主要大型语言模型

模型名称	发布机构	发布时间	参数规模
文心 ERNIE 3.0	百度	2021 年 2 月	千亿级
盘古	华为	2021 年 4 月	1000 亿
悟道 2.0	智源研究院	2021 年 6 月	1.75 万亿
紫东太初	中科院自动化所	2021 年 7 月	千亿级
通义 M6	阿里	2021 年 10 月	10 万亿
源 1.0	浪潮	2021 年 10 月	2457 亿
二郎神	粤港澳大湾区数字经济研究院	2021 年 11 月	13 亿
八卦炉	清华大学、阿里	2022 年 4 月	174 万亿
混元	腾讯	2022 年 6 月	万亿级
玉言	网易	2023 年 2 月	110 亿
MOSS	复旦大学	2023 年 2 月	160 亿
孟子	澜舟科技	2023 年 3 月	2.2 亿
ChatGLM	清华大学、智谱 AI	2023 年 3 月	1300 亿
360	360 智脑	2023 年 4 月	未公布
日日新	商汤科技	2023 年 4 月	1800 亿
知海图 Ai	知乎	2023 年 4 月	1000 亿
凤凰	香港中文大学（深圳）、深圳市大数据研究院	2023 年 4 月	70 亿
天工 3.5	昆仑万维	2023 年 4 月	千亿级
序列猴子	出门问问	2023 年 4 月	百亿级
活字	哈尔滨工业大学	2023 年 5 月	70 亿
星火	科大讯飞	2023 年 5 月	未公布
言犀	京东	即将发布	千亿级

资料来源：张振乾，汪澍，宋琦，等．人工智能大模型在智慧农业领域的应用［J］．智慧农业导刊，2023，3（10）：9-12.

（1）客户服务自动化

大型语言模型可用于构建智能客户服务系统，如聊天机器人（提高电话客服的智能化水平），自动回答客户的问题，处理客户的请求。通过这种方式，可以提高客户服务的效率，降低人工客服的压力，同时提供 7×24 小时的服务。此外，通过分析客户的问题和反馈，大型语言模型还可以帮助金融机构更好地理解客户的需求和问题，从而提高服务质量，提升客户满意度。

（2）情感分析

情感分析是指通过算法识别和提取文本中的主观信息，如态度、情感、观点等。在金融领域，情感分析可以用于分析新闻、社交媒体、公司报告等文本，以预测市场趋势。例如，通过分析公司财报中的语言，可以得到对公司经营状况的深入了解，从而影响投资决策。同样，通过分析社交媒体上的公众情绪，可以预测股票价格的涨跌。大型语言模型在情感分析中的应用，不仅可以提高分析的精度，还可以处理大规模的文本数据，较大程度地提高分析的效率。

（3）风险管理和合规性检查

金融机构需要遵守各种复杂的法规，而大型语言模型可以帮助金融机构自动化合规性检查，如检查交易记录是否符合法规，检查报告是否包含必要的信息等。此外，大型语言模型还可以用于风险管理。例如，通过分析文本数据，可以预测公司的信用风险、市场风险等，从而帮助金融机构做出更好的风险管理决策。

（4）金融新闻和报告的自动生成

大型语言模型可以生成人类级别的文本，这使它可以用于自动生成金融新闻和报告。例如，模型可以根据市场数据生成新闻报道，描述市场的最新动态；模型也可以生成公司财务报告，描述公司的经营状况。这种自动生成的方式可以提高金融新闻和报告的生产效率，同时保证内容的准确性和一致性。此外，这也使金融新闻和报告可以快速响应市场变化，及时提供最新的信息。

（5）量化交易策略

量化交易是通过数学模型来制定交易策略的方法，而大型语言模型可以提供一个新的数据源——文本数据，用于量化交易。例如，模型可以分析新闻、社交媒体等文本，提取其中的信息，如市场情绪、公司新闻、宏观经济指标等，然后将这些信息用于预测股票价格，制定交易策略。这种方式不仅可以利用更多的信息来优化交易策略，还可以处理大规模的文本数据，提高交易策略的响应速度。

3. 大型语言模型的基本原理及其存在的主要问题

（1）数据中心人工智能、模型中心人工智能与 GPT

当前关于人工智能发展模式的分类有很多种，从工程实践的视角看，提及较多的是“数据中心”（Data-Centric AI）和“模型中心”（Model-Centric AI）两种分类模式（见图 3-1）。

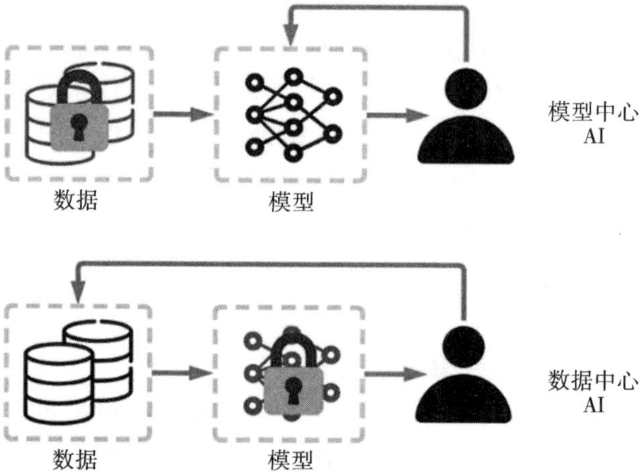

图 3-1 “模型中心”和“数据中心”的人工智能

［资料来源：王浩，王明，张伟．数据中心人工智能：视角与挑战［J］．计算机科学，2023，40（3）：1-12］

数据中心的人工智能是一种在构建人工智能系统之上，侧重于数据质量和管理的方法（见表 3-2）。这种方法的核心理念是，人工智能系统的性能不仅取决于模型的复杂性或精度，而且在很大程度上取决于用于训练模型的数据的质量。

表 3-2 数据中心人工智能的关注点

数据清洗	确保数据的准确性，删除重复项，修复或删除缺失或错误的数据。
数据标注	确保数据被正确标注，因为标注数据是监督学习（如分类任务或回归任务）的基础。
数据的代表性	增加数据的多样性，确保数据集可以代表模型需要理解的各种情况。
数据的平衡性	在分类任务中，确保每个类别都有足够的样本，以防止模型偏向预测过度代表的类别。
数据的隐私和安全性	在处理敏感数据时，确保相关数据符合隐私保护规范和安全标准。

数据中心的人工智能强调的是通过改进用于训练人工智能的数据，我们可以改进人工智能系统的性能，而不仅仅是依赖改进模型。在某些情况下，改进数据可能比尝试优化模型更有效，尤其是在处理具有复杂现实世界变量的任务时。

模型中心的人工智能是一种侧重于改进和优化人工智能模型本身的方法。在这种方法中，重点在于模型设计、选择合适的模型，以及调整模型参数以适应数据。在模型中心的人工智能中，数据集通常被看作是固定的，而主要的工作和创新都在模型设计和优化上。当然，这并不是说数据不重要。模型和数据都是人工智能系统的关键组成部分，都需要仔细地处理和优化。模型中心的人工智能和数据中心的人工智能通常需要结合使用，以实现最佳的人工智能性能（见表 3-3）。

表 3-3　模型中心人工智能的关注点

模型选择	根据问题类型和可用数据选择合适的模型，如线性回归、决策树、神经网络等。
模型训练	使用适当的优化算法来训练模型，例如梯度下降或者更复杂的优化方法。
参数调整	调整模型参数（如神经网络的权重）以改进模型在训练数据上的表现。
模型验证和测试	使用验证集和测试集来评估模型的性能，这可以帮助防止过拟合，并确保模型能够泛化到未见过的数据。
模型解释性	理解模型为什么做出特定的预测，这对于建立信任，满足监管要求，或者识别潜在的偏见和错误尤为重要。

正如上文提及，无论是“模型中心”还是“数据中心”，都不是一个非此即彼的过程。这种分类被广泛采用主要在于其能够直观区分人工智能模型的关注点。在实践中，具体的人工智能系统设计需要在优化模型和优化数据之间找到一个平衡点，选择使用哪种方法取决于面临的具体问题和所掌握的资源。

数据中心人工智能适用于有闭合数据集的领域。例如医疗领域的医疗影像数据。以肺部 CT 扫描数据为例，肺病的类型是有限的，而且 CT 扫描的影像数据质量高，数量大，适合开发高精度的与肺病有关的医疗影像智能检测系统。而模型中心人工智能特别适用于结构化数据分析、预测分析、自然语言处理等领域。例如，对于金融领域大量结构化数据，可以高效地实现数据的处理和分析，减少计算资源和时间的浪费，实现更加智能、高效和精准的金融领域的数据应用。

从 OpenAI 已公开的模型看，GPT 系列模型是模型中心的人工智能。虽然

GPT-4 的训练依赖大量的数据，但它的主要优化是针对模型的，即通过改进算法和网络结构来提高模型的性能。

（2）大型语言模型的基本原理

综合目前公开可查的资料，本报告以 GPT-3 为例，将大型语言模型的基本工作原理概述如下，具体内容见表 3-4。

表 3-4　大型语言模型的工作原理（以 GPT-3 为例）

步骤	步骤说明	工作内容
1. 读取和输入	GPT-3 首先会读取大量的文本资料，包括书籍、网页和其他各种各样的内容。在阅读过程中，它会学习人们如何组织句子，分析什么样的词经常在一起出现，以及怎样组织的句子看起来自然。	输入处理：模型将接收的文本输入转换为数字形式，称为“令牌”（token）。这种数字化的表达方式使计算机能够理解和处理文本。
2. 理解和记忆	当 GPT-3 阅读这些文本时，它会尝试理解和记住词语之间的关系。比如，它会知道“苹果”和“香蕉”都是水果，“跑”和“走”都是移动的方式。	（1）嵌入和位置编码：这些令牌被嵌入到更高维度的向量空间中，这样每个令牌不仅会表示其原始含义，也会表示与其他令牌的关系。模型还会给每个令牌加上位置编码，以表示其在序列中的位置。 （2）自我注意力①：模型会检查输入序列中的每个令牌，并计算其对序列中其他令牌的“注意力分数”。这意味着模型会了解到每个令牌与序列中其他令牌的关系程度。
3. 预测和生成	当你给 GPT-3 一个词或者一个句子，它会根据自己学到的知识，尝试预测接下来最可能的词或者句子。比如，如果你给它“我喜欢吃”，它可能会预测出接下来的词是“苹果”，因为在它读过的文本中，“我喜欢吃”后面经常接的是“苹果”。不过，尽管 GPT-3 可以生成非常自然，甚至看起来很有深度的文本，但它并不真正理解这些文本的含义。	（1）编码和解码：模型的编码器部分会将这些注意力得分和令牌的嵌入向量结合起来，生成一个新的表示，捕获序列的内部结构和含义。然后，这个新的表示被传递给解码器，它会根据这个表示生成输出。 （2）预测输出：模型最后会生成一个概率分布，表示每个可能的下一个词的概率。然后，根据这个分布，模型会选择概率最高的词作为下一个词。 （3）目前没有证据证明模型本身真正理解自己所生成文本的含义。

① 此处涉及 Transformer 架构，此处省略介绍，不影响全书论点。

大型语言模型的训练通常分为预训练和微调两个阶段。

在预训练阶段，模型在大量的文本数据上进行训练，这些数据通常来自互联网，包括新闻文章、书籍、网页等各种文本。在这个阶段，模型主要学习语言的基本规律，比如单词的拼写、语法规则、常见的短语和表达方式等。

在微调阶段，模型则在特定任务的数据集上进行训练。这时，模型会学习到与更具体的任务相关的知识。例如，如果微调任务是情感分类，模型就会学习如何从文本中判断情感倾向。如果是文本生成任务，模型则会学习如何生成连贯且符合任务要求的文本。若以医学院的学生进行类比，完成预训练的大型语言模型只是一个具备通用医学知识的临床医学的应届生，而需要称为真正的医生，还需要经过医院的进一步专业培训（微调阶段）才能胜任。在大型语言模型预训练和微调的过程中，反向传播和优化算法发挥了关键作用，帮助模型不断调整参数。

（3）大型语言模型存在的主要问题

综合目前已有的文献，大型语言模型的问题主要有以下五个方面。

一是模型的泛化能力和过度拟合问题。理想的模型应该具有良好的泛化能力，即在未见过的数据上也能有好的表现。然而，在训练复杂模型时，常常会出现过度拟合问题，即模型在训练数据上表现得很好，但在新的数据上表现较差。这是因为模型过于复杂，学习到了训练数据的一些无关的特征和噪声，而没有捕捉到真正的规律。为了避免过度拟合，通常会采取一些策略，如增加数据量、使用正则化方法、早停策略等。例如，“Dropout”是一种常用的防止过度拟合的方法，它在训练过程中随机忽略一部分神经元，防止模型过度依赖某些特定的神经元。

二是幻觉（Hallucination）问题。大型语言模型最显著的问题是倾向于制造答案，表现为输出一系列看似符合逻辑，但实际错误或并不存在的虚假回答，因此被称为“幻觉”。如前所述，当你问 ChatGPT 法律问题时，它会引用一些并不存在的法律和判例。

三是动态更新的挑战。大型语言模型通常在特定时间点上使用大型数据集进行训练，但它们所训练的数据可能很快过时。因此，如果不使用新数据进行持续微调，模型的性能可能会随时间延续而下降。这种时间上的变化，在数据不断变化的实际应用中尤其重要。

四是资源消耗巨大。大型语言模型在训练和评估过程中都需要大量的数据和计算资源。这意味着开发者需要访问大规模且高质量的数据集以及强大的计算资源，才能有效地训练和微调这些模型。此外，微调模型还需要进行人工评估，这可能耗时且昂贵，目前各主要模型的算力需求预估情况见表3-5。其中，目前 NVIDIA A100 GPU 卡对我国禁售①。即使在美国，该卡价格也比较昂贵。此外，如果没有专业团队，训练大模型还需进行多次调参对比实验才能达到较好的效果，因此普通企业难以负担大模型的算力资源需求，如 GPT-3 每次训练的费用达到百万美元级别②。因此，大型语言模型无论在中国还是在欧美，只有足够大的公司才有能力支撑相关研发。

表 3-5　各主要模型的算力需求预估情况

模型	领域	样本数据量	预训练参数量	预训练算力需求预估	行业适配算力预估（A100 40G）	微调算力需求预估（A100 40G）	推理算力需求（A100 40G）
GLM-130B	自然语言	800G	1300 亿	768 A100 40G	64~512 块	64 块以上	4 块
ERNIE3.0	自然语言	750G	100 亿	384 V100 32G	16~128 块	8 块以上	1 块
BLOOM	自然语言	680G	1760 亿	768 A100 40G	64~512 块	64 块以上	8 块
GPT-3	自然语言	1TB	1750 亿	1024 A100 40G	64~512 块	64 块以上	8 块

资料来源：刘安平，金昕，胡国强．人工智能大模型综述及金融应用展望［J］．人工智能，2023（2）．

五是难以理解的复杂性。目前，从国内外人工智能开源社区的各类评论看，研究人员和开发者经常难以理解大型语言模型的一些能力，例如为什么会表现出某些行为以及如何得出特定的结论等。这种理解缺乏使问题难以解决或对模型进行改进也较为困难。

4. 金融数据特征与大型语言模型的潜在风险

（1）金融数据特征

金融数据通常具有大规模的数量级，尤其是在大型金融机构、证券交易所或市场数据中心等领域。这些数据集可能包含数百万或数十亿条记录，涵盖多个市场、产品和时间周期。综合国内外现有的文献看，金融数据主要有以下 10 个特征，具体见表 3-6。

① Fact 0 - 23985. UNITED STATESSECURITIES AND EXCHANGE COMMISSIONWASHINGTON. [EB/OL]. https://www.sec.gov/ix? doc =/Archives/edgar/data/1045810/000104581022000146/nvda - 20220826.htm.

② 刘安平，金昕，胡国强．人工智能大模型综述及金融应用展望［J］．人工智能，2023（2）．

表 3-6 金融数据的 10 个特征

特征	说明
1. 高度结构化	金融数据通常是以表格、数据库或标准化的格式进行组织和存储，具有明确的字段和数据类型。这种高度结构化的数据形式有助于进行分析和建模，并支持各种计量和统计方法的应用。
2. 高频率和时间序列性	金融数据通常以时间序列的形式存在，记录了特定金融资产或指标在一段时间内的变化情况。时间序列数据可能包含每日、每小时、每分钟甚至更高频率的观测值，以便进行市场分析、风险评估和交易决策。
3. 多样性	金融数据涵盖了各种类型的信息，包括市场价格、成交量、财务报表、经济指标、交易订单、衍生品合约等。这些数据可以来自不同的渠道，如交易所、金融机构、政府部门、新闻媒体等，反映了金融市场的多个方面和维度。
4. 高度敏感和实时性	金融数据的价值和影响力通常与其实时性和准确性密切相关。金融市场的行情和交易数据需实时更新，以支持投资决策和风险管理。因此，对金融数据的获取、传输和处理速度要求很高，并需要采用高效的数据处理和存储技术。
5. 异常值和离群点	由于金融市场的复杂性和不确定性，金融数据中常常存在异常值和离群点。这些异常值可能是市场波动、交易错误、数据录入错误或其他非常规事件导致的。在金融数据分析中，需要识别和处理这些异常值，以保证数据的准确性和可靠性。
6. 相关性和时序依赖性	金融数据中的不同变量和指标通常具有相互关联和时序依赖性。例如，股票价格和交易量之间可能存在关联关系，经济指标的变化可能对利率和汇率产生影响。因此，在金融数据分析中，需要考虑变量之间的相关性和时序模式，以便更好地理解金融数据的特点。
7. 缺失值和数据不完整性	金融数据经常存在缺失值和数据不完整性的情况。这可能是数据收集过程中的技术问题、数据源的限制、不完整的报告或其他原因导致的。处理缺失值和数据不完整是金融数据分析中需要解决的重要问题。
8. 非正态性和尾部风险	金融数据的分布通常不符合正态分布假设，而呈现出较高的峰度和偏度。这表明金融市场中存在尾部风险（fat-tail risk），即极端事件的发生概率较高。这种特点使金融数据分析需要采用适当的风险模型和方法来捕捉和管理这种非正态性和尾部风险。
9. 交互性和网络效应	金融市场是一个高度交互和相互依赖的系统，其中，各个市场参与者之间的行为和决策会相互影响。这种交互性和网络效应在金融数据中体现为价格传导、信息传递和市场协同等现象。因此，金融数据分析需要考虑市场参与者之间的交互关系和网络效应，以更好地理解市场行为和预测市场走势。

续表

特征	说明
10. 波动性和时变性	金融市场的波动性是金融数据的一个重要特征。金融资产的价格和回报往往呈现高度的波动性，这可能是由于市场情绪、宏观经济因素、政治事件等引起的。此外，金融市场的波动性还可能随着时间发生变化，即存在时变性。因此，金融数据分析需要考虑波动性和时变性，以制定有效的风险管理和投资策略。

由于金融数据具有以上这些特征，其对于大型语言模型的训练提供了一些优势。例如，大量的结构化金融数据可以帮助模型学习从复杂数据中提取关键特性，而这正是金融建模中的一个重要步骤，有助于模型更准确地理解和预测金融市场的行为。

（2）大型语言模型在金融领域应用的潜在风险

大型语言模型在金融领域有丰富的应用场景，可显著提高效率、改善客户体验并加强风险管理和合规性。然而，大型语言模型蕴含的潜在风险可能会给金融机构的声誉和稳健性带来重大风险，并最终可能损害公众的信任。其潜在风险具体表现在以下几个方面。

一是模型泄露风险。模型泄露主要表现为两种形式。一种是模型在生成文本时，可能会生成在训练数据中出现过的敏感信息。例如，如果模型在训练数据中看到了某个人的电话号码，那么在生成文本时，有可能会生成这个电话号码。另一种形式是，如果攻击者知道模型的训练数据中含有特定的文本，他们可能通过询问模型特定的问题，来检测这些信息是否存在。例如，攻击者可以询问模型“某某人的电话号码是什么?”如果模型回答了这个问题，那么就可能泄露训练数据中的信息。

当然，需要强调的是，这种泄露的可能性通常较小。这是因为模型在训练过程中看到的数据量通常较大，单个敏感信息在整个数据中的比例极小，模型记住这类信息的概率较低。此外，模型的设计也会尽可能地避免这种情况，例如，模型通常被设计为不能回答包含个人信息的问题。

二是模型被恶意使用的风险。一方面，恶意生成内容。大型语言模型可以被用来生成虚假金融类新闻或者误导性信息，引发公众的混乱和恐慌。它们也可以被用来生成有害的、攻击性的或者歧视性的内容，煽动仇恨和暴力。此外，这些模型还可以被用来生成欺诈邮件或者钓鱼邮件，进行网络诈骗。另一方面，深度伪造（Deepfake）。恶意使用者可用这些模型伪造出看似由特定人物编写的文本，如公众人物的演讲、名人的社交媒体帖子或者公司 CEO

的公开信等。这不仅可能导致公众被误导，也可能对被伪造人物的声誉和权益造成损害。

三是数据隐私泄露风险。大型语言模型在训练过程中需要消化大量的文本数据。如果这些数据中包含敏感信息，而模型又被不当使用，可能会导致数据隐私的泄露。例如，攻击者可以试图让模型生成在训练数据中出现过的敏感信息，如个人信息、商业秘密等。

四是网络安全风险。大型语言模型技术可用于生成更复杂的网络钓鱼消息和电子邮件，或为恶意行为者提供冒充个人或组织的机会，从而导致身份盗窃或欺诈增加。深度伪造的扩散产生更真实的视频、音频或图像，可能对组织和个人造成严重损害。大型语言模型可能容易受到数据中毒和输入攻击，也可能受到数据操控攻击。此外，企业级应用程序可能容易受到攻击，因为它们使用的更有针对性的数据集可能会成为专门构建的网络黑客工具的攻击目标。

五是金融稳定风险。大型语言模型可能会带来新的系统性风险来源和传播渠道。尤其是大型语言模型的广泛使用可能会导致金融领域的风险评估和信贷决策更加同质化。同时，样本外风险和互联性的增加可能会为系统性风险的积累创造条件，它还会自动化并加速金融状况的顺周期性。在发生尾部风险事件的情况下，它可能会迅速放大冲击并将其传播到整个金融系统，并使政策应对的有效性变得复杂化。

（3）大型语言模型金融应用对数据安全治理的挑战

由于大型语言模型在金融领域应用存在潜在风险，同时也给数据安全治理带来了挑战，主要表现在以下几个方面。

一是对个人金融数据安全的挑战。大型语言模型在训练时需消耗大量的文本数据，这些数据可能来自各种公开和私有的来源。例如，这些模型可能在生成文本时无意中泄露这些信息，对个人的隐私产生影响。在一些极端的情况下，可能会导致诸如身份盗窃等更严重的问题。

二是商业秘密安全。若某家金融机构使用含有商业秘密的文本数据训练模型，则这些信息可能在模型生成的文本中被暴露，从而影响该机构的竞争优势和市场地位。

三是法律责任问题。若大型语言模型泄露了个人隐私或者个人金融秘密，则使用或者开发这个模型的公司或个人可能会面临法律诉讼，甚至可能会面临重大的赔偿责任。

四是社会信任问题。若大型语言模型频繁地泄露信息，公众可能会对这些技术产生怀疑和恐惧，这可能会阻碍 AI 技术的发展和应用。

五是监管挑战。大型语言模型的发展和使用带来了一些管理和监管的挑战。如确保这些模型的使用符合道德和法律规定，防止这些模型被用于生成有害或者误导性的内容，以及在全球范围内协调和实施对这些模型的监管，等等。

5. 大型语言模型金融应用的数据安全治理

2023 年 8 月 15 日，国家网信办、国家发展改革委、教育部、科技部、工业和信息化部、公安部、广电总局联合发布的《生成式人工智能服务管理暂行办法》（以下简称《暂行办法》）正式生效。2023 年 7 月 24 日，中国人民银行发布了《中国人民银行业务领域数据安全管理办法（征求意见稿）》（以下简称《征求意见稿》）公开征求意见的通知。

这两部管理办法表明了当前监管部门对于生成式人工智能及相关数据应用安全监管的具体措施和趋势。大型语言模型作为重要的生成式人工智能，其数据安全治理也与这两部管理办法密切相关。

（1）《暂行办法》对于做好金融领域大型语言模型运用的管理有直接意义

一是有利于推动大型语言模型行业生态建设。《暂行办法》第五条规定：鼓励生成式人工智能技术在各行业、各领域的创新应用，生成积极健康、向上向善的优质内容，探索优化应用场景，构建应用生态体系。支持行业组织、企业、教育和科研机构、公共文化机构、有关专业机构等在生成式人工智能技术创新、数据资源建设、转化应用、风险防范等方面开展协作。

《暂行办法》第六条规定：鼓励生成式人工智能算法、框架、芯片及配套软件平台等基础技术的自主创新，平等互利开展国际交流与合作，参与生成式人工智能相关国际规则制定。

《暂行办法》第五条、第六条强调了生态体系、多方协作和交流合作。这涉及大模型生态发展的三个关键要素："数据交互""模型交互""应用交互"（见图 3-2）。

2023 年 7 月，中国证监会科技监管局局长姚前在《中国金融》撰文，对大模型生态建设的相关问题进行了探讨。姚前认为，大、小模型交互的方式可以分为三类：数据交互、模型交互、应用交互。"数据交互是指大、小模型不直接参与彼此的训练或推理过程，而是间接通过彼此产生的数据来进行交互。模型交互是指大、小模型在模型层面进行交互，通过参与彼此的训练过程，使双方可以共同受益，提升大模型的迭代效率。应用交互是指大、小模型在应用层面进行交互的典型方式为插件模式，即将模型构建的应用封装为插件服务供其他模型调用。”①

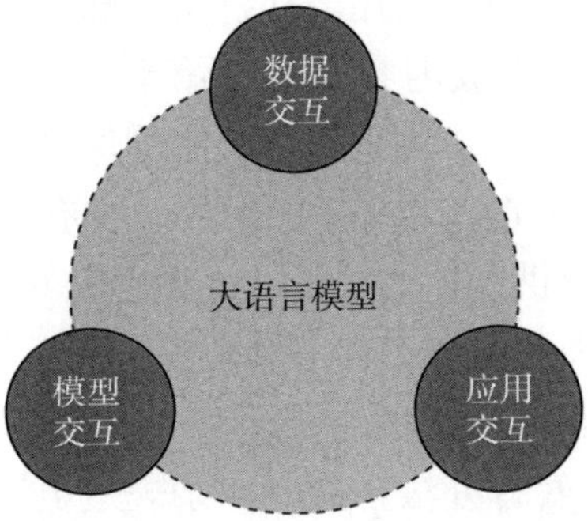

图 3–2　大型语言模型在金融应用领域的三个关键要素

具体到大型语言模型金融应用的生态建设，这三个要素同样非常关键。《暂行办法》从制度上保障了这三个要素的流通，从而可以促成“构建各类模型相互联通的生态”，这有利于金融领域各类大模型最终走向融合统一，协同增效。

二是《暂行办法》明确了处罚红线，为大型语言模型发展厘清了风险边界。《暂行办法》第十四条规定：提供者发现违法内容的，应当及时采取停止生成、停止传输、消除等处置措施，采取模型优化训练等措施进行整改，并向有关主管部门报告。提供者发现使用者利用生成式人工智能服务从事违法活动的，应当依法依约采取警示、限制功能、暂停或者终止向其提供服务等处置措施，保存有关记录，并向有关主管部门报告。

《暂行办法》第十五条规定：提供者应当建立健全投诉、举报机制，设置便捷的投诉、举报入口，公布处理流程和反馈时限，及时受理、处理公众投诉举报并反馈处理结果。

以上规定强调了生成式人工智能风险监管的自觉性，例如将报告纳入监管体系中，提供者应该建立健全投诉机制等，这充分体现了监管当局对于生成式人工智能这种高科技前沿领域监管的态度，即充分尊重提供方的自主性，鼓励创新，鼓励自觉做好合规工作。这为大型语言模型在金融领域应用提供了更多的自主发展空间和自律建设机会，更有利于完善相关监管链条，降低相关监管成本，同时又减少对大型语言模型在金融领域发展创新的束缚。

三是《暂行办法》明确了大型语言模型发展的服务规范，为大型语言模

① 姚前．关于大模型生态建设的若干思考［J］．中国金融，2023（13）．

型在金融领域的市场化发展奠定了基础。《暂行办法》第三章明确了向境内提供服务的生成式人工智能服务提供者的服务规范。其中，包含了网络信息安全义务（第九条和第十一条），使用者保护义务和未成年人用户特别保护义务（第十条），标识人工智能生成内容义务（第十二条），稳定持续的服务质量义务（第十三条），违法内容、用户举报机制等保护性反馈机制建设义务（第十四条、第十五条）。相关责任和义务的明确，将有利于大型语言模型在金融领域市场化的发展，让提供方知道自己“要做什么”，因而能够进一步明确提供相关产品的成本，从而更有利于其市场定位。

四是《暂行办法》明确了监管方的具体责任，为大型语言模型在金融领域的发展提供了抓手。《暂行办法》第十六条规定了涉及对生成式人工智能监管的主责部门。第十七条规定了要按照国家有关规定开展安全评估，并按照《互联网信息服务算法推荐管理规定》履行算法备案和变更、注销备案手续。第十八条规定了使用者的投诉、举报权利。第十九条规定了有关主管部门依据职责对生成式人工智能服务开展监督检查的权力。第二十条、第二十一条规定了主管机构的处罚权。综合以上《暂行办法》条款，这表明大型语言模型在金融领域的发展已经进入了合法监管的正轨。相关建设工作，需要与监管部门密切沟通。

（2）《征求意见稿》为大型语言模型应用背景下的金融数据安全治理提供了具体指引

《征求意见稿》全面衔接了《数据安全法》。未来，随着《征求意见稿》的正式实施，对于金融领域的数据安全治理而言，将会发挥核心的指导和监管作用。《征求意见稿》对大型语言模型金融应用的数据安全治理发挥的主要作用如下：

一是有利于加强金融数据的隐私保护。《征求意见稿》强调了金融数据的保护和隐私权。这意味着大型语言模型金融应用的训练必须严格遵守相关规定。例如，训练数据必须经过适当地去标识化和脱敏处理，以保护个人数据的隐私。同时，大型语言模型各应用场景的衍生产品也必须遵循数据保护的有关规定。

二是有利于防范金融数据出境的风险。《征求意见稿》明确了开展数据出境风险自评估及申报数据出境安全评估的要求。同时强调，数据处理者不得有意拆分、缩减出境数据规模以规避申报数据出境安全评估。

三是有利于提升模型算法的可解释性。《征求意见稿》强调，数据处理者应当建立统一的加工算法风险评估和控制策略，明确可解释性、脆弱性等风险对应的缓释措施以及退出算法自动化决策的替代方案。这有利于了解大型语言模型的决策过程，进一步提高大型语言模型使用的安全性。

(3) 加强大型语言模型金融应用数据安全治理的建议

一是加强相关法律法规实施的反馈机制建设。随着《暂行办法》的实施和《征求意见稿》的公布，大型语言模型金融应用的提供者、使用者、监管者以及中间机构等机构之间需加强沟通，畅通反馈机制，做好相关法律法规和监管政策的落实和调整工作，从而保证我国大型语言模型金融应用的合法性、合规性和安全性。

二是做好访问控制和身份验证。在使用大型语言模型时，可以通过访问控制和身份验证来保护模型和数据的安全。只有经过身份验证的用户才能访问模型和数据，对于不同的用户，可以设置不同的访问权限，从而防止模型和数据被滥用。

三是加强大型语言模型金融应用的技术防护。大型语言模型金融应用数据安全治理的关键技术是数据脱敏。应加强金融数据脱敏技术的研发工作。从工程实践的角度看，虽然脱敏、伪名化和差分隐私为金融数据安全提供了可具体落地的工具，但实践中仍面临一些挑战。例如，如何确定敏感数据；在保护隐私的同时，如何保持数据的使用价值；在计算资源有限的情况下，如何实现有效的差分隐私保护等。在进行金融数据安全治理实践过程中，以上问题是目前业界普遍反映较难解决的问题，未来需加大对以上相关问题的研究。

四是完善与大型语言模型相关的数据标准规范。主要涉及数据安全和认证标准、数据加密标准、大型语言模型认证和审计标准，以及访问控制和身份验证标准，大型语言模型数据备份、灾备规范和第三方供应商资质规范等。

四、金融数据安全治理应关注的几个重点问题

（一）跨境数据流动的金融数据安全治理

截至2021年末，共有51个国家和地区的银行在华设立了分支机构，外资银行营业性机构总数已达929家①；工商银行、农业银行、中国银行、建设银行、交通银行5家大型商业银行的海外机构数量从2012年底的1000余家增加至近1300家，覆盖范围从2012年的42个国家和地区增至62个，其中包括41个“一带一路”沿线国家，基本形成了遍布主要国家和地区的服务网络②。当前我国金融数据跨境流动的需求规模增长迅速。

2022年9月1日，《数据出境安全评估办法》（以下简称《数据出境评估》）正式施行。为了指导和帮助数据处理者规范、有序申报数据出境安全评估，2022年8月31日，国家互联网信息办公室编制了《数据出境安全评估申报指南（第一版）》（以下简称《申报指南》），对数据出境安全评估申报方式、申报流程、申报材料等具体要求做出了说明。《数据出境评估》和《申报指南》的出台，标志着我国数据跨境流动监管工作正式落地。

2023年7月26日至7月27日，李强总理在上海临港新片区跨境数据科技有限公司调研时指出，数据跨境流动和管理是当前各方都十分关切的问题，希望企业积极探索，为国家完善相关制度供给积累实践经验。他强调，面向未来，自贸试验区依然肩负着重大使命，要深化重点领域改革开放、探索构建跨境数据管理新模式。为进一步做好数据出境相关工作，促进数据安全高效地跨境流动，综合目前各类公开资料和内外资金融机构数据出境的实际情

---

① 中国银行业协会外资银行工作委员．中国银行业协会外资银行工作委员会发布《在华外资银行发展报告2021》[EB/OL]. china-cba. net/Index/show/catid/14/id/41364. html，访问时间：2023年1月21日。

② 于泳．机构“走出去，引进来”双向发力——金融财税助力高水平对外开放［N］．经济日报，2022-11-17。

况看，当前数据跨境流动的金融数据安全治理，有以下几个问题值得关注。

1. 个人数据出境监管有待进一步细化

国家网信办于 2022 年 7 月 7 日就《数据出境评估》相关问题回答记者提问时指出，《数据出境评估》所称数据出境活动主要包括：①数据处理者将在境内运营中收集和产生的数据传输、存储至境外。②数据处理者收集和产生的数据存储在境内，境外的机构、组织或者个人可以访问或者调用。这里提到的“数据处理者”需要明确界定其范围，才能落实《数据出境评估》。

国家网信办于 2021 年 11 月 14 日发布的《网络数据安全管理条例（征求意见稿）》第七十三条第五款规定：“数据处理者是指在数据处理活动中自主决定处理目的和处理方式的个人和组织。”目前，该条例尚未实施，从各省市网信办实际反馈的情况看，网信办只受理企业的数据出境业务，这意味着相关监管部门默认的数据处理者为企业组织。

根据《个人信息保护法》第三条的规定：在中华人民共和国境外处理中国境内自然人个人信息的活动，有下列情形之一的，也适用本法：①以向境内自然人提供产品或者服务为目的；②分析、评估境内自然人的行为；③法律、行政法规规定的其他情形。这其中涉及“在境外分析、评估境内自然人的行为”，这种行为也会产生跨境数据流动。但目前《数据出境评估》并没有明确此种行为是否属于应进行安全评估的“数据出境”情形。而此种行为的境外主体，也包含两种情况，一种是境外的企业或其他组织机构；另一种是境外的自然人。

因此，对此问题的进一步规范，涉及两个方面。一方面，相关监管部门需对《个人信息保护法》第三条第二款所涉及的行为是否属于需要进行安全评估的数据出境行为进行明确界定；另一方面，在《网络数据安全管理条例（征求意见稿）》正式实施之前，相关监管部门要考虑目前境内监管的跨境数据流动“数据处理者”还不包含自然人，对自然人作为数据出境主体的情况要进一步明确。

2. 金融数据出境的监管难度大和执行成本高

随着《数据出境评估》的全面落实，金融机构和企业在执行相关数据出境监管要求时的成本会随着其出境数据规模增加而急剧上升。一是数据出境的限制程度高。根据我国数据出境标准，在满足安全评估个人信息保护认证，签订标准合同等条件的基础上，还需要个人单独同意，对数据出境设置了双重限制。二是金融机构数据出境的运营成本高。我国在规定数据出境安全评估时，将评估主体扩大到了数据处理者、运营者，且数据处理者在申报评估前还应开展风险自评估①。

从对金融机构和企业的实际调研情况看，其中数据出境成本与相关要求执行细节直接相关。例如，《数据出境评估》第五条规定，数据处理者应开展数据出境风险自评估的重点事项，其中涉及要求"境外接收方承诺承担的责任义务"和"与境外接收方拟订立的数据出境相关合同或者其他具有法律效力的文件"等相关要求。然而，由于中外文化差异，制度差异，企业对风险认知的差异，在实际落实境外接收方的金融数据出境责任义务、签订数据场景相关合同或者其他具有法律效力文件时，需耗费较多的时间和沟通成本。与此同时，监管难度同样也会随着数据出境规模扩大而增加。金融机构和企业要符合《数据出境评估》和《申报指南》的相关要求，从自评估开始到最终评估结束，需经历较多的环节流程，耗费大量的时间，因此金融数据出境监管面临的工作量会随之大幅增加，这将给监管部门带来全新的挑战。如何促进金融数据出境的降本增效，将成为金融机构、企业和相关监管部门共同面临的挑战。

3. 境外中资金融机构和企业数据本地化的安全风险较高

世界各国对数据出境的监管松紧不一（见表4-1），境外中资金融机构和企业在落地数据本地化的过程中主要面临以下三个方面的挑战。

一是监管要求差异较大。总体而言，世界主要国家对跨境数据的监管较我国严苛，监管环境也更为复杂，境外中资金融机构和企业在监管合规，与国外相关监管机构沟通协调时面临较大的挑战。二是长臂管辖数据调取带来跨境数据的安全风险。以美欧为主的西方国家，其司法或金融监管部门均制定有长臂管辖数据调取的相关制度，境外中资金融机构需认真研究其制度规则，规避跨境数据流动风险。三是数据传输专线的运营保障存在潜在风险。境外中资金融机构和企业与境内总部的数据传输大多通过中国电信运营商海外公司专线传输，2021年美国以国家安全为由，吊销了中国移动在美国的运营执照②。若境外中资金融机构和企业采取国外公司的专线传输可能会带来潜在的数据安全风险。

① 刘辉，敬若男．论我国金融数据跨境流动的法律规制［J］．福建江夏学院学报，2022，12（6）．

② 张凯．银行机构金融数据跨境流动的合规性研究［J］．时代金融，2023（1）．

表 4-1 世界各国数据出境的监管要求

监管强度	监管要求	代表国家或地区
强监管	明确要求数据必须保存在本国服务器内	中国、文莱、印度尼西亚、尼日利亚、俄罗斯、越南
类强监管	相关法律为跨境数据传输制造了巨大障碍，变相满足了数据本地化的要求	欧盟
部分监管	限定措施较广泛，包括只允许特定领域和数据跨境传输前需征得个人同意	白俄罗斯、印度、哈萨克斯坦、马来西亚、韩国
温和监管	特定条件下对跨境数据传输有少量限制	阿根廷、巴西、哥伦比亚、秘鲁、乌拉圭
特定监管	针对医疗、电信、金融特定行业，包括与国家安全有相关要求	澳大利亚、加拿大、新西兰、土耳其、委内瑞拉
无监管	没有已知的数据本地化要求	其他国家或地区

资料来源：张凯．银行机构金融数据跨境流动的合规性研究［J］．时代金融，2023（1）．

（二）金融信创的数据安全治理

1. 我国金融信创发展概况

信息技术应用创新是“新基建”和数字经济发展的关键支撑和重要基石，国家高度重视信息技术应用创新产业（以下简称信创）发展。我国 IT 产业，将在基础硬件、基础软件、行业应用软件、信息安全等领域，迎来前所未有的国产替代潮。国内数据安全产品已经从单一的数据库加密、审计扩展到数据资产管理、安全防护、监测/检测、共享流通安全、隐私保护、追踪溯源等数据全生命周期的方方面面，随着企业数字化进程的推进，数据安全产品的应用场景越来越丰富，也推动了数据安全产品的快速迭代和发展。

金融信创发展的核心在于通过金融行业应用拉动构建金融信息技术底层架构体系的国产化，实现软硬件的国产替换，旨在解决金融产业关键技术环节“卡脖子”问题，以保障金融领域的全面安全。近年来，金融信创试点范围正在由大型银行、证券、保险等机构向中小型金融机构渗透。同时，金融信创生态实验室成立标志着金融信创正式展开适配验证和生态建设。随着相关试点和案例规模化落地，金融信创在 2021 年迎来元年。金融信创下的数据安全一般包括信创硬件环境的适配（如 CPU 等）、信创操作系统的支持、信创数据库支持、信创数据库安全漏洞挖掘等数据安全产品，围绕这些方面，进行软硬件兼容性开发，确保自己的产品可以在信创环境下进行使用和存储。

在政策支持、自主驱动下，金融信创的关键技术有望逐渐摆脱对国外技术的依赖。

从金融数据安全治理角度来看，金融信创主要涉及数据库平台和数据安全技术两个层面。

从数据库平台层面看，随着网络安全建设的推进以及信创事业的发展，数据库系统的国产化进程也在加快，涌现出众多优秀的国产数据库产品。根据墨天轮统计，截至2023年，我国已有超过200家数据库厂商。根据IDC数据，2021年下半年国内数据库厂商在关系型数据库市场的市占率继续扩大。其中公有云模式市场前五有三家国内厂商，两家海外厂商份额均下降，腾讯、华为市场份额都扩大。在本地部署模式市场，国内厂商正在快速追赶Oracle、IBM等海外厂商。当前，国产数据库（大数据）行业及相关产品仍处在早期高速发展阶段，并在分布式架构等新兴技术方向出现具有国际性竞争优势的产品和厂商。有代表性的如阿里的OceanBase，是全球唯一在TPC-C和TPC-H测试上都刷新了世界纪录的国产原生分布式数据库，实现100%自研，没有基于任何开源数据库模块，兼顾分布式架构的扩展性与集中式架构的性能优势，用一套引擎同时支持OLTP和OLAP的混合负载，具备数据强一致、高扩展、高可用、高性价比、高度兼容Oracle/MySQL、稳定可靠等特征，不断用技术降低企业使用数据库的门槛。

从数据安全技术层面看，数据安全技术总体可以分为三层，包括基础安全技术、数据安全技术层及数据安全技术应用层。其中，基础安全技术层包括密码技术、访问控制、可信计算等共性安全技术。在数据安全领域，这些技术用于保护计算对象——数据的安全。数据安全技术层是以数据为核心，围绕数据要素在全生命周期中的安全需求，对数据实施识别、变形、标记、计算等操作的技术集合，包括采集阶段的数据识别、分类分级标记，存储与应用阶段的加密、脱敏、去标识化，以及共享流通阶段的隐私计算、数据水印等。数据安全技术应用层利用一种或多种数据安全技术组合，实现数据安全保护、安全检测/监测、隐私保护、追踪溯源等应用场景下的数据安全功能。当前，我国数据库加密、数据库审计与防护、动态数据脱敏等技术已经进入成熟期。相应地，数据库加密、数据库防护、数据库审计、动/静态数据脱敏，数据防泄露（DLP）等安全产品也进入成熟期；数字水印技术在数据追踪溯源中的应用是新的研究领域，数据水印、数据溯源等产品处于萌芽期；目前隐私计算产品的商业化应用主要集中于金融行业，在金融行业的应用集中在智能风控、智能营销、反洗钱等少数几个场景，商用化尚处于起步阶段。

在金融业数字化转型和自主可控核心系统信创改造背景下，银行业头部的六大行积极开展分布式核心系统的升级改造工程，依据金融科技布局完成核心系统的信创改造。

根据国务院国资委的相关文件要求，所有中央企业的信息化系统应在2027年底前实现安全可靠的信创替代。根据中国工商银行等6家国有大型银行年报披露的信息，中国工商银行、中国农业银行、中国银行、中国建设银行、交通银行和中国邮政储蓄银行六大行的分布式核心系统的信创改造已取得积极进展，很多已经落地生根，取得显著成效。例如，中国银行、中国农业银行基于“腾讯云底座+TDSQL”、中国邮政储蓄银行基于开源数据库OpenGauss进行分布式核心系统建设。中国工商银行和交通银行采用自研开源数据库+引入国产数据库的方式进行信创改造，如中国工商银行基于开源MySQL建立生态体系，交通银行则基于OceanBase自研Cbase数据库。中国建设银行和交通银行在主机下移策略上采取更为审慎的策略，通过渐进式分布切换投产，如中国建设银行按照分行和客户维度切换投产，交通银行采用“集中+分布”并行架构切换投产等。各家大行均根据自身的发展规划和科技布局，找到一条适合自己的分布式核心信创改造的路线，并推广到本行各个应用系统。6家国有大型银行的信创进展的具体情况见表4-2。

表4-2　中国工商银行等6家国有大型银行的信创工作进展

银行	技术底座	开始时间	关键投产	核心系统数据库
中国工商银行	ECOS生态建设工程 “云+分布式”架构转型	2016年	2020年，10亿+借记卡账户下移。	基于开源MySQL OpenGauss、GoldenDB
中国农业银行	一体化云平台+分布式数据库TDSQL	2017年	2023年4月6日，中国农业银行信用卡分布式核心系统顺利投产。	分布式数据库TDSQL
中国银行	“绿洲工程”(OASIS) 企业级分布式技术平台建设	2020年	2023年2月19日，中国银行“绿洲工程”实现个人借记卡、信用卡业务首批次成功投产。	分布式数据库TDSQL HTAP：TiDB、GoldenDB
中国建设银行	多技术栈的银行核心系统建设	2019年	2021年11月，贷记卡系统上线。 2021年12月，借记卡部分分行业务上线。	贷记卡核心：GaussDB 借记卡核心：GoldenDB等

续表

银行	技术底座	开始时间	关键投产	核心系统数据库
交通银行	“集中+分布”转型 自研 Cbase 数据库	2016 年	2022 年 7 月成功上线贷记卡分布式核心系统。	贷记卡核心：OceanBase 借记卡核心：自研 Cbase
中国邮政储蓄银行	分布式技术平台+OpenGauss	2019 年	2021 年 4 月完成整体技术平台上线，2022 年 3 月新一代核心系统全量投产上线。	分布式核心：OpenGauss

2. 金融信创的主要制约因素

从目前来看，虽然我国信创产业进步明显，但其短板依然存在，主要制约因素如下：

一是缺少基础技术研究和关键技术部件。由于我国 IT 技术发展起步较晚，从实施成本和实施效率看，许多技术是直接基于国外技术发展而来的，如云计算和人工智能等。然而，由于缺少基础研究和基础关键技术，这一问题将会成为制约后续发展的瓶颈，这些领域必须加强研究。

二是数据库作为基础软件的发展仍需要长时间积累。在基础软件层，数据库作为存储金融机构的数据资产，构筑数据管理体系的核心软件，在数据日渐成为生产要素的趋势下，已成为当前金融机构信创替换的重点。信创数据库的全面替换，对数据迁移和数据库集群管理能力产生了更高要求。因此，需对国产分布式数据库、数据库周边工具，以及数据库集群管理平台的整体应用进行长期、系统的研究和开发。

三是在国产化替代过程中缺乏配套的体系框架。金融信创不是简单的软硬件国产化替代，也不是简单的信息系统数字化升级，而是应将其融入管理理念和经营过程中，从思想理念、业务模式、组织架构、企业文化等方面进行全方位转型，以此适应市场环境的变化，支持业务加速创新，实行运营降本增效。

3. 金融信创的主要数据安全风险

一是信创产品在安全性和可靠性方面带来的数据安全风险。金融业的业务种类多、复杂度高，数据量极大，对信息技术的功能完备性、处理性能、数据一致性、安全稳定性等方面的要求很高，对软硬件品控要求也很高，需达到一定的成熟度，才可广泛应用。例如，与国外数据库相比，国产数据库在安全性和可靠性方面仍存在较大差距。尤其是一些中小型企业开发的数据库产品，大多是基于开源的数据库软件修改开发而成，存在追求大而全、技术创新不足、产品稳定性较低等缺点。国产和成熟的国外两套业务体系同时使用的情况，而如何同时做好这两套业务体系的数据安全保护给数据安全治理带来挑战。

二是数据安全产品带来人工智能的数据安全问题。数据安全产品广泛应用于数据资产识别、数据安全检查、数据安全防护、数据风险监测、数据共享流通安全等领域。人工智能在赋能数据安全产品的同时，也带来了潜在的数据安全风险，如数据投毒、样本偏差、对抗样本、深度伪造等。

三是信创产品仍可能面临安全问题。金融信创是建立于自主安全基础之上的，没有自主创新一定不安全，但完全自主创新也不意味着绝对安全。在使用金融信创产品时仍可能存在安全隐患，特别是一些信创产品是建立在开源软件基础上的，开源软件虽带来了便利性，但开源软件的安全性缺少审查和管理，不断增加的安全漏洞与恶意软件包都会带来较多的数据安全风险。

4. 应对数据安全风险的主要措施

一是坚持安全可控的信创产品选型原则。在自主可控性方面，所选信创产品需是厂商自主研发的产品，且已通过工业和信息化部、信创工委会等官方机构产品测试及资质认证；在产品稳定性方面，企业所选信创产品，需具备较高的技术稳定性和产品性能。以关系型数据库替换为例，所选信创数据库需能够在满足 ACID 特性的前提下，具备简洁易用、语言功能一体化等 SQL 语言特点，能有效保障业务系统的平稳运行。

二是积极推进人工智能数据安全治理。应用基于隐私保护的机器学习技术可以较大程度地解决人工智能发展中的数据和隐私担忧，主要包括同态加密、差分隐私、安全多方计算、联邦学习等多种技术方向。同时，必须要在人工智能的动态发展中实现对数据安全风险整体的知悉可控，确保人工智能数据在采集、标注、处理、存储、流动、共享和场景应用的全生命周期安全，增强人工智能数据安全供给链的连续性和可用性。

三是构建已知漏洞检测能力和未知漏洞挖掘能力。基于安全漏洞库，对软件物料清单中的开源软件版本，进行已知漏洞特征比对，识别该开源软件存在的已知漏洞，并分析漏洞对信创软件带来的安全风险；基于模糊测试技术，对软件物料清单中的开源软件版本，进行未知漏洞挖掘，补充安全漏洞库所不具备的未知漏洞检测能力。

（三）网络和 IT 技术外包、第三方数据合作中的金融数据安全治理

金融机构的外部数据应用多是从数据本身出发，以“缺什么，补什么”

为主，通过外部数据引入，补充内部数据短板，从而建立客户各维度画像。在此基础上通过数据模型、规则分析等方法，寻找客户需求和业务场景，由数据驱动业务。商业银行对新业务模式不断探索，在实践中出现了一条外部数据应用“场景+”的新道路。

然而，金融机构在实质性地迈出外部数据引入的步伐的时候，还需要三思而后行，应该做好策略规划，重点关注数据合法性、数据准确性、成本合理性等。一是数据合法性是外部数据验证规范的重中之重，随着最高人民法院、最高人民检察院联合发布《关于办理侵犯公民个人信息刑事案件适用法律若干问题的解释》，以及《网络安全法》的正式实施，加上一些大数据公司被查处，预示着国家层面对于信息安全保护的步伐在加快。在此情况下，金融机构在采购和使用外部个人数据时必须获得客户授权及修订各项产品和服务的章程、客户协议或合同合法合规的相关内容，否则，可能将深陷客户投诉甚至起诉的旋涡中面临巨额的赔偿。二是外部数据或多或少存在数据质量的问题，需要对数据的缺失水平、数据的可持续性、数据的准确性等方面进行验证。三是外部数据存在宣传效果大于数据价值的情况，因此，在做完前两项验证的基础上，寻求科学合理的定价，避免数据供应商漫天要价，需要制定相应的数据价值验证规范。

因此，在管理上应建立外部、第三方数据合作审查与评估机制，评估其数据安全保护能力。应通过合同协议等方式，对外部、第三方数据合作的数据使用行为进行约束，并明确双方在数据安全方面的责任及义务、第三方机构应具备的数据安全保护能力要求。

数据合作中会存在数据交换或者数据联合运算等场景，针对数据合作各种场景如何保障数据合规使用是金融机构的数据安全管理职责。

一是定期对外部、第三方数据合作进行风险评估，了解外部、第三方使用数据交换的途径，接口使用情况，比对数据合作合同协议是否存在违规使用数据的途径和非法接口，如存在此类问题，必须按照协议整改数据交换的途径和接口。

二是加强持续数据流动风险监测，对数据在流动中产生的数据风险进行分析溯源，识别数据流动存在的弱点和风险，例如接口规范类，密码认证类，数据访问权限类，接口权限类以及数据暴露类等，对外部和第三方使用这些数据进行跟踪溯源，识别风险，对不合规的数据操作采取数据安全防护手段进行阻断。

三是对数据联合运算和数据外发采用数据脱敏与数据水印技术防止数据

泄露，通过数据脱敏技术漂白数据后，规避跟第三方数据联合运算过程中可能产生的数据泄露风险；通过数据水印技术防止一些需要原始数据的单位由于保护不力而产生了数据泄露，可以通过数据水印技术进行溯源跟踪。

四是适时规划新的技术产品，数据沙箱和隐私计算平台可实现数据运算过程的可用不可见的效果，了解自己的数据特定合作场景与这些技术产品如何对接，需要提前对这些产品进行学习和了解，评估这些产品对这些场景的数据安全保护带来的收益和效果。

（四）各市场主体在金融数据安全治理过程中需发挥的作用

随着数字经济的加速发展，数据已成为重要生产要素，对于传统经济结构变革具有重大影响。作为互联网平台的底层支撑与互联网运行的关键要素，数据在互联网平台的交换，是经济、社会、公共价值的表现之一。是否重视数据安全，是影响经济发展与人民生活的重要因素之一。然而，目前依然存在一些由于缺乏数据安全意识而导致的数据泄露事件。比如，有的企业缺乏维护网络安全意识，为了短期商业利益，将未经脱敏的个人信息、行业信息甚至国家信息作为利益交换的“筹码”，严重危害网络安全、国家安全。

可以说，没有数据安全，数字经济的发展、数字社会的运行将失去重要保障。如何合理开发利用、保护好数据这个记录公众生活的“密码本”，自然成为题中应有之义。对此，需要整合多方资源，推动企业自律、政府监管与市场调节形成合力，构建系统性、整体性、协同性的数据安全多元共治生态，更好地服务于数字经济发展。

首先，要探索监管与市场服务相结合的安全治理体系。应建立安全可控、弹性包容的数据要素安全治理制度，为数字经济夯实前行道路。应鼓励数据安全产品与服务业发展，提高数字安全投入水平。相关部门与单位应明确强化数字经济安全风险防范的职责，促进数字经济均衡有序发展。

其次，要积极推进数据要素市场化配置。加快建立健全数据交易管理制度，规范数据交易行为，培育数据交易市场的进程，促进信息价值发现，保障数据交易的合法性，增强信息流动性，提高获取数据的便利性，推动数据行业健康发展，助力我国抢占全球数字竞争制高点。

最后，在加强数据安全治理的同时，还要努力促进中小企业创新，让全社会共享数字经济发展成果。在信息社会，数据是创新的基础。有关部门应当做好数据区分与数据甄别，要让数据使用者为其行为承担相应的责任，允许鼓励合法合规的数据流通，从而激发数据的创新性再利用，确保个人和国家安全。

若以金融数据流动为主线来明确各市场主体的职责，金融数据安全治理主要涉及政府监管部门、相关行业协会，金融机构、企业和金融消费者等相关方，这四者相互影响，相互促进，共同推动数据安全治理生态的发展。各市场主体在金融数据安全治理过程中需发挥的作用见图 4-1。

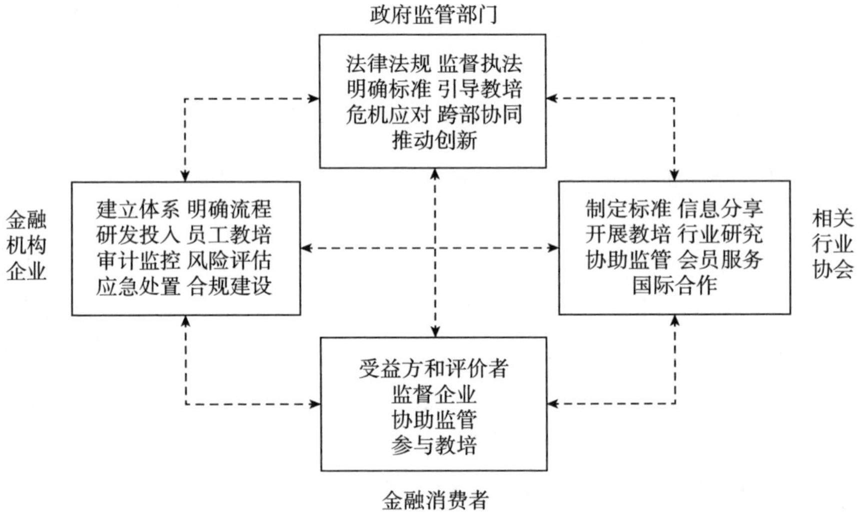

图 4-1　各市场主体在金融数据安全治理过程中需发挥的作用

1. 政府及相关监管部门在金融数据安全治理过程中的作用

政府及相关监管部门在金融数据安全治理过程中发挥了关键作用，主要包括以下七个方面。

一是制定法律法规和政策：政府监管部门负责制定关于金融数据安全的法律法规和政策指导，确保金融机构遵守相关规定，为金融数据安全提供法律依据。

二是开展金融数据安全相关监督与执法：政府监管部门对金融机构进行监督和检查，确保金融机构遵循金融数据安全治理的法律法规要求。对于不遵守规定的机构，监管部门有权进行处罚，以维护金融数据安全治理的稳定和公平。

三是明确监管和技术标准：政府监管部门需要制定金融数据安全治理的监管标准和相关技术标准，以指导金融机构建立和完善数据安全管理体系。

四是引导教育与培训：政府监管部门通过对相关教培机构进行引导，以提高相关行业协会和金融机构开展金融数据安全治理相关教培的针对性，促进金融机构对数据安全的重视。

五是危机应对与风险防范：政府监管部门需要建立宏观层次的金融数据安全危机应对和风险防范机制，指导金融机构和企业建立风险防范和危机应对机制，提供技术支持和指导，确保金融数据安全事件得到及时处理，降低损失。

六是跨部门协同与信息共享：政府监管部门会与其他政府机构和行业协会进行协同，共享金融数据安全治理相关信息，提高整个金融行业的数据安全治理水平。

七是促进技术创新和发展：积极推动自主可控的关键金融数据安全基础设施的科技创新，提升国家整体金融数据安全技术能力。

2. 行业协会在金融数据安全治理过程中发挥的作用

行业协会在金融数据安全治理过程中可发挥积极推动和自律管理的作用，帮助金融机构提高数据安全意识、完善安全管理体系，降低数据安全风险等，主要体现在以下七个方面。

一是制定行业标准。行业协会可负责制定和推广行业内的数据安全标准与最佳实践，为金融机构提供操作指引，提高整个行业的数据安全水平。

二是组织信息交流与分享。行业协会可组织各类论坛、研讨会等活动，促进会员单位之间的信息交流与分享，共同应对数据安全挑战，提高行业整体抗风险能力。

三是开展教育与培训。行业协会可定期举办各类培训班和专题讲座，提高金融机构员工的数据安全意识和技能，增强金融机构应对数据安全风险的能力。

四是推动技术研究与创新。行业协会可推动会员单位进行数据安全技术的研究与创新，推动行业内先进技术和方法的应用，提升金融数据安全防护能力。

五是组织开展行业自律管理。行业协会与政府监管部门保持密切沟通与合作，协助政府部门制定和推广数据安全法规，协助监管部门对金融机构进行监督和检查，组织开展行业自律管理。

六是为会员提供咨询和支持。行业协会为会员单位提供关于数据安全的专业咨询和技术支持，指导会员单位解决数据安全问题，提高整体数据安全水平。

七是参与国际交流与合作。行业协会与国际同行保持联系，参与国际数据安全交流与合作，引进国际先进经验和技术，提升我国金融数据安全水平。

中国互联网金融协会（以下简称互金协会）是 2015 年 7 月 18 日经党中央、国务院同意，按照人民银行等 10 部门联合发布的《关于促进互联网金融健康发展的指导意见》要求，由人民银行会同银监会、证监会、保监会等国家有关部门组织建立的国家级互联网金融行业自律组织。在协会的章程中，明确互金协会指导会员有序推进数字化转型，合规应用金融科技手段，强化网络安全和数据保护措施。在金融管理部门的指导下，开展金融消费者权益保护工作，建立健全消费者投诉处理和权益保护机制。因此，开展金融数据治理和保护个人信息安全是互金协会的重要职责。

金融数据信息安全和个人信息保护贯穿于互联网金融各业态、各环节。互联网金融活动中的营销、风控、数据治理和数字化转型等环节都与数据信息安全和个人信息保护息息相关。近年来，随着我国《数据安全法》《个人信息保护法》《反电信网络诈骗法》和《征信业务管理办法》相继颁布实施，个人信息和隐私保护日趋严格，数据信息安全的重要性日益凸显。同时，金融科技的核心是数据要素，加强金融数据安全治理是金融科技规范发展的前提条件。

近年来，互金协会在金融数据安全治理领域发挥了积极作用，主要开展了以下几个方面的自律管理工作。

一是通过对百行征信的指导实施金融数据安全治理工作。

互金协会积极协调和牵头组织相关机构完成我国首家市场化个人征信机构百行征信的组建，督促指导百行征信落实公司治理要求，依法合规开展经营活动；指导百行征信按照征信新规的要求和个人信息与金融机构“断直连”的监管要求，对与其合作的金融信息服务商提出数据信息安全要求和个人信息保护要求。

二是通过实施金融 App 备案自律管理保护用户数据信息安全。

互金协会根据《中国人民银行关于发布金融行业标准　加强移动金融客户端应用软件安全管理的通知》（银发〔2019〕237 号）规定，开展对备案的金融 App 风险监测与共享，投诉受理与转办，并按照《移动金融客户端应用软件备案管理办法（试行）》（有关规定，对版本维护、风险处置、投诉处理、备案标志使用、外部评估等情况开展常规检查。）同时，协会开展舆情监测，持续关注相关监管部门对侵害用户数据信息安全问题的通报情况，对涉及的备案 App 开展调查核实，对查证属实的启动自律惩戒。

三是组织相关会员单位研制金融数据安全治理相关标准，加强对金融数据安全的自律管理。

近年来，互金协会牵头研制了《公共数据在企业征信领域应用的指南》《金融数据资产管理指南》《金融数据安全技术防护规范》《金融数据安全应急和处置指引》《开放银行数据安全技术防护规范》等团体标准。这些标准的研制将为金融业数字化转型过程中的数据安全治理提供制度规范和方法指南，同时，也促进了金融数据安全的自律管理。

四是组织开展金融领域企业标准领跑者评估，对金融机构的数据信息安全和个人信息保护进行正向激励。自2019年以来，互金协会陆续开展了网上银行服务、移动金融客户端应用和金融分布式账本技术应用等领域的企业标准领跑者评估，在以上三个领域的评估方案中均有对信息安全和个人信息保护的相关要求，若金融机构的数据信息安全做得好，个人信息保护能力强，则评分相应较高，进入领跑者榜单的机会越大，这样能对金融机构的数据安全治理产生正向激励作用。

五是开展数据信息安全的检测认证和商用密码测评，提升金融数据安全的防护能力。

互金协会下设中互金认证公司，对外提供数据信息安全的检测认证和商用密码测评等服务。公司拥有服务认证和产品检测资质，具备商业银行安全接口、多方安全计算、区块链和金融App等金融科技产品检测，以及商用密码测评、数据安全服务、信息安全服务、个人信息保护、企业标准咨询等综合服务能力。公司先后参与完成各类金融机构的重要业务信息系统的商用密码安全性评估和国密改造咨询工作，具体包括人民银行清算总中心、人民银行反洗钱中心、农信银、成方金信、中国工商银行、中国建设银行、招商银行、兴业银行、中信银行、华夏银行、民生银行、江苏银行、贵州银行、兰州银行、广州银行、江苏农信、山东农信、广东农信、支付宝等金融机构。作为金融科技产品的检测机构，公司完成了京东、博雅正链等机构的区块链产品测评，招商银行的商业银行应用程序接口测评，蓝象智联的多方安全计算金融应用产品的测评，以及天津农商银行的金融App检测等工作。公司作为PCI SSC认证的检测机构，完成了富友支付、杉德支付、汇付天下等机构的银行卡数据安全评估工作。互金协会通过中互金认证公司的产品检测、服务认证和商用密码测评等服务，有效提升了金融数据安全的防护能力。

3. 金融机构在金融数据安全治理过程中发挥的作用

金融机构是金融数据安全治理的主要载体，金融机构在金融数据安全治理过程中发挥的作用主要体现在以下八个方面。

一是建立数据安全管理体系。金融机构需根据国家法律法规和行业标准，建立完善的数据安全管理体系，确保金融数据的安全性、完整性和可用性。

二是制定内部制度和流程。金融机构应制定详细的内部数据安全制度和流程，包括数据访问控制、数据加密、数据备份、数据泄露预防等方面，确保数据安全。

三是增加技术和资源投入。金融机构需投入足够的技术和资源来保障数据安全，包括采用先进的安全技术、设备、工具和人员培训等，提高企业的数据安全防护能力。

四是加强员工教育和培训。金融机构通过教育培训提高员工的金融数据治理安全意识，确保员工在日常工作中严格遵守各项数据安全制度规定和操作规程。

五是实施金融数据安全审计。金融机构需实施定期的数据安全审计，检查数据安全管理体系的运行情况，发现潜在风险，并及时采取措施进行整改。

六是开展风险评估与管理。金融机构应定期进行数据安全风险评估，识别、分析和评估潜在的数据安全风险，制定相应的风险应对措施，确保金融数据安全。

七是建立健全应急响应与处置机制。金融机构需建立健全应急响应机制，制定数据安全事件的应急预案，一旦发生数据安全事件，能够迅速响应并进行有效处置，降低损失。

八是加强数据安全合法合规性建设。金融机构要确保自身的数据安全管理体系符合国家法律法规和行业标准规范的要求，加强数据安全的合法合规性建设，防范法律风险。

4. 金融消费者在金融数据安全治理过程中发挥的作用

金融消费者是金融数据安全治理的保护对象。虽然他们不直接参与金融数据安全的治理，但通过自身行为，金融消费者可在一定程度上维护金融数据安全，其主要作用体现在以下几个方面。

一是对金融数据安全治理的效果进行评价。金融消费者是金融数据安全治理的需求方，是金融数据安全治理的直接受益者和评价者。其对金融数据安全治理效果进行评价反馈，让金融机构知悉其数据安全的不足之处并加以改进，从而提升其数据安全治理水平。

二是通过市场机制督促金融机构加强数据安全治理。对于不重视数据安全的金融机构，消费者可采取“用脚投票”的方式，选择不使用其产品和服务，从而督促金融机构提高数据安全治理水平。

三是通过消费者投诉方式促进数据安全的监管自律。当金融消费者发现自己的金融数据被泄露时，可向数据安全相关监管部门和行业协会进行投诉，从而促进数据安全的监管自律。

总体而言，要共建良好的金融数据安全治理环境，政府监管部门、金融机构、行业协会和金融消费者四方都应承担起相关责任，保持密切的沟通与协作，共同促进金融数据安全得到有效维护，构建金融数据安全治理的良好生态。

五、金融数据共享的安全治理

（一）金融数据共享的作用和方式

1. 金融数据共享的作用

（1）提高金融风险识别能力，防范金融风险

首先，金融数据共享可扩大金融机构的数据规模、加速数据流通，而且数据来源的多样化使金融机构能全方位、多维度地判断交易对手的风险等级和水平，显著提高金融风险识别能力，防范金融风险。其次，金融数据共享有利于在多个公司之间建立闭环式管理和统一的风险计量体系，将整改管理、违规积分管理、流程优化、现场检查审计等系统模块无缝对接，及时核查整改处罚，提升金融机构内部控制和风险管理的有效性和针对性。最后，通过金融风险数据的实时共享，有利于提升监管科技水平，从而提升金融风险处理的全局性、动态性和前瞻性，防范化解系统性金融风险。

（2）促进科技与金融的融合发展，提升金融服务质量

一般来说，科技公司的技术力量较强，并拥有丰富的非金融类数据，而金融机构拥有丰富的金融交易数据和客户多维度数据。金融机构与金融科技公司开展数据共享，金融机构可利用科技公司的创新技术，将金融数据和非金融数据融合运用，给客户提供更加多元的金融产品和服务。通过金融数据共享，金融机构可利用人工智能和大数据分析技术实现千人千面的客户画像，给客户提供适配的金融产品和服务，也可给客户提供比价服务，提升客户投资理财的满意度，有效实施资产配置。

（3）推动金融机构向平台型金融服务公司转型

金融机构开发数据接口，推动金融数据共享，有利于转型成为平台型金融服务公司。这样既可以直接向客户提供服务，也可以通过平台上的金融科技公司向客户提供间接服务。通过金融数据共享，平台型金融服务公司的产品更加丰富，较大程度地提升数据价值，并以此增强客户黏性，开拓新客户。凭借金融服务平台的品牌影响力和金融牌照优势，转型后金融机构的主要收

入来源更加多元，除了传统的金融产品和服务收费外，平台服务也有可能成为新的收入来源。

（4）促进金融数据壁垒和数据孤岛的消除

金融数据共享进度较慢导致金融业的数据壁垒和数据孤岛问题长期存在，并阻碍数据跨部门、跨机构、跨市场间共享和有序流动，导致金融机构海量数据资源难以有效盘活。加强金融数据共享，有利于促进金融机构做好用户维护、增加流量资源、拓展业务、提升市场竞争力，消除金融数据壁垒和数据孤岛。

2. 数据共享的方式

目前，金融数据共享主要有数据开放、数据交换和数据交易三种主要方式。其中，数据开放是指数据拥有者按照特定的管理模式有选择地向第三方提供其所掌握的数据，开放数据可以被再加工和利用。数据交换是指不同的数据拥有方在既定的法律、法规和标准规范的许可下，通过签署协议、达成合作或者其他目的而产生的非营利性数据共享，数据通常为“1 对 1”的交换。数据交易是指数据提供方在既定的法律、法规和标准规范的许可下，通过数据交易平台，向数据需求方提供数据或者数据服务调用权限，需求方提供对价。

（1）数据开放

开放数据可以被任何人再加工和利用，数据开放的目的是促进信息透明度、创新和经济增长。数据开放可以通过开放数据门户网站、API 等形式实现。目前中国建立了多个数据开放平台，在政务信息数据开放方面，中央部门信息公开平台、政府信息公开网、国家企业信用信息公示系统等平台是政府为实现政务公开和进行市场监管的重要平台。其中，中央部门信息公开平台和政府信息公开网主要提供政府机关的信息公开和政策法规解读等服务，由国家市场监管总局管理运营的国家企业信用信息公示系统公示了企业基本信息、行政处罚信息、严重违法失信企业名单等信息，公众可以通过该系统查询和下载相关数据，用于投资、信用评估、市场分析等方面，该系统还提供了数据 API 接口，方便开发者使用数据。以这些平台为代表的数据开放平台共同构成了我国政务数据开放的基础设施，为政务数据开放和企业信用监管提供了重要的支持和保障。在金融数据开放平台建设方面，以中国银行、农业银行、工商银行和建设银行等为代表的商业银行建立了自己的数据开放平台，旨在为客户、企业和其他金融机构提供金融数据服务和技术支持，促进金融创新和数字经济发展。商业银行数据开放平台主要提供金融数据 API、开发者工具、数据分析和应用等服务，支持客户和企业对金融数据的自主获取、分析和应用。此外，互联网头部平台也纷纷开展自己的数据开放项目，如阿里云数据开放平台、腾讯云数据开放平台、华为云数据开放平台，这些企业数据开放平台都致力于促进数字经济和创新发展，提供丰富的数据服务和应用，帮助客户和合作伙伴实现数据的开放共享和价值创造。

（2）数据交换

数据交换在我国已逐渐成为各行业之间信息共享的常态。政务数据交换是我国数据交换领域中的一个重要部分。2018 年国家税务总局、国家发展改革委和银保监会等政务部门联合建立纳税信用信息归集共享机制，加强对企业纳税信息的管理，将纳税信用转化为融资信用，为中小微企业的融资提供了新路径。此外，我国政府还积极推动跨境政务数据交换，与其他国家政府开展合作，推动信息共享和合作。金融业中的各家机构也开展了数据共享和交换，以加强风险监测和信息共享。例如，人民银行通过银行间同业拆借中心等平台，实现了金融机构之间的数据共享和交换。随着我国经济的不断发展，越来越多的民营企业开始需要进行数据共享和交换，以提高企业的效率和竞争力。例如，一些电商平台建立了数据共享平台，允许商家之间共享销售数据和商品信息。此外，一些创新型企业通过数据共享和交换，加快了新产品的研发和推广，提高了市场竞争力。

（3）数据交易

由于金融业数字化转型和数据化运营的推动，金融业数据交易平台建设步伐加快，如北京、贵阳、河北、哈尔滨和江浙等地区纷纷设立了大数据交易所。截至 2022 年底，全国已有贵阳大数据交易所（全国第一家数据交易所）、北京国际大数据交易所、上海数据交易所、广州数据交易所、深圳数据交易所等 48 家数据交易平台。贵州数博会发布的数据显示，2022 年我国大数据产业规模达 1.57 万亿元，同比增长 18%。天眼查数据显示，截至 2023 年 5 月，我国大数据相关企业约为 208.7 万家。

我国数据交易平台主要分为政府主导建立的大数据交易所和交易平台、企业主导型数据服务平台和产业联盟数据交易平台三种类型。政府主导型平台以“国有控股、政府指导、企业参与、市场运营”为原则，提供数据交易、储存和分析等相关服务。企业主导型平台以自身拥有大量数据资源或者以技术为优势的企业为主导，通过合作开发或购买获得数据，并提供数据产品或数据服务。产业联盟数据交易平台为行业内的数据供需双方提供开放的数据交易渠道，服务和商业模式更为综合，提供涵盖数据汇聚、开发共享、投资等多种服务。数据交易平台是促进数据共享的重要载体，数据交易场所的快速发展促进了数据交易规模的大幅提升，全国数据交易额从 2016 年的 62 亿元增加至 2022 年的 815 亿元，年均增长率达 67.4%。同时数据采购规模呈指数增长趋势，金融业数据要素采购项目数量的年均增长率达 40%。

3. 数据交易的主要特点及存在的主要问题

我国的数据交易主要呈以下三个特点。

一是以个人信息交易为主。我国数据交易市场主要分为三个领域：个人信息交易、企业数据交易和政府数据交易。其中，个人信息交易是市场上最活跃的领域，约占数据交易的 70%，包括社交网络数据、电商数据、金融数据、位置数据、医疗保健数据等。企业数据交易是第二大领域，其中包括工业、农业、能源、物流等数据类型。政府数据交易相对较少，但在政府数据开放政策的推动下，政府数据交易的活跃度也在逐渐提高。

二是数据交易模式多样化。在我国数据交易市场中，有许多不同的交易模式。其中，数据租赁和数据销售是较为常见的交易模式。数据租赁是指将数据出租给需使用的企业或个人，而数据销售则是指将数据以一定价格出售给有需求的买家。此外，数据服务也是一种常见的交易模式，企业可以提供数据的加工、分析、挖掘等服务。数据联营则是指多家企业合作，共同利用各自的数据，实现更好的数据应用和价值创造。

近年来，部分市场机构开始探索数据信托和数据银行的交易模式。通过数据信托，数据持有人可让渡其持有数据的部分权利，委托给受托人管理运营，提高数据利用率。2022 年 8 月，“航数空间”运用信托财产独立性原则构建可信数据管理基础设施，该项目入选工信部大数据产业发展试点示范项目。数据银行则是通过吸纳数据，实现分散数据集中化，促进数据流通交易。2021 年底，易华录成功发布上线“数据银行”业务。2022 年 8 月，江苏省无锡市启动全国首家“感知数据银行”，依托“数据银行”中搭建的隐私计算平台，将数据脱敏后提供给客户，发掘具有地区特色的感知数据价值。

三是金融数据交易的集中度高且产品种类单一。在金融业中，银行业金融机构是数据交易的主要需求方，而北上广三地是数据交易和供应商的主要集中地。虽然我国以国有企业为代表的优质数据供应商数量不多，但其在资金规模、数据来源专有性、知识产权等方面占据主导地位。金融数据交易的产品类型以征信类数据产品为主，包括个人征信产品和企业征信产品。

随着数据交易的较快发展，各种问题也随之出现。主要表现在以下几个方面：①我国数据交易共享模式尚处于初级阶段，数据交易环境尚未统一，缺乏统一的法律和标准进行监管。②数据交易的主体数据较粗糙，大部分交易的数据均为原始数据，未能有效发挥数据的价值。③数据质量有待提高，数据定价不统一，数据交易价格不能反映数据质量，需进一步探索数据市场化的方式。

（二）金融数据共享安全治理的政策现状

1. 数据共享相关的法律法规相继出台

我国政府高度重视大数据在推进经济发展、完善社会治理方面的重要作用，积极促进数据共享开放，发布了多项政策文件，为促进我国数据开放共享提供了方向和指导。2008 年 5 月发布实施的《政府信息公开条例》规定，政府部门应当主动公开政府信息，包括数据信息和公开的政府信息应当及时、准确、完整、清晰，以及方便公众获取和使用。2019 年 5 月，国家对该条例进行了修订，进一步扩大了政府信息主动公开的范围和深度，明确政府信息公开与否的界限，完善了依申请公开的程序规定。2015 年 8 月发布的《促进大数据发展行动纲要》提出了促进数据开放共享的目标和措施，包括建立数据共享机制、加强数据安全保护、支持企业数据共享和推动数据开放标准化等。该行动纲要还提出了一系列具体的政策和措施，如设立数据开放平台、完善数据开放标准、鼓励数据交易等，以推动数据开放共享。2020 年 3 月，中共中央和国务院印发的《关于构建更加完善的要素市场化配置体制机制的意见》提出要推进资源要素市场化配置，加快推进要素市场化交易平台建设，鼓励各类要素资源的开放共享，提高要素配置效率，促进经济发展。2020 年 5 月，中共中央和国务院印发的《关于新时代加快完善社会主义市场经济体制的意见》强调要加强知识产权保护，完善知识产权市场化交易平台建设，加强知识产权信息公开，促进知识产权的开放共享。2021 年 3 月发布的《国民经济和社会发展第十四个五年规划和 2035 年远景目标纲要》明确提出要打造数字经济优势、推动各领域数字化转型，利用数据开放共享提高公共服务和城市乡村生活水平，从而完成“加快数字化发展　建设数字中国”的宏伟蓝图。2022 年 9 月发布的《全国一体化政务大数据体系建设指南》提出要推动建设数据共享机制、完善数据标准制定、提高数据安全保障和促进数据推广应用。

2. 数据共享安全相关的法律法规逐步完善

自 2015 年以来，我国相继出台的个人信息保护、网络安全、数据安全等相关法律法规对数据共享安全进行了规范。2015 年 7 月发布的《国家安全法》规定了国家安全的基本要求和保障措施，通过网络安全技术风险防范制度和信息产品的审查保护措施保障数据共享安全。2016 年 11 月发布的《网络安全法》规范了网络行为，鼓励公共数据在网络技术安全保护到位的情况下进行开放共享。2021 年 1 月发布的《民法典》在第五章“民事权利”条款规定，自然人的个人信息受法律保护，个人信息应在保障合规、安全的情况下处理，且不得非法买卖交易。2021 年 8 月发布的《个人信息保护法》规范了个人信息的处理和使用行为，在数据共享和数据开放方面，规定了数据安全保护、数据隐私保护、数据安全责任和数据共享合规等方面的要求，为数据共享和数据开放提供了安全保障，保护了数据安全和个人隐私。2021 年 9 月发布的《数据安全法》明确了数据处理活动的义务与权利，提出建立健全数据分类分级保护制度，规定数据出境的相关要求等，见表 5-1。

表 5-1　数据共享安全的有关法律及核心内容

文件名称	实施时间	核心内容
《国家安全法》	2015 年 7 月 1 日	第二十五条：国家建设网络与信息安全保障体系，提升网络与信息安全保护能力，加强网络和信息技术的创新研究和开发应用，实现网络和信息核心技术、关键基础设施和重要领域信息系统及数据的安全可控。
《网络安全法》	2016 年 11 月 1 日	第三十九条：促进有关部门、关键信息基础设施的运营者以及有关研究机构、网络安全服务机构等之间的网络安全信息共享。
《民法典》	2021 年 1 月 1 日	《民事权利》章节提出自然人的个人信息受法律保护，个人信息不得非法买卖。
《个人信息保护法》	2021 年 8 月 1 日	规定了个人信息处理规则、个人信息跨境提供的规则、个人在个人信息处理活动中的权利、个人信息处理者的义务和履行个人信息保护职责的部门。
《数据安全法》	2021 年 9 月 1 日	第二十二条：国家建立集中统一、高效权威的数据安全风险评估、报告、信息共享、监测预警机制。国家数据安全工作协调机制统筹协调有关部门加强数据安全风险信息的获取、分析、研判、预警工作。

3. 数据共享安全相关的标准相继发布

为贯彻落实数据共享和数据安全相关的政策法规，促进数据共享，保证数据安全，国家相关部门和行业协会相继研制发布了相关标准。

2008 年 4 月发布的《政务信息资源目录体系》《政务信息资源交换体系》

等系列国家标准，规定了信息资源目录和信息资源交换体系的总体框架、技术要求、数据接口规范等，为政务数据共享提供了指引，也可作为金融数据共享的参考。

在金融行业标准方面，2020 年发布的《金融数据安全　数据安全分级指南》首次建立了统一的数据分级制度，为数据共享提供了铺垫。2021 年发布的金融行业标准《金融数据安全　数据生命周期安全规范》将金融数据共享定义为，数据共享是指金融数据在不同部门或机构之间进行分享，包含与行业主管部门的数据分享，并要求各方均承担该数据相关权利和义务的过程。标准目录见表 5-2。

表 5-2　数据共享相关的国家标准与行业标准

标准号/计划号	标准名称	发布时间	核心内容
GB/T 21063. 1—2007	政务信息资源目录体系 第 1 部分：总体框架	2007 年 9 月 1 日	规范了国家政务信息资源目录的编制，以及对基于国家数据共享交换平台、国家政务数据开放网站的政务信息资源进行管理、共享交换和开放发布等。
GB/T 21063. 2—2007	政务信息资源目录体系 第 2 部分：技术要求		
GB/T 21063. 3—2007	政务信息资源目录体系 第 3 部分：核心数据		
GB/T 21063. 4—2007	政务信息资源目录体系 第 4 部分：政务信息资源分类		
GB/T 21063. 5—2007	政务信息资源目录体系 第 5 部分：政务信息资源标识符编码方案		
GB/T 21063. 6—2007	政务信息资源目录体系 第 6 部分：技术管理要求		
GB/T 21062. 1—2007	政务信息资源交换体系 第 1 部分：总体框架	2007 年 9 月 1 日	支持政务信息共享和协同，促进政务部门的业务协同、公共服务和决策辅助等方面的发展。该体系涉及各个部门、地域、层级之间的信息交换和共享，旨在提高政府工作的效率和质量，同时也有助于优化政府管理体制和提升政府服务水平。
GB/T 21062. 2—2007	政务信息资源交换体系 第 2 部分：技术要求		
GB/T 21062. 3—2007	政务信息资源交换体系 第 3 部分：数据接口规范		
GB/T 21062. 4—2007	政务信息资源交换体系 第 4 部分：技术管理要求		

续表

标准号/计划号	标准名称	发布时间	核心内容
GB/T 38664.1—2020	信息技术　大数据政务数据开放共享　第1部分：总则	2020年4月1日	促进政务部门实施政务数据开放共享工程，为企事业单位、其他组织参与公共数据开放共享工程建设、验收和运营提供参考，规范引导政务数据开放共享和开发利用。
GB/T 38664.2—2020	信息技术　大数据政务数据开放共享　第2部分：基本要求		
GB/T 38664.3—2020	信息技术　大数据政务数据开放共享　第3部分：开放程度评价		
GB/Z 24294.1—2018	信息安全技术　基于互联网电子政务信息安全实施指南　第1部分：总则	2018年3月1日	政府部门建立基于互联网电子政务信息安全系统，适用于没有电子政务外网专线或没有租用通信网络专线条件的组织机构，基于互联网开展非涉及国家秘密的电子政务建设。
GB/Z 24294.2—2017	信息安全技术　基于互联网电子政务信息安全实施指南　第2部分：接入控制与安全交换	2017年5月1日	
GB/Z 24294.3—2017	信息安全技术　基于互联网电子政务信息安全实施指南　第3部分：身份认证与授权管理		
GB/Z 24294.4—2017	信息安全技术　基于互联网电子政务信息安全实施指南　第4部分：终端安全防护		
GB/T 38667—2020	信息技术大数据　数据分类指南	2020年4月1日	提供了大数据分类过程及其分类视角、分类维度和分类方法等方面的建议和指导本标准适用于大数据分类。

续表

标准号/计划号	标准名称	发布时间	核心内容
JR/T 0218—2021	金融业数据能力建设指引	2021 年 2 月 1 日	建立数据规范共享机制，在保障原始数据可用不可见的前提下规范开展数据共享与融合应用，保证跨行业、跨机构的数据使用合规、范围可控，有效保护数据隐私安全，确保数据所有权不因共享应用而发生让渡。
JR/T 0223—2021	金融数据安全　数据生命周期安全规范	2021 年 4 月 1 日	将数据共享按场景分为数据内部共享和数据外部共享两个场景，并要求在数据共享前，应开展数据安全影响评估。
JR/T 0197—2020	金融数据安全　数据安全分级指南	2020 年 9 月 1 日	通过建设统一的数据分级管理制度，可以促进数据在机构间、行业间的安全共享，有利于金融行业数据价值的挖掘与实现。

在金融团体标准方面，为促进金融数据共享，加强金融数据安全治理，近年来中国互联网金融协会加强金融数据安全治理领域的团体标准研制发布，具体标准包括《公共数据在企业征信领域应用的指南》《金融数据资产管理指南》《金融数据安全应急与处置指引》《金融数据安全技术防护规范》等。

其中，《公共数据在企业征信领域应用的指南》提供了公共数据在企业征信业务场景下的分级分类、采集处理和数据应用等方面的原则和指导，可用于指导企业征信机构或数据服务商利用公共数据开展企业征信相关的业务活动，有利于提升公共数据应用于企业征信的可用性、易用性、准确性和安全性，促进公共数据的融合应用。

《金融数据资产管理指南》规范了金融数据资产管理的框架、原则、对象、活动、运营支撑与保障，提供了金融数据资产分类、盘点和估值方法，有助于深化金融业的数据治理，促进金融机构的数字化转型发展，进一步发挥金融数据要素在金融机构降本增效中的积极作用。

《金融数据安全应急与处置指引》概括了金融数据安全应急响应和处置的整体框架，提出了如何在组织架构、制度流程和技术工具等方面加强建设，提升应急响应处置能力。该项标准规定了金融数据安全事件分类分级的原则和应急响应流程等，可用于指导金融机构开展数据安全应急响应和处置工作，减少数据安全突发事件造成的损失和影响，促进金融数据安全治理。也可为第三方测评机构开展金融数据安全应急和处置的评估工作提供参考。

《金融数据安全防护技术规范》规定了金融数据安全技术的目标、原则、技术框架、安全管理制度、全生命周期安全、安全监管与运维等方面的内容，既提出了保障金融数据安全的通用技术要求，也提出了针对金融数据生命周期各环节的流程特点和安全风险的特定技术要求。该项标准的研制发布有利于提升金融机构在数据采集、共享、使用过程中的安全防护能力，全面保障金融数据生命周期各环节的数据安全，并为第三方评估机构等单位开展金融数据安全防护检查与评估工作提供参考。

4. 国家数据局的组建成立与地方数据管理机构的相继成立为数据安全治理提供组织保障

2023 年 3 月 7 日，十四届全国人大一次会议审议的《关于国务院机构改革方案的说明》披露，拟组建国家数据局，国家数据局是国家层面的数据管理机关。国务院机构改革方案提出，国家数据局将承接中央网信办承担的数字中国建设、智慧城市建设、信息资源开发利用与共享等职责和国家发展改革委承担的数字经济发展、数据要素基础制度建设等职责，国家数据局还将负责协调推进数据基础制度建设，统筹推进数字中国、数字经济、数字社会规划和建设等，以推动信息资源跨行业、跨部门之间的共享和利用。

2023 年 10 月 25 日，国家数据局正式揭牌，刘烈宏出任第一任党组书记、局长。2023 年 11 月 23 日，刘烈宏在出席第二届全球数字贸易博览会数据要素治理与市场化论坛致辞时强调指出，党中央决定组建国家数据局，就是要促进数据合规高效流通使用、赋能实体经济，围绕数据要素产权、流通、分配、治理，构建适应数据特征、符合数字经济发展规律、彰显创新引领的数据基础制度；打通数据流通使用的堵点难点，充分挖掘数据要素潜能；推动做强做优做大数字经济，推进数字基础设施建设高质量发展；推进数据领域科技创新，推动数字经济领域国际合作等。

在地方层面，作为机构改革的组成部分，各地也设立了省级大数据管理机构，主要分为省政府直属机构、部门管理机构和挂牌机构三类。省级大数据管理机构可以利用大数据信息进行行业管理、政务管理以及其他综合治理，从而更有效地行使机构的决策权、执行权和监督管理权。

表 5–3　地方数据管理机构的设立情况

单位名称	隶属机构	职责	成立时间
北京市经济和信息化局（北京市大数据管理局）	北京市人民政府	统筹推进北京市大数据工作。负责政务数据和相关社会数据的整合、管理、应用和服务体系建设工作。统筹协调社会信用体系建设。	2018 年 7 月
天津市大数据管理中心	中共天津市委网络安全和信息化委员会办公室	市级信息系统建设统筹规划和顶层设计，加强数据资源整合，强化集中式运维管理体系的配套建设。	2019 年 12 月
内蒙古自治区大数据中心	内蒙古自治区人民政府	承担全区数字基础设施建设发展规划，指导全区大数据和政务信息化相关工作。	2017 年 1 月
辽宁省信息中心	辽宁省人民政府	为全省数据资源管理提供支持保障，为政府数字化转型提供技术支持和服务保障。拟订和实施全省大数据发展规划、标准、规范等提供相关服务，承担大数据安全保障、督促检查的技术服务工作。	2018 年 7 月
吉林省政务服务和数字化建设管理局	吉林省人民政府	负责全省政务服务和数字化建设管理和标准研制工作。组织协调和指导监督全省政务公开工作，统筹推进政务公开和规范运行。负责统筹大数据资源建设、管理，促进大数据政用、商用、民用；组织协调数据资源归集整合、共享开放；推动社会数据汇聚融合、互联互通。	2018 年 10 月
上海市大数据中心	上海市人民政府	主要职责为贯彻落实国家大数据发展的方针政策，做好上海大数据发展战略、地方性法规、规章草案和政策建议的基础性工具。该中心承担制定政务数据资源归集、治理、共享、开放、应用、安全等技术标准及管理办法的具体工作。同时，推进上海政务信息系统的整合共享，贯通汇聚各行、各行政部门和各区的政务数据。	2018 年 4 月
江苏省大数据管理中心	江苏省政务服务管理办公室	省大数据管理中心是省公共数据运行管理机构，具体负责公共数据归口管理工作，建设和管理省公共数据平台。	2019 年 11 月

续表

单位名称	隶属机构	职责	成立时间
浙江省大数据发展管理局	浙江省人民政府	组织协调公共数据资源整合、归集、应用、共享、开放。负责编制公共数据资源目录和开放目录，制定标准规范并组织实施和监督管理。推进落实各级各部门信息系统互联互通，打破信息孤岛，实现数据共享。	2018 年 10 月
安徽省数据资源管理局（省政务服务管理局）	安徽省人民政府	统筹全省数据资源，推进数据资源管理体系建设，加强政务数据和政务信息系统整合，推动经济、社会等公共数据归集，推进数据资源汇聚融合、开放共享和开发利用。	2018 年 12 月
福建省数字福建建设领导小组办公室（省大数据管理局）	福建省人民政府	负责全省公共信息资源综合管理和开发利用；统筹规划和协调推进重大信息化基础设施和公共平台建设；具体统筹全省信息化工作，推进重点领域信息化应用。	2018 年 11 月
山东省大数据局	山东省人民政府	负责牵头制定并组织实施全省大数据；统筹规划大数据基础设施建设，建立完善数据开放平台和标准体系，推动政府数据开放共享利用，承担政务服务平台建设管理工作；指导协调大数据产业发展，健全大数据安全保障体系等。	2018 年 10 月
河南省行政审批和政务信息管理局	河南省人民政府	统筹全省一体化政务服务体系建设；统筹管理全省政务云、电子政务外网，统筹省级数字政府公共基础支撑平台和公共应用系统的规划建设，协调推进相关政务信息系统互联互通；统筹全省政务云、电子政务外网等基础设施、政务信息系统、政务数据资源等安全保障体系建设。	2018 年 11 月
湖北省政务管理办公室	湖北省人民政府	负责数字政府建设规划设计和协调推进，负责全省大数据管理工作，统筹指导协调全省政务数据资源的整合应用和共享开放。	2018 年 11 月
广东省政务服务数据管理局	广东省人民政府	统筹数据要素市场化配置改革，统筹全省公共数据资源管理，负责公共资源交易平台管理相关工作；统筹协调全省数字政府网络和数据安全管理。	2022 年 3 月

续表

单位名称	隶属机构	职责	成立时间
广西壮族自治区大数据发展局	广西壮族自治区人民政府	负责统筹全区数据资源建设、管理、应用，政务数据的汇聚、共享。指导协调行业主管部门推动社会数据的汇聚、共享，统筹推进政府数据和社会数据的开放、应用。	2018 年 11 月
海南省大数据管理局	海南省人民政府	推动社会数据汇聚融合、互联互通；组织实施大数据安全体系建设和安全保障工作。	2019 年 5 月
重庆市大数据应用发展管理局	重庆市人民政府	负责数据资源建设、管理，促进大数据政用、民用、商用；推动社会数据汇聚融合、互联互通、资源共享。负责研究推进数据资源的流通交易；推进社会公共信息资源整合和应用；推动全区数据安全体系建设工作。	2018 年 11 月
四川省大数据中心	四川省人民政府	承担全省政府数据、公共数据、社会数据汇聚整合、共享开放、应用融合等数据管理工作。	2019 年 7 月
贵州省大数据发展管理局	贵州省人民政府	负责统筹数据资源建设、管理。统筹政务数据采集汇聚、登记管理、共享开放，推动社会数据汇聚融合、互联互通，统筹推进大数据安全体系建设和安全保障工作；负责统筹协调全省政务信息化、电子政务建设，推动政务信息系统整合、数据共享开放，促进大数据与政务服务融合应用。	2017 年 2 月
“数字云南”领导小组（云南省数字经济局）	云南省人民政府	负责“数字云南”顶层体系设计，研究制定“数字云南”发展规划、支持政策等；组织推进“数字云南”建设各项任务分解落实；督促、检查领导小组决定事项完成情况；组织实施“数字云南”考核评价工作；完成领导小组交办的其他工作。	2019 年 2 月
省政府办公厅（省政府参事室，省政务大数据局）	陕西省人民政府	推进政务信息化和政府数字化转型，负责全省政府系统政务数据资源管理工作。	2021 年 7 月

（三）金融数据共享的制约因素

金融数据共享能够打破信息壁垒，避免数据资源浪费，提高数据资源利用效率，充分发挥数据生产要素价值。然而，由于金融数据涉及金融机构的核心业务和客户隐私，数据共享面临的安全风险较高，各金融机构存在共享意愿不强、共享方式不便、共享能力不足和共享效果不明显等问题。做好金融数据数据共享的安全治理，有利于促进金融数据的共享流通。

1. 数据共享的制度不完善，标准化程度较低

一是法律法规不完善。目前，《个人数据保护法》明确规定公民个人权益和个人数据保护，但对于非个人数据权益保护的法律法规仍不充分，《民法典》第一百一十一条规定不得非法买卖个人数据，但未对“非法”行为做进一步解释。在共享授权管理方面，《网络安全法》《数据安全法》等相关法规对于具体的数据处理和共享操作仅进行了较宽泛的规定，缺乏普遍适用的授权机制和规范的管理体系。同时，数据创新和技术应用发展速度较快，法律法规跟不上技术的发展，导致数据监管的难度增加。

二是数据权责不清晰。可共享的金融数据是由个人金融信息经过金融从业机构采集加工而来，其来源和构成决定了该类数据具有复合特性。其私人属性体现在数据收集完毕前和共享数据受侵害时可被识别为个人特征的信息；其公共属性体现在个人金融信息在形成金融数据集合且未受侵害时用于金融服务。金融数据来源于个人金融信息，又经过金融机构对数据信息进行加工整合，因此数据权责变得难以确定，权益保障、责任追查成为亟须解决的问题。

三是数据共享和数据安全之间的平衡较难把握。数据共享要兼顾数据来源和去向的合法性。一方面，数据脱敏、隐私计算和区块链等技术手段已能解决部分场景中数据共享的安全问题，但较难体系化地解决全链条、全环节的数据安全问题，普及应用仍存在一定困难。另一方面，数据确权、授权模式和数据定价等制度层面的问题尚未得到解决，数据共享的安全缺少制度保障。

四是共享数据的标准化程度较低。目前，我国金融数据共享的标准规范较缺乏，统一、明确和可操作的指引尚未建立；各金融机构对业务数据类型、数据格式的要求不同，导致金融数据形态各异，标准化程度低，难以被深度开发应用。

2. 数据共享的机制不完善，金融科技手段存在风险

一是数据共享的利益协调难度较大。首先，金融机构拥有的大量客户数据，对于第三方机构价值较大，有利于第三方机构提高数据分析、风控能力，开展更多有价值的业务。然而，由于金融数据保护、客户隐私保护等合规方面的要求，可能会削弱数据共享的意愿。其次，金融机构与第三方机构之间数据共享协同机制的建立难度较大，目前存在的数据共享渠道，大多手续烦琐、成本较高、效率低下。最后，金融机构与第三方机构之间进行数据共享时需进行数据安全性和合规性方面的评估，需双方利益一致，并搭建相应的技术平台。由于双方在数据共享的过程中利益分配不均、信息不对称等问题，增加了数据共享的困难。

二是金融科技快速发展带来新的数据安全风险。近年来，随着金融科技的快速发展，出现了运用科技手段进行数据造假、数据黑箱操作等问题，金融数据共享产生新的数据安全风险。例如，“匿名化”是金融机构对个人金融信息进行隐私保护的重要手段，但运用金融科技可将彼此割裂、分散的数据结合在一起，实现身份标志的复原。数据共享的交叉使用也会导致匿名数据被完全还原，从而导致客户隐私数据被泄露。

3. 金融数据全生命周期管理的各环节存在风险

金融数据共享的安全保障，本质上是金融数据采集、存储、传输、处理、使用的全生命周期安全保障，每一个环节的风险因素，都会影响金融数据的共享。

（1）数据采集环节

数据采集是数据共享的起点，如果数据采集过程中存在风险，将直接影响数据的质量。数据采集的潜在风险包括数据采集不全面、不准确、采集方式不安全，以及采集不合法等。数据采集不全面可能导致后续环节的数据不足，影响数据分析的准确性；数据采集不准确可能导致数据偏差，进而影响数据分析和挖掘的效果；数据采集方式不安全或采集过程中存在泄露风险，会导致数据被泄露、被盗用等问题；数据采集不合法，违反相关政策法规和标准规则，会导致数据采集的合规性问题。

（2）数据存储环节

数据存储是数据共享的中心节点，数据集中存储会产生更高的泄露风险。人民银行在2020年发布了《金融数据安全　数据安全分级指南》（JR/T 0197—2020）金融行业标准，对金融数据进行分级规范，金融数据的定级范围包括金融业机构信息系统内生成和存储的数据，包括业务数据、经营管理数据等，但该标准为行业推荐性标准，没有强制约束力。在营运过程中，部分金融机构，尤其是中小机构的金融数据一般都是被统一存储在一起，一般不会将数据按照风险等级进行分类存储，容易产生敏感数据泄露风险。此外，考虑到管理人员可能存在的对数据库的系统级操作权限，以及遭到黑客潜在攻击的风险，金融数据的存储，除了要对自身的存储环境进行安全加固，还需对数据自身的安全进行加固，从而确保数据存储安全。

（3）数据处理环节

数据处理是数据共享的内生需求，经处理后的数据能有效规避原始数据的本源缺陷，有效提高共享数据的综合价值。一般情况下，金融数据共享的场景是将原始数据共享，然而由于原始数据的本源缺陷，在部分场景下，需对原始数据进行加工处理，如去除重复数据、无效字符等。在原始数据处理过程中，操作人员有权对原始数据进行直接操作，由此可能带来原始数据泄露和被篡改的风险。

（4）数据传输环节

数据传输是数据共享的核心环节，金融数据共享一般依托统一的数据共享平台，数据共享平台一般是建在各机构的外部网络体系中。通常而言，网络安全防护体系能保障数据传输的安全性，因而包括敏感数据在内的数据传输大多数以明文传输为主。然而，随着技术的演变发展，掌握先进技术手段的不法分子可突破网络防护体系，截取传输中的数据，以明文传输数据的方式存在泄露风险。

（5）数据使用环节

数据使用是数据共享的价值创造环节。共享数据的使用方包括数据的提供机构和接收机构，数据共享后，其管理权限发生转移，数据提供机构无法监控接收机构的数据使用情况，由此可能带来数据被滥用和二次泄露的风险。如果未对共享数据采取脱敏和加密处理，数据接收机构在使用数据过程中产生的风险，会同时影响数据提供机构和接收机构。

4. 金融数据运营过程中的风险

共享数据只有被各金融机构全面应用于业务运营时，才能真正发挥出共享数据的价值，体现金融数据共享的意义。然而金融业务运营场景复杂，作为数据共享的末端环节，无论是共享数据的完整性和准确性出现问题，还是被部分机构恶意使用，都会严重影响数据共享的价值创造。

（1）数据真实性和完整性缺失

出于自身利益，尤其是共享数据提供机构和接收机构存在利益冲突时，若没有对应的惩罚机制，提供机构对外共享数据的真实性和完整性可能会有问题，而其他外部机构由于无法获取原始数据，也无法验证共享数据是否存在问题。一旦数据真实性和完整性出现问题，数据的分析使用价值将大大降低，长此以往，将导致共享数据没有实际利用价值，极大地影响各金融机构参与数据共享的主动意愿。

（2）共享数据被恶意使用

金融科技较大程度扩展了金融数据应用场景，各金融机构的数据运用能力也不断提升。然而，由于各金融机构具有不同的利益出发点，在监管缺失的情况下，有些数据使用主体会从自身的利益和目的出发，利用自身优势恶意使用共享数据，甚至蒙骗其他机构和自己的客户，导致产生一系列恶劣后果。此外，一些具备技术优势的企业，会有意散布和发送虚假信息，以牟取不当商业利益。不仅如此，在极端情况下，部分机构会出于自身经济利益，将共享金融数据贩卖给境外机构，严重威胁国家金融安全。

（四）世界主要国家和地区的金融数据共享和安全的经验借鉴

开放银行是促进金融数据共享的一种重要方式，银行可通过应用程序接口（Application Programming Interface，API）等技术手段开放其数据和服务，通过技术手段将银行的金融数据向外部开放，同时开放银行也为第三方金融服务提供者、技术公司和其他生态参与者提供了更方便地接入和使用渠道。本部分主要以开放银行为例，介绍和借鉴世界主要国家和地区数据共享和安全的经验。

1. 数据共享的政策和实践

（1）欧盟

欧盟开放银行的政策核心是《支付服务指令》和《支付服务指令 2》。2007 年欧盟理事会通过的《支付服务指令》（*Payment Services Directive*，PSD）是欧盟推出的第一部统一的支付服务法规，PSD 的目的是建立一个以开放、竞争和创新为基础的单一欧元支付市场，提高支付服务的安全和效率，降低支付成本，加强消费者权益的保护。PSD 的颁布初步建立了欧洲内部统一支付市场，使欧盟经济区内交易成本下降，交易效率提高。随着数字经济的发展，PSD 难以跟上新兴支付模式的发展，监管存在空白区域。考虑到此问题，2015 年欧盟理事会在 PSD 的基础上正式实施修订后的《支付服务指令 2》（*Payment Services Directive* 2，PSD2），并要求欧盟经济区内各国需在 2018 年 1 月前将 PSD2 以法律形式在各国发布。

PSD 和 PSD2 之间在范围、验证方式、数据保护、开放银行、投诉和客户服务等方面有更新和变化，具体见表 5-4。

表 5-4　新旧支付服务指令对比

项目	支付服务指令（PSD）	支付服务指令 2（PSD2）
实施时间	2007 年	2015 年
主要目标	建立一个以开放、竞争和创新为基础的单一欧元支付市场，提高支付服务的安全和效率，降低支付成本，加强消费者权益的保护。	将新型支付模式纳入监管，加强消费者在支付环节的保护，弥补监管空白。
主要区别	1. 范围：PSD2 比 PSD 的范围更广，涵盖了新的服务和参与者，如支付发起服务和账户信息服务，并扩展了现有服务的范围，例如由支付服务提供者发行的不管理支付服务用户账户的支付工具。PSD 的管辖范围仅限于欧盟境内支付机构，PSD2 要求国际第三方支付机构在欧盟境内经营时均需遵守相关规则。 2. 强制客户身份验证（SCA）：PSD2 引入了增强的安全措施，要求所有支付服务提供者（包括银行）实施强制客户身份验证（SCA）电子支付交易，以使电子支付更加安全。 3. 开放银行：PSD2 规定开发开放银行 API，允许第三方供应商获得客户账户信息和代表客户发起付款，前提是客户同意。旨在增加支付服务市场的竞争和创新，以及增加客户对其财务数据的选择和控制权。 4. 数据保护和保密：PSD2 引入了新的数据保护和保密要求，以确保在开放银行的背景下客户数据的安全和隐私。支付服务提供者必须获得客户明确同意，才能允许第三方访问其数据。 5. 投诉处理机制和客户服务：PSD2 要求支付服务提供者向客户提供投诉处理机制，并确保其客户服务达到高标准要求。 6. 授权和监管：PSD2 要求支付机构获得有关国家机构的授权和监管，并遵守持续的报告和信息共享要求。	

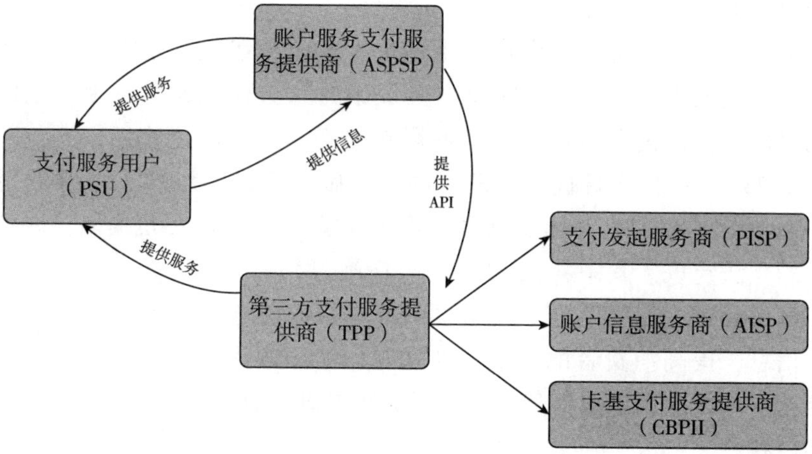

图 5-1　PSD2 中各参与方之间的相互对应关系

（资料来源：中国人民大学金融科技研究所）

在PSD2中，欧盟委员会对将参与到整个支付流程的相关者划分为支付服务用户（Payment Service User，PSU）、账户服务支付服务提供商（Account Servicing Payment Service Provider，ASPSP）和第三方支付服务提供商（Third-Party Payment Service Provider，TPP）。其中，支付服务用户（PSU）是使用支付服务的最终用户。账户服务支付服务提供商（ASPSP）是为支付服务用户提供支付账户的金融机构，例如传统银行。第三方支付服务提供商（TPP）为PSU提供支付服务。

根据可使用的API接口类型不同，PSD2进一步将第三方支付服务提供商（TPP）分为支付发起服务商（PIS）、账户信息服务商（AIS）和卡基支付服务提供商（CBPII）三种类型。其中，支付发起服务商（Payment Initiation Service，PIS）在访问ASPSP的API之前，PIS提供商必须获得国家监管机构的授权和注册。此API允许TPP在客户同意的情况下直接从客户的银行账户发起支付。这意味着客户可以从他们的银行账户发起支付，而无须使用支付卡或其他支付工具。账户信息服务商（Account Information Service，AIS）在访问ASPSP的API之前，AIS也需获得国家监管机构的授权和注册。AIS在客户同意的情况下可以访问客户账户信息，例如余额和交易历史记录。TPP可以使用这些信息来提供增值服务，例如个人财务管理工具或信用评分服务。卡基支付服务提供商（Card Based Payment Instrument Issuers，CBPII）以传统的卡基支付类型为主，例如通过ATM、POS机向收款人进行支付。CBPII不直接受制于PSD2的涉及API的要求，但必须遵守PSD2的其他规定，例如进行客户身份验证和交易监控。

近年来，欧盟支付服务市场发生了重大变化，在数字技术的支持下，新的提供商已进入市场，特别是提供“开放银行”方面的服务，更复杂的欺诈类型也出现了，使消费者面临风险并影响信任。为应对这些新问题，欧盟委员会于2023年6月28日提出了两方面的措施，一是修订《支付服务指令》，将PSD2升级为PSD3，并建立支付服务新法规（PSR）；二是提出金融数据查询框架的立法建议。其中，PSD3的主要措施为：

①打击和减少支付欺诈，使支付服务提供商能够在他们之间共享与欺诈相关的信息，提高消费者的意识，加强客户认证规则，扩大欺诈受害者的消费者退款权利，并要求所有信用转账都必须检查收款人的IBAN号码与其账户名称的一致性。

②改善消费者权利，例如在资金被暂时冻结的情况下，提高账单对账户的透明度，并提供更透明的ATM收费信息。

③进一步平衡银行和非银行之间的竞争环境，特别是允许非银行支付服务提供商访问所有欧盟支付系统，并采取适当的保障措施，确保这些提供商对银行账户的权利。

④通过消除提供开放银行服务的剩余障碍和改善客户对其支付数据的控制，改善开放银行的功能，使新的创新服务能够进入市场。

⑤通过允许零售商无须购买即可向客户提供现金服务并明确独立 ATM 运营商的规则，改善商店和 ATM 的现金可用性。

⑥加强协调和执行，在直接适用的法规中制定支付规则，并加强关于实施和处罚的规定。

金融数据查询框架的立法拟建立明确的权利和义务，以管理支付账户以外的金融部门的客户数据共享。主要措施如下：

①客户可以但没有义务以安全的机器可读格式与数据使用者（如金融机构或金融科技公司）分享其数据，以接收新的、更便宜的和更好的数据驱动的金融和信息产品服务。

②客户资料持有人（如金融机构）有义务建立所需的技术基础设施，并在客户许可的情况下，向资料使用者提供这些数据。

③客户完全控制谁访问他们的数据以及出于什么目的，以增强对数据共享的信任，这得益于对专用权限的要求，并根据《通用数据保护条例》（GDPR）加强了对客户个人数据的保护。

④客户数据和所需技术接口的标准化，作为金融数据共享计划的一部分，数据持有者和数据用户都必须成为其中的一员。

⑤作为金融数据共享计划的一部分，明确数据泄露的责任制度和争议解决机制，以便责任风险不会阻碍数据持有人提供数据。

⑥根据《数据法案》提案中规定的企业对企业（B2B）数据共享的一般原则，通过对数据用户的合理补偿，为数据用户提供高质量接口进行额外激励（较小的公司只需按成本支付补偿）。

（2）英国

2013 年 6 月，英国竞争和市场管理局（Competition and Markets Authority，CMA）主导了“开放银行计划”，与 PSD2 相比，开放银行计划中的数据分享更加充分，要求银行通过标准化的 API，向所有经过合法授权的机构（而非仅限受监管的第三方服务商）分享数据。此外，该计划中还规定了银行必须严格遵守数据安全和隐私保护的标准。2015 年 8 月，英国财政部牵头成立了研制开放银行框架和标准的开放银行工作组（Open Banking Work Group，OB-

WG)，2016 年 3 月，OBWG 研制的《开放银行标准框架》（*The Open Banking Standard*）正式对开放银行的数据标准、API 标准和安全标准三种标准提出要求。

①数据标准。开放银行中的数据可分为开放数据、客户交易数据、客户参考数据、聚合数据、商业敏感数据五类数据。不同类别的数据包含的信息不同，第三方合作机构对于数据的权限也不同。第一种权限类型是读取权限，在此权限下，第三方机构只可访问并查看数据，但无法进行修改操作；第二种类型是修改权限，在此权限下，第三方合作机构可对数据进行读写操作。以上两种权限均需通过 API 完成。

②API 标准。通过统一 API 设计的架构风格、资源格式、版本控制等流程，引导不同的开发者开发出统一 API 接口，方便银行和第三方机构调用。

③安全标准。涉及用户同意、身份认证、欺诈监控和用户授权四个方面的要求。

在实践方面，英国的开放银行主要由大型银行引领。2016 年 8 月，为了推动开放银行改革，汇丰、巴克莱等英国市场份额最大的 9 家银行（CMA9）被要求建立并采用统一的开放银行规范，同年 9 月，CMA 主导 CMA9 成立了开放银行实施实体（Open Banking Implementation Entity，OBIE）负责协调银行、第三方金融机构和技术供应商等各方的合作，OBIE 还制定了开放银行实施时间表（Agreed Timetable and Project Plan），规范了开放银行的发展和推进，根据实施时间表，CMA 正式要求 CMA9 在客户授权的情况下，无条件共享其拥有的服务数据、银行服务质量指标以及个人和企业交易数据等数据，其他机构可自行选择是否共享此类数据，这表明开放银行已正式在英国实施。

2020 年 12 月，英国信息专员办公室（Information Commissioner's Office，ICO）发布了《数据共享行为守则》，该手册适用于所有在英国开展数据共享活动的企业和组织，包括公共部门、私营企业和非营利组织，旨在为数据共享提供详尽指引和建议。

该手册主要包含以下四个方面的内容。

一是规定了数据共享应有的合法性基础。数据共享的合法性可来自数据主体授权、合同要求、法律义务（如涉及公共利益和第三方权益）的履行。

二是规定了数据共享的公平性和透明度。数据使用方在数据共享前应告知数据主体数据共享的目的、范围、方式和可能存在的风险。数据主体有权了解其数据将如何被共享、共享给谁、共享的目的是什么。

三是保障数据主体的法定权利。数据主体有权查阅、更正、删除、限制数据处理方式、更改数据共享内容和撤回授权。数据主体有权查阅其数据，并要求数据使用方更正或删除其个人数据，上述请求应在合理的时间内得到回复。

四是保障数据处理的安全性。数据使用方应采取适当的安全措施，保护共享数据免受未经授权的访问、使用、披露、修改或销毁，还应制定数据安全策略，并采取技术和管理措施来保护数据安全。

（3）美国

2010 年美国国会通过了《多德—弗兰克华尔街改革和消费者保护法案》（*Dodd-Frank Wall Street Reform and Consumer Protection Act*），该法案的第 1033 条提到设立消费者金融保护局（Bureau of Consumer Financial Protection，BCFP），并明确要求金融机构应向用户或用户授权机构提供由该金融机构保存的任何金融产品或服务信息。作为金融行业自律组织，美国金融业监管局（Financial Industry Regulatory Authority，FIRA）发布的《投资者警示》（*Investor Alert*）涉及有关金融数据聚合的风险提醒。

与其他国家或地区相比，美国开放银行的发展过程主要由市场机构主导，这得益于美国发达的金融市场环境。早在 2004 年，第三方支付公司 PayPal 就推出了基于开放银行的 API 接口服务 MassPay API，帮助消费者将不同金融机构的账户信息整合在一起，用户可通过该接口一次性给 250 名以内的用户发送付款信息，用户可便捷处理商业中的返利、佣金和其他支出，还能更好地管理自己的金融账户和交易，尽管该服务已在 2017 年停止运营，但这一举措被许多研究人员认为是美国和世界其他国家和地区的开放银行的最早实践案例。在传统金融机构领域，花旗银行也是美国开放银行的践行者之一，2015 年花旗银行成立 Citi Fintech 部门，旗下的投资公司 Citi Venture 投资了 20 余家金融科技公司，为开放银行服务基础架构打下了基础。2016 年 11 月，花旗银行推出全球 API 开发者中心，通过开放接口，开发者可以在授权范围内发布开发者文档和开放应用程序接口，开发人员被允许使用花旗银行的数据。例如，花旗银行的 API 允许第三方应用程序获授权访问包括账户管理、点对点支付、向机构汇款、花旗回馈、投资购买和账户授权等 8 个类别的接口，方便开发者开发金融应用程序。截至 2022 年，美国共有近 1 万家金融机构，在如此激烈的市场竞争条件下，大型银行主动开放接口转型为金融平台公司渐成趋势。

（4）新加坡

新加坡开放银行由新加坡金融管理局（Monetary Authority of Singapore，MAS）进行管理。与欧美相比，亚太地区金融业发展较为缓慢，新加坡作为亚太金融中心之一，当地政府一直在鼓励金融数据的开放共享。新加坡金管局和新加坡银行协会（The Association of Banks in Singapore，ABS）在2016年联合发布了《金融即服务：API指导手册》（*Finance as a Service：API Playbook*）。该手册作为指导性文件，着眼于如何实施开放银行，对各参与主体提出了行动指南和数据安全指导建议。在内容上，该手册较大程度上借鉴了英国的《开放银行标准框架》，并做了进一步的完善和细化，内容包括开放API设计和实施、测试和安全以及参与合规性和合规监管等方面，针对银行、第三方服务提供商和消费者等参与主体提出了具体的指导建议，以及相应的金融数据安全标准建议，并进一步促进金融科技公司和传统金融机构服务融合。除了银行和金融机构间的数据共享，新加坡政府也非常注重政府数据的开放和共享。2017年底，新加坡政府建立了API交换（APIX）的数据共享平台，新加坡政府可通过此平台交换政务数据，包括公共安全、交通和医疗等各个领域的数据。这一举措加强了政府和社会之间的数据互通和共享，促进了政府治理和公共服务的数字化转型。

新加坡政府虽未强制推行开放银行，但鉴于新加坡亚太金融中心的地位，新加坡的开放银行受到了全球金融业的关注，并吸引了许多银行参与。从应用层面来看，许多在新加坡的银行已与金融科技公司和开发者合作开发了嵌入开放银行接口的程序。例如，星展银行在2017年发布了API开发者平台，连接20多个类别的155个API，包括资金转账、奖励和实时支付等，涉及不同行业的需求。

（5）韩国

为了促进数据共享，韩国金融服务委员会（FSC）于2018年启动了一项名为MyData的综合数据服务计划。该计划旨在建立一个平台，用户可以通过此平台查询自己在不同行业的个人信息，并共享给其他机构或组织。以金融行业为例，用户通过MyData平台发出指令，要求金融机构将个人金融信息提交到平台，金融机构通过API接口将信息提交到MyData平台，用户在平台上可查询到个人金融信息。截至2022年12月，共有超过1300万用户注册了MyData平台，该计划虽处于起步阶段，但可能会对韩国的数字经济产生重大影响。

MyData涉及监管方、平台运营商、产业机构、中介机构、支援机构等相关各方。在监管方面，韩国通过两个专业机构对 MyData 数据进行监管。一家是个人信息保护委员会（Personal Information Protection Commission，PIPC），通过《个人信息保护法》《信用信息使用和保护法》《信息通信网络利用促进和信息保护法》（统称“数据三法”）规定了数据共享的合法性、隐私保护和数据安全性。另一家是金融委员会（FSC）和其下设的金融监督院，通过《金融领域 MyData 导入指南》对平台准入门槛进行监管。在运营方面，平台运营商按照监管部门对其设置的资质要求，为用户提供一站式查询服务。这些运营商在支持个人数据控制、管理和分享方面发挥重要作用，为个人和企业提供数据管理平台、隐私保护技术、数据共享协议等。MyData 的信息传输涉及金融、医疗、健康、教育等行业，这些行业集合形成“产业机构”。在信息传输过程中，部分金融机构的数据可以通过第三方（中介机构）发送给运营商。截至目前，韩国政府仅批准包括韩国行政安全部在内的 11 家中介机构。MyData 支援机构在信息传输过程中提供数据标准化、传送费用测定和权益保护等服务，用于确保个人信用信息的传输和使用是透明、合规和安全的。此外，支援机构可以帮助确认个人信用信息主体的身份，从而增加数据交换的可靠性。

MyData 在数据共享和安全防护方面的主要做法为：

一是平衡金融创新与消费者权益保护之间的关系。2018 年 12 月 31 日，韩国国会正式发布《金融创新支援特别法》（*Financial Innovation. Support Act*，FISA），赋予沙盒内的金融科技企业不受传统金融法律规制的特权，允许这些企业在一定范围内进行实验和创新，以推动更多创新性金融服务的发展。该法案不仅规定了金融创新的监管特权，也在多个条文中强调了对金融消费者的保护，例如第 11 条规定，如果一项金融创新服务，如 MyData 计划，有可能损害金融消费者权益或冲击金融市场稳定性，金融委员会可以在行政机关的授权下终止该项服务。这显示了监管机构以立法的形式平衡金融创新和金融消费者保护之间的关系。

二是设置严格的 MyData 运营商准入门槛。金融委员会于 2018 年发布的《金融领域 MyData 导入指南》对 MyData 运营商设立了严格的准入限制，包括最低资本要求、数据安全能力、业务计划适当性、股东财务背景、董事会资格和高管背景等要求。这种全面的审查可以确保 MyData 运营商在运营过程中充分尊重数据隐私权，同时确保运营商具备稳健的运营能力和风险管理措施。

三是规定数据共享链的风险防控要求。《金融领域 MyData 导入指南》还详细规定了数据隐私权保护、知情同意、拒绝和撤回、服务取消和数据删除、限制过度竞争、数据安全标准和测试等要求，让用户清晰了解数据全生命周期流通过程，在数据共享的每一个节点赋予用户随时取消共享的权利。

MyData 对金融数据共享与安全防护的借鉴意义为：

一是 MyData 强化了个人数据的携带权。传统数据共享方式大多以机构为中心，导致个人信息重复采集、重复加工、重复流转等问题。MyData 将信息主体置于中心位置，个人可以更自主地控制自己的数据，并在需要时将其分享给其他方，有助于增强个人隐私保护，同时为个人提供更多的选择权和控制权，使他们能够从自己的数据中获益。

二是 MyData 在信息传输的便捷性和安全性方面的优势明显。尽管 MyData 使用 API 作为数据开放的接口，但 MyData 独有的平台模式可以将信息传输流程简化，每家机构之间无须签署信息传输协议，只需要 MyData 产业中的机构与运营平台签署信息传输协议。在此链条中，MyData 平台是用户管理个人聚合数据的唯一平台，在信息传递安全性和信息量方面，MyData 模式的优点更突出。

（6）中国香港

中国香港地区的开放银行主要由香港金融管理局（The Hong Kong Monetary Authority，以下简称金管局）进行监管，金管局主张在金融机构之间搭建协调体系，推动传统金融机构与线下场景的结合。

2017 年 9 月，金管局发布了“智慧银行新纪元”（Smart Banking）计划，将开放银行纳入整体规划。2018 年 1 月，金管局发布了《香港银行业 Open API 框架咨询文件》（*Consultation Paper on Open API Framework for the Hong Kong Banking Sector*，以下简称咨询文件），致力于推动传统金融机构和金融科技企业的协同发展。同年 7 月，香港金管局发布的《香港银行业 Open API 框架》（*Open API Framework for the Hong Kong Banking Sector*，以下简称《香港 API 框架》）将中国香港开放 API 划分为四个阶段，见表 5-5。

表 5-5 中国香港 API 框架指导意见

阶段	开放 API 功能	推出时间	银行产品和服务种类
1	银行产品和服务细节	2019 年 1 月底前	存款利率、信用卡优惠、收费
2	产品和服务订阅与申请 API	2019 年 10 月底前	申请信用卡、贷款

续表

阶段	开放 API 功能	推出时间	银行产品和服务种类
3	账户信息 API	首批 API 功能涵盖存款账户资讯及网上商户付款，于 2021 年 12 月起逐步实施	查看账户结余、信用卡结欠、交易记录、更改信用额
4	交易 API	首批 API 功能涵盖存款账户资讯及网上商户付款，于 2021 年 12 月起逐步实施	付款及转账

尽管《香港 API 框架》没有强制约束力，但在开放 API 第一阶段和第二阶段实施时，全港 20 余家银行业金融机构将储蓄、信用卡、外汇、基金等服务范围公开，消费者可以便捷地通过网络对不同机构提供的金融服务进行对比。例如在生活方面，中国香港银联通宝于 2019 年推出中国香港首个 API 平台——“JETCO APIX”，获 13 家银行接入，用户在搜寻附近生活服务时，平台会实时更新信用卡优惠信息，并将优惠券发放到个人消费账户中。2021 年 5 月 13 日，金管局通知决定采取循序渐进的方式来实施开放 API 的第三阶段和第四阶段功能，以确保项目的可行性，并降低实施成本和风险。28 家参与银行已于同年 12 月开始逐步实施首批 API 功能，涵盖了存款账户信息和在线商户付款等领域。

2. 数据安全相关的政策和实践

（1）欧盟和英国

在欧盟 PSD2 正式实施后不久，数据共享保护相关政策也紧随其后，2018 年 5 月《通用数据保护条例》（GDPR）正式生效。欧洲通过 PSD2 和 GDPR 的共同实施，使数据共享和数据安全得以平衡发展，数据共享和安全的“两点一线”形成闭环，这个闭环保护了个人的敏感信息和数据隐私不被滥用和泄露，同时也促进了数字经济的发展和创新。对金融业而言，PSD2 和 GDPR 的组合实施为开放银行模式提供了更加安全和可靠的基础，促进了银行和第三方服务提供商之间的合作和创新，增强了消费者的控制权和权益保护。

英国的《开放银行标准框架》在“安全标准”部分要求银行确保客户数据受到保护，并遵守严格的数据保护法规，同时也需满足欧盟的《通用数据保护条例》。此外，银行必须为客户提供控制和管理其数据的能力，包括随时撤销对第三方提供商的访问权限。

（2）美国

在数据隐私保护方面，美国消费者金融保护局于2017年颁布了经用户授权的金融数据共享和汇总的保护原则（Consumer Protection Principles for Consumer-Authorized Financial Data Sharing and Aggregation），包括消费者控制和同意原则、安全性原则、透明原则、访问原则、准确性原则和问责制等内容。这些原则旨在确保消费者能够控制自己的金融信息，并以安全和负责任的方式共享这些信息。通过遵循这些原则，金融机构和第三方提供商可与消费者建立信任并促进负责任的数据共享实践。美国财政部还希望优化数据抓取的方法，由目前的屏幕抓取更改为更安全的方式，但财政部表示这一解决方案应该由私营部门来提供。

1999年美国在联邦层面颁布了《金融服务现代化法案》（*Financial Services Modernization Act of* 1999）。该法案由金融隐私规则（Financial Privacy Rule）、安全保障规则（Safeguards Rule）、假托保护规则（Pretexting Protection Rule）三个部分构成。其中，金融隐私规则要求金融机构向客户提供其隐私政策和惯例的通知，并在与非附属第三方共享非公开个人信息之前应征得他们的同意，且客户有权选择退出此类共享安排。安全保障规则要求金融机构制订并实施书面信息安全计划，以保护客户信息。该计划必须包括管理、技术和物理保护措施，以防止未经授权访问、使用或披露客户信息。假托保护规则禁止个人通过虚假借口获取客户信息，例如冒充客户或歪曲其身份。

在联邦州层面，2017年3月纽约州金融服务部（New York State Department of Financial Services，DFS）发布了一套网络安全法规《23 NYCRR 500》。该法规要求涵盖的实体建立网络安全计划，制定由其董事会或高级管理人员批准的书面网络安全政策。例如，设置首席信息安全官（CISO）负责网络安全计划的实施和监督、定期进行风险评估和漏洞测试、要求相关实体在网络安全事件发生后72小时内向DFS报告，并保留其网络安全活动的详细记录等要求。鉴于纽约是世界金融中心，此法案也被称为“金融业的网络安全法”，旨在保护其信息系统的机密性、完整性和可用性。该计划必须基于识别和评估内部和外部网络安全威胁的风险评估，并且必须包括保护非公开信息的政策和程序。

（3）新加坡

2012年10月15日，新加坡国会通过了《个人信息保护法案》（*The Personal Data Protection Act* 2012，PDPA）。PDPA规定，无论数据的真实性和敏感性，只要能通过该信息或结合其他信息识别出个人信息，则该信息为个人信息，即受到该法案的保护。该法案规定了数据相关方应该履行的九项主要隐私义务："同意、目的限制、通报、查阅并更正、准确性、保护、保留限制、传输限制及公开性。" 2020年11月，新加坡国会对该法案进行了修订，进一步细化了个人信息保护要求，形成《个人数据保护条例》（*Personal Data Protection Regulations*，PDPR）。为了监督相关规定的有效执行，新加坡于2013年设立了个人数据保护委员会（Personal Data Protection Commission，PD-PC），PDPC由新加坡信息通信媒体发展局（Info-communications Media Development Authority，IMDA）负责管理。PDPA第2条和第3条规定，一切在新加坡境内设立的机构均需要遵守该规定，新加坡境外设立的机构，在处理新加坡自然人的数据时，也需要遵守该规定。相较于欧盟《通用数据保护条例》，尽管新加坡在涉及数据用户的"告知—同意"和"数据本地化处理"等要求宽松一些，但新加坡执法机构仍将数据保护列为重点关注领域。

（4）中国香港

1996年8月，中国香港成立个人资料私隐专员公署（Office of the Privacy Commissioner for Personal Data，Hong Kong，PCPD），目的是确保《香港法例》第486条《个人资料（私隐）条例》的实施。与欧盟、英国以及中国内地的规定相比，中国香港没有采用"个人信息"或"个人数据"等用语，而是采取类似于新加坡模式，将所有可直接利用该数据或者间接利用该数据确定个人身份的信息列入被保护对象，并明确要求个人资料原则上不允许被传输至中国香港地区之外。2014年12月，中国香港补充颁布了《跨境资料转移中的个人资料保障指引》，在《个人资料（私隐）条例》的基础上增加数据转移条款。

中国香港尽管没有制定专门的金融数据保护法律，但由于金融科技的发展，尤其是大数据和人工智能技术的应用，给个人数据隐私和安全带来了新的挑战。因此，第三方机构在涉及开放银行等金融科技业务时，应事前评估业务对于个人资料的影响，并在事中识别潜在风险。除了法律和监管的约束，中国香港将道德问责框架、数据伦理和数据管理的概念融入数据共享和数据安全保护领域，以此促进金融科技的应用发展。中国香港要求金融科技企业积极采取道德问责措施，推动数据伦理的发展，从而实现中国香港金融科技的可持续发展。

3. 我国开放银行数据共享与安全的实践

（1）政策规范

截至目前，我国尚未发布开放银行相关的法律法规，但在人民银行发布的相关发展规划和行业标准中涉及开放银行的相关内容。人民银行于2019年月发布的《金融科技（FinTech）发展规划（2019—2021年）》提出，要借助应用程序编程接口（API）、软件开发包工具（SDK）等手段深化跨界合作，构建开放、合作、共赢的金融服务生态体系。2022年1月发布的《金融科技发展规划（2022—2025年）》提出，要全面加强数据能力建设，在保障安全和隐私前提下推动数据有序共享与综合应用，充分激活数据要素潜能，有力提升金融服务质效。在行业规范方面，人民银行于2020年2月发布的行业标准《个人金融信息保护技术规范》（JR/T 0171—2020）对金融数据共享的信息保护提出了相关要求；同期发布的《商业银行应用程序接口安全管理规范》（JR/T 0185—2020）规定了开放银行API的类型与安全级别、安全设计等要求。

（2）金融业的实践情况

在开放银行的概念尚未引入之前，我国部分金融机构通过开放支付接口和银企直连的方式实现金融数据开放共享。从2003年开始，我国银行机构陆续开放支付接口，用户通过下载和使用集合所有银行卡账户的App进行消费。在银企直连的方式下，银行通过其业务系统与大型企业的企业资源计划管理系统（ERP）专线直连，进行数据交换和业务对接。不过，银企直连方式的实现成本较高，且耗时较长。当时，银行并非通过开放API接口来吸引新客户或实现数字化转型，而是通过满足大型集团客户的需求，提供定制化的API接口，从而维持和提高市场占有率。

2012年，中国银行提出了开放平台概念，规划开放银行平台计划，并在2013年正式发布了“中银开放平台”，向外界提供了1600多个API接口，涉及境内外的代收代付、网点查询、外汇汇率等功能。中国银行的开放平台为中国开放银行的发展开创了先例，同时也为其他银行提供了借鉴参考，推动了我国银行业的数字化和开放共享进程。

2014年相继成立的网商银行、微众银行、新网银行和亿联银行四家互联网银行主要采取线上运营方式，普遍实行了开放银行的理念，通过H5、SDK和API与外界交换数据。

2018年7月，浦发银行推出了“API BANK无界开放银行”，此平台基于浦发银行和其他生态圈内的合作，为客户提供了“金融+”的跨界服务。此后，国内各银行纷纷推出开放银行平台。在实际操作中，与银行主动实行开放银行的程度有所不同，一些大型银行和支付机构已开始设立开放平台，并与第三方机构合作，实现了API开放接口，而一些小型银行和支付机构则仍在观望和探索阶段。我国代表性银行的开放银行建设情况见表 5-6。

表 5-6 我国代表性银行的开放银行建设情况

银行名称	开放银行建设情况
工商银行	深入打造开放与融合的金融跨界生态，通过 API 开放平台和金融生态云平台双轮驱动。截至 2021 年 12 月 15 日，实现了支付、安全认证等九大类 2200 余个 API 接口的服务输出，上线了 20 余个“金融+行业”的 SaaS 行业云服务，覆盖了 3000 余家合作伙伴。
农业银行	截至 2022 年 6 月 30 日，农业银行完成开放银行与场景金融顶层设计，全力推进开放银行平台和产品体系建设，启动相关制度与标准制定，明确了场景建设模式和创新方向；全面开展场景金融营销推广。围绕政务民生、消费零售和产业链三大类场景，加快推进场景金融业务发展；加强与金融科技公司和互联网平台合作对接，积极探索开放银行场景的金融建设路径以及推广模式，致力于打造综合性行业解决方案。
交通银行	截至 2022 年末，交通银行的开放银行累计开放接口 2586 个，累计调用次数超 16 亿次，通过开放银行获取零售新客户 78. 34 万户，同比增长 57. 6%；通过开放银行线上链金融服务发放融资金额 1138. 17 亿元；惠民就医在 35 个城市上线，累计签约 68 万户。数字人民币场景生态不断拓展。
平安银行	平安银行的开放银行包括能力开放和流量开放。 在能力开放方面，2021 年末，平安银行零售开放银行平台已发布 819 个产品、1943 个 API 和 H5 接口，覆盖了账户、理财、支付、保证金、贷款、信用卡等功能。2021 年末数字账户（MAX）已上线 80 家垂直领域的头部合作机构，累计获客达 122 万户。 在流量开放方面，打造了开放银行小程序，实现银行服务与“衣、食、住、行、娱”诸多场景闭环经营；2021 年以来，平安银行零售开放银行小程序已开放 69 项能力，364 个 API 接口，覆盖会员能力、支付能力、营销能力、App 基础能力等。
民生银行	民生银行坚持以“客户需求为导向”，充分运用创新技术和互联网资源，通过“走出去”“请进来”和“合作创新”三种模式，与合作伙伴、客户共同开拓数字经济发展新机遇，助力中小微企业通过“上云、用数、赋智”快速实现转型。截至 2022 年 6 月 15 日，民生银行已与 500 余家合作伙伴共建金融服务生态，投产了账户、支付、结算、投资、贷款等 5 大类 410 项开放服务，覆盖企业、小微、零售、政府、同业等全客群的全市场生态，服务企业客户超 7000 家、个人客户超 100 万户。

资料来源：《开放银行生态金融白皮书 2022》。

（3）监管政策与数据保护

目前，世界主要国家和地区的开放银行可分为政府主导、监管鼓励和市场先行三种模式，每种模式下的开放银行实施情况和数据保护规则均有各自特点。

一是以英国和欧盟为代表的政府主导模式。无论是英国还是欧盟经济区，开放银行的实施均由政府驱动。例如，欧洲的 PSD2 政策和英国的开放银行计划都是由政府制定的。政府通过立法和监管等手段推动开放银行的落地和发展，采取“自上而下”的发展模式。

二是以新加坡和中国香港地区为代表的监管鼓励模式。政府只对开放银行实施的时间表进行规划，并提出相应的指导方案，如标准、规范等，此类指导方案不具有强制性，也不要求所有机构提供对应的服务。但由于新加坡和中国香港的金融业态较为开放，营商环境优越，金融业为其主要经济产业，金融机构均积极响应政府有关开放银行的指导意见，提升用户体验，从而增加客户黏性。

三是以美国和中国为代表的市场先行模式。两个国家采取“自下而上”的发展模式。美国开放银行主要依托市场的自我调节，没有实施运用行政手段的强监管。传统金融机构和金融科技公司均面临较大的市场竞争压力，主动开放共享数据，形成金融机构和金融科技公司竞争合作的局面。我国开放银行经历了10余年的发展，相关法律法规和制度规范逐渐完善，金融机构在通过开放银行方式引导数据开放共享的同时，也加强了个人信息保护和数据安全防护。世界主要国家和地区开放银行的实施情况见表5-7。

表5-7 世界主要国家和地区开放银行的实施情况

国家/地区	类型	主管机构	适用范围	开放规划	是否强制要求银行开放	是否统一API参数	数据保护的法律法规
欧盟	监管部门要求强制开放	欧盟委员会	欧盟经济区	欧盟经济区内各国需在2018年1月前将PSD2以法律形式在各国明确公布	是	否	《通用数据保护条例》
英国	监管部门要求强制开放	英国竞争和市场管理局	英国	开放银行工作组制定《开放银行标准框架》	是	是	《开放银行标准框架、通用数据保护条例》
新加坡	监管部门提供指引	新加坡金融管理局、新加坡银行协会	新加坡	《金融即服务：API指导手册》	否	是	《个人信息保护法案》

续表

国家/地区	类型	主管机构	适用范围	开放规划	是否强制要求银行开放	是否统一API参数	数据保护的法律法规
中国香港	监管部门提供指引	香港金融管理局	中国香港	《香港银行业Open API框架》四个阶段	否	否	无明确法律法规
美国	市场主导	消费者金融保护局	美国，联邦州结合本州规定执行	无明确开放规划	否	否	《多德—弗兰克华尔街改革和消费者保护法案》
中国	市场主导，监管部门提供框架	人民银行	中国境内	《金融科技发展规划（2022—2025年）》《商业银行应用程序接口安全管理规范》	否	是	《个人信息保护法》《个人金融信息保护技术规范》

（五）金融数据共享安全治理的政策建议

1. 加强数据共享相关的政策法规和标准规范建设

（1）加强数据共享相关的法律法规和标准规范建设

随着我国数字经济的较快发展，数据共享的市场需求也日益迫切，各地区政府相继成立了专门的数据管理部门，设立征信平台，促进数据流通共享，但目前我国针对数据共享的相关法律法规较为缺乏，导致数据共享存在较大制约。因而，我国应根据数据共享过程中存在的行业难点和痛点问题，加强数据共享相关法律法规的顶层设计，尽快制定数据共享相关的法律法规及其配套实施细则，加强金融数据安全治理，保障数据共享的安全合规。

具体可采取以下措施：一是建立金融数据的合规框架，制定数据合规政策和准则，并确保数据的收集、处理和共享符合相关的法律法规和标准规范；二是对共享数据进行分级分类，明确数据的使用范围和权限；三是加强共享数据的标准化建设，确保不同机构之间的数据能有效交换和整合；四是对敏感数据进行加密和匿名化处理。

（2）完善数据共享管理的组织架构

在组织架构层面将数据开放共享的安全管理要求进行统一管理，建立责任明确、程序清晰的数据安全管理组织架构，明确主管部门和相关部门的职责分工、工作程序和协调机制，实现数据共享的高效协调和统筹管理。借鉴美国首席信息安全官（CISO）制度，在金融机构的高管层设立首席信息安全官，负责数据共享和数据安全制度的实施和监督，定期进行数据共享的风险评估。

（3）建立数据共享的监督管理制度

在金融数据共享过程中，可参考英国 ICO《数据共享行为守则》，由监管部门对金融数据的全流程风险点进行监控，数据使用主体在相关主管部门的监督管理下进行数据共享，同时对数据提供方和数据使用方进行监测跟踪，判断共享数据的使用是否合法合规，对违法违规行为进行信息披露，并对数据风险事件进行追责、问责。

（4）建设数据共享的授权中心

借鉴韩国 MyData 模式，建设我国金融数据共享应用授权中心，通过集中授权，连接金融场景数据共享的需求端和供给端，驱动可信安全的数据共享开放，以用促享，促进金融机构的数字化转型。

2. 加强数据共享安全的技术防护

（1）开展数据共享安全的 IT 审计

在金融数据运营过程中，定期对涉密、涉敏数据的共享开放开展 IT 审计，审核数据共享开放涉及的日志、各级用户和数据管理角色，具体包括数据共享开放的时间、用户、IP 地址、操作对象、操作内容、操作行为和操作结果等相关信息，可及时发现数据共享开放中存在的安全隐患和风险，依此采取相应的安全技术防护措施。

（2）提升数据共享安全的技术防护能力

提升数据共享安全技术防护能力的主要目标是加强数据共享安全风险的监测、管控和追溯能力。在数据共享过程中，金融机构可采取全天候数据监测技术、共享数据的脱敏技术、数据标记和追溯技术、在技术平台中推广国产密码算法等方法措施提升数据安全防护能力。通过对敏感数据的监控、实施数据安全风险评估、对数据溯源追踪、进行数据安全态势分析等技术手段，对数据共享的安全风险点进行监测预警和治理，实现对数据共享产生的各种风险的事前预警、事中处置和事后追溯。

3. 保证数据共享运营的安全

（1）加强对第三方合作机构的管理

在开展数据开放过程中，金融机构不可避免地需与第三方数据服务机构进行合作，但在合作过程中，金融机构应制定与第三方合作机构的管理制度，签署合作协议；加强对第三方合作方机构的审查评估和人员管理，防控第三方合作机构的应用系统接入带来的数据泄露风险。

（2）定期开展数据共享运营的安全评估

在数据共享运营过程中，应定期开展数据安全评估，评估覆盖合规审查、风险管理、安全巡检、安全评估等方面的内容；排查数据共享的信息系统和运行环境存在的数据泄露、数据篡改、数据窃取、数据非法使用等安全隐患。在国家法律法规对数据共享提出新要求，或业务模式、信息系统、运行环境发生重大变更时，也应启动数据安全评估，将发现的数据安全风险全部纳入问题管理清单，并开展跟踪管理，切实防范化解在数据共享运营过程中出现的各类数据安全风险。

（3）建立完善数据共享的安全应急响应与处置机制

《数据安全法》第二十三条提出，应建立数据安全应急处置机制，在发生数据安全事件时，有关部门应依法启动应急预案，采取相应的应急处置措施，防止危害扩大，消除安全隐患。在金融数据共享过程中，金融机构应加强对数据共享流程的安全监测，在数据风险事件发生时对不同安全等级的数据采取分级响应措施，对数据安全事件进行溯源分析和影响评估，及时处置恢复，上报有关部门；明确事件处置规范和问责机制，及时分析和总结，动态调整数据安全策略。各级数据主管部门也应建立数据共享开放应急管理指导制度，定期组织应急演练，保证金融数据开放工作的安全有序。

六、金融数据安全治理的国际比较及借鉴

（一）世界主要国家和地区的数据安全立法情况

1. 美国数据安全的立法情况

美国在各行业、各州发布了信用信息安全、个人信息安全相关的法律法规，例如在金融领域，《公平信用报告法》《公平和准确信用交易法》对信用报告进行了规范；在州立法方面，加利福尼亚州、弗吉尼亚州、犹他州、康涅狄格州等相继发布或生效隐私保护相关法律。在联邦层面通过的《加强美国网络安全法》《优化网络犯罪度量法》等法律规定了网络安全的相关内容。此外，2022 年 6 月 3 日，美国参议院和众议院发布了《美国数据隐私和保护法》（*American Data Privacy and Protection Act*，ADPPA）草案，这是在美国联邦层面首份获得两党、两院支持的综合性隐私保护法草案，涵盖了数据最小化、忠诚义务、私人诉讼权、优先适用、特殊群体数据保护、大型数据持有者义务等核心内容。美国现有立法倾向于在保障基本隐私权利的基础上进行数据共享利用。

表 6-1　美国数据安全立法情况及主要内容

时间	法律名称	主要内容
1970 年	《公平信用报告法》（*Fair Credit Reporting Act*，FCRA）	详细规定了征信机构和用户的责任与义务、信用报告的使用目的以及消费者的相关法律权利和责任，赋予消费者关于信用报告机构如何收集和使用他们的信息的知情权，保护了美国消费者个人信用信息权益。
2003 年	《公平和准确信用交易法》（*Fair and Accurate Credit Transactions Act*，FACTA）	部分修订了《公平信用报告法》，加强了对数据准确性和完整性的要求，赋予消费者每年免费获取个人信用报告、对于错误数据向征信机构或数据上报机构提出异议等权利。

续表

时间	法律名称	主要内容
2018 年 6 月	《加州消费者隐私保护法案》(*California Consumer Protection Act*，CCPA)	对加州消费者的知情权、访问权、删除权、选择权、公平交易权、个人诉讼权等方面进行了规定。加州消费者有权“选择退出”(OPT OUT)，要求企业不得销售其个人信息。
2020 年 11 月	《加州隐私权法》(*California Privacy Rights Act*，CPRA)	对《加州消费者隐私保护法案》(CCPA) 进行修订，对机构施加了更严格的隐私保护义务，并增加了消费者的权利。例如，增加了更正权、限制使用和披露敏感个人信息权、对未成年人个人信息违规进行处罚、网络安全审计、风险评估等内容。已于 2023 年 1 月 1 日生效。
2023 年 10 月	《加州 362 号法案　数据代理注册：可访问的删除机制》(SB-362 *Data Broker Registration：Accessible Deletion Mechanism*)	该法案要求加州隐私保护局 (CPPA) 创建并推出一种工具，允许该州居民要求所有数据代理删除他们的信息。
2022 年 6 月	《美国数据隐私和保护法》草案 (*American Data Privacy and Protection Act*，ADPPA)	首份在美国联邦层面获得两党、两院支持的综合性隐私保护法草案，涵盖了数据最小化、忠诚义务、私人诉讼权、优先适用、特殊群体数据保护、大型数据持有者义务等核心内容。
2022 年 3 月	《加强美国网络安全法》(*Strengthening American Cybersecurity Act*)	该法由《关键基础设施网络事件报告法》《2021 年联邦信息安全现代化法案》和《联邦安全云改进和就业法案》三项网络安全法案措施组成。该法旨在促进联邦机构协作，并要求所有私营机构向网络安全与基础设施安全局 (CISA) 报告网络攻击情况。
2022 年 5 月	《优化网络犯罪度量法》(*Better Cybercrime Metrics Act*)	该法包括网络犯罪分类、网络犯罪报告、全国犯罪被害调查、网络犯罪指标研究等内容，旨在综合改善联邦政府“追踪、衡量、分析、起诉网络犯罪的方式”，帮助执法机构更好地识别网络安全威胁、防范黑客勒索攻击以及起诉网络犯罪案件。
2023 年 3 月	《国家网络安全战略》(*National Cybersecurity Strategy*)	提出了改善全国数字安全的整体方法，涉及五大支柱：保护关键基础设施、破坏和摧毁威胁行为者、塑造市场力量以推动安全和韧性、投资于韧性未来、建立国际伙伴关系以追求共同目标。

2. 欧盟数据安全的立法情况

欧盟的《通用数据保护条例》（GDPR），从适用范围、问责机制、数据主体的各种权利、数据处理者的要求、数据泄露和通知、数据保护官制度等多个方面进行了详细规定，赋予数据主体访问权、更正权、删除权等多项权利，加大了对数据主体的保护。GDPR 对数据保护的要求总体较严格，但欧盟委员会于 2022 年 2 月发布的《数据法：关于公平访问和使用数据的统一规则的法规提案》和欧盟理事会于 2022 年 5 月 16 日批准通过的《数据治理法案》两项法案，均以促进数据价值释放、促进私人部门与公共部门数据共享利用为目标，反映了欧盟数据治理从保护公民个人数据隐私转向促进数据流通利用的趋势。

德国与法国在信息安全、个人信息保护、数据安全等方面制定了相关法律，同时为了与欧盟《通用数据保护条例》（GDPR）相互衔接，对原有立法进行修订或制定新法。

表 6–2　欧盟数据安全的立法情况及主要内容

时间	法律名称	主要内容
2018 年 5 月	《通用数据保护条例》（*General Data Protection Regulation*，GDPR）	针对个人数据保护进行了严格的规定，企业收集、存储、使用个人信息需取得用户同意。
2019 年 6 月	《网络安全法案》（*EU Cybersecurity Act* 2019）	包括 ENISA（欧盟网络安全局）的职能和任务的重新定位、网络安全认证框架及认证计划、信息和通信技术（ICT）网络安全认证等内容。
2023 年 12 月	《关于公平访问和使用数据的统一规则的条例》（*Regulation on Harmonised Rules on Fair Access to and Use of Data*）	在确保数据安全和隐私保护的同时，明确了企业和个人访问、获取、共享数据的具体规则，为欧盟境内各方主体提供了公平访问和使用数据的统一方式。
2022 年 5 月	《数据治理法案》（*Data Governance Act*）	包括建立公共数据再利用机制、建立框架以促进数据中介机构的发展、规范数据利他行为等内容。其中关于数据再利用，包含“公共数据在共享、开发利用前需要进行数据脱敏处理；在传输数据前，需要进行个人数据匿名化、修改或者删除商业机密信息、采取双重加密等安全保障措施；匿名或删除后的公共数据无法满足数据再利用者的需求时，可以在签订保密协议后，允许在公共部门提供的安全处理环境中内部或远程使用数据，并受到公共部门的监管”相关内容。

续表

时间	法律名称	主要内容
2022 年 12 月	《关于在欧盟全境实现高度统一网络安全措施的指令》(NIS 2)	扩展了关键实体部门和类型，强调企业应通过事件响应和危机管理、漏洞处理和披露、网络安全风险管理评估、网络安全培训等措施增强自身防护能力。
2022 年 12 月	《关键实体弹性指令》(*Directive on the resilience of critical entities*, CER Directive)	加强关键基础设施对一系列威胁的抵御能力，包括自然灾害、恐怖袭击、内部威胁或蓄意破坏等。
2022 年 12 月	《数字运营弹性法案》(*Digital Operational Resilience Act*, DORA)	对欧盟金融行业实体应采取的网络安全措施提出了具体要求，规定欧盟金融实体必须监控其使用第三方ICT 提供商所产生的风险。
2023 年 7 月	《欧盟—美国数据隐私框架》(*EU-US Data Privacy Framework*)	在新框架下，美国确保对从欧盟传输到美国公司的个人数据提供足够的、与欧盟相当的保护水平。根据新的充分性决策，个人数据可以安全地从欧盟流向参与该框架的美国公司，而无须采取额外的数据保护保障措施。
2024 年 3 月	《人工智能法案》(*Artificial Intelligence Act*)	对不同风险等级的人工智能系统实施差异化监管，对通用人工智能模型及系统的监管提出要求，为人工智能的功能性应用划定了明确的禁区。包含部分数据安全和个人信息保护相关规定，例如，禁止基于采集到的敏感信息对民众进行生物学分类、禁止利用未经授权采集的面部图像建立人脸识别数据库等。
1976 年	德国《联邦个人信息保护法》(正式名称为《防止个人数据处理滥用法》)	建立了个人信息保护原则体系：直接原则、更正原则、目的明确原则、安全保护原则、公开原则、限制利用原则等。
1977 年 2019 年 11 月 (修订)	德国《联邦数据保护法》	规定了个人信息的知情权、修改权、同意权、披露权及使用权等一系列权利。该法使德国数据保护法律制度与欧盟《通用数据保护条例》(GDPR) 相衔接。
2021 年 5 月	德国《IT 安全法》(2.0 版本)	旨在保护重要基础设施数据安全，通过弥补法律漏洞并扩大监管框架，以提高德国 IT 系统的安全性。

续表

时间	法律名称	主要内容
1978 年 2004 年 8 月 （修订）	法国《信息技术与自由法案》	该法案提出了数据跨境的前提：如果作为数据接收方所在国家的非欧洲共同体成员国家，在实际或可能处理的个人数据方面，没有为个人隐私、自由和基本权利提供足够的保护，则数据控制者不得将个人数据传输到非欧洲共同体成员国；国家提供保护的充分性应特别考虑到该国现行规定和该国适用的安全措施，以及数据处理的具体特征，包括目的和持续时间、数据性质、数据来源、目的地等特征。
2015 年 10 月	法国《法国国家数字安全战略》	该《战略》包括五大战略目标：涉及与法国国家根本利益相关的关键基础设施和重要信息系统安全；打击网络犯罪、数据安全与隐私保护；法国数字安全的素养和教育；法国数字安全技术和产业发展；法国数字安全在欧盟和国际上的布局。
2018 年 11 月	法国《个人数据保护法》	为避免个人信息数据被滥用，该法扩展了数据控制者和运营商的审查义务，数据控制者和运营商除要遵守“避风港规则”外，还应对特定文件作备案登记，对数据使用人的高风险活动进行事前审查，对重要的数据信息作加密处理等。该法案系法国落实欧盟《通用数据保护条例》（GDPR）的立法举措。
2018 年 12 月	法国《数据保护法》	该法规定了适用于所有数据处理操作的共同规定、数据合法跨境的法定情形等内容。

3. 日本数据安全的立法情况

日本数据安全立法体系主要包括个人信息保护和网络安全两个方面。在个人信息保护方面，《行政机关计算机处理的个人信息保护法》1988 年正式公布生效，《个人信息保护法》自 2003 年发布后历经多次修订，现行的《个人信息保护法》（2020 年）构建了日本个人信息保护的立法制度体系。在网络安全方面，发布了《网络安全基本法》和《网络安全战略》，构建了日本网络安全相关的法律框架。

表 6-3 日本数据安全的立法情况及主要内容

时间	法律名称	主要内容
1988 年 12 月	《行政机关计算机处理的个人信息保护法》	该法是日本首次从国家层面专门针对个人信息保护的立法。该法仅适用于行政机关，而且仅对计算机处理个人信息进行保护，而不涉及人工处理信息的行为。该法一方面保护个人权利利益，另一方面确保对个人信息的保护不会成为行政机关正常运行的阻碍。
2003 年 2015 年 （修订） 2020 年 （修订）	《个人信息保护法》	《个人信息保护法》（2020 年）主要包括总则、国家及地方公共团体的职责、个人信息保护措施、个人信息处理者的义务、个人信息保护委员会、杂则、罚则等内容。新版《个人信息保护法》重点关注人脸识别信息使用，引入了“假名加工信息”和“匿名加工信息”两类新的信息类型，细化了数据泄露报告制度，加强了数据跨境传输监管。2020 年修订版已于 2023 年 4 月实施。
2014 年 11 月	《网络安全基本法》	《网络安全基本法》旨在加强日本政府与民间在网络安全领域的协调，更好地应对网络攻击，包括总则、网络安全战略、基本政策、网络安全战略本部、罚则五个章节。
2013 年 6 月 2015 年 9 月 2018 年 7 月 2022 年 2 月	《网络安全战略》 《网络安全战略（第二版）》 《网络安全战略（第三版）》 《网络安全战略》（最新版）	《网络安全战略》给出了三大推进方向：在数字化改革的基础上，同步推广数字化转型与网络安全；综观整个网络空间，确保公共空间的互联互通和链条化；强化安全防护能力。

4. 韩国数据安全的立法情况

韩国于 2011 年 3 月颁布了《个人信息保护法》，同时，制定了《个人信息保护法执行令》《个人信息保护法执行规则》《个人信息保护委员会规定》等配套实施细则，旨在保护韩国所有公民的个人信息权益。2020 年 1 月，为了促进大数据产业的发展，扩大可收集、使用的个人信息范围，韩国国会通过了新修订的《个人信息保护法》《信用信息使用和保护法》《信息通信网络利用促进和信息保护法》。新修订的《个人信息保护法》规定在未取得数据主体同意的情况下，可将经过处理无法识别特定个人的假名信息用于统计和研究等。2021 年 10 月 12 日，韩国国务会议通过了《数据产业振兴和利用促进基本法》，旨在促进数据产业发展和振兴数字经济。通过韩国《个人信息保护法》及相关法律法规的修订，以及《数据产业振兴和利用促进基本法》的颁布，可看出韩国加大了对数据“共享利用”的政策支持。

表 6-4　韩国数据安全的立法情况及主要内容

时间	法律名称	主要内容
2011 年 3 月 2020 年 1 月 （修订） 2020 年 2 月 （修订）	《个人信息保护法》	该法旨在保护所有公民的个人信息权益，防止信息收集、泄露、不当使用与滥用。法律的适用范围涵盖公共与私人部门管理的所有个人信息。法律规定了个人信息的管理、个人信息的安全措施、信息主体的权利保障、个人信息的团体诉讼等制度。 2020 年 1 月发布的修订案旨在扩大个人和企业可以收集、利用的个人信息范围，发展大数据产业。主要内容是在没有征得本人同意的情况下，可将经过处理无法识别特定个人的假名信息用于统计和研究等目的。 2020 年 2 月，再次修订了《个人信息保护法》，新增化名处理方式，进一步完善个人信息保护委员会的机构设置，明确对与信息和通信服务提供商的个人信息处理等有关的特殊情况适用该法的特殊规定。该修订版于 2020 年 8 月 5 日起实施。
2001 年 1 月 2020 年 1 月 （修订）	《信息通信网络利用促进和信息保护法》	该法规范了信息通信领域个人信息的利用和保护，明确禁止信息通信网络侵害行为，规定建立信息保护管理体系认证制度等信息通信网络安全保障机制。 2020 年 1 月修订版对法律条款进行整合，将个人信息保护相关内容统一由《个人信息保护法》规定，并修订完善现行制度。
2009 年 4 月 2020 年 1 月 （修订）	《信用信息使用和保护法》	该法是韩国第一部关于金融业商业交易中信用信息提供和使用的法规。包括总则、信用信息业务许可、信用信息的收集和处理、信用信息的分发与管理、信用信息相关行业、信用信息主体保护等内容。 2020 年 1 月修订版对相关法律条款进行整合，将个人信息保护相关内容统一由《个人信息保护法》规定，并修订完善现行制度。
2010 年 3 月	《位置信息保护和使用法》	该法明确个人位置信息的法律定义，并要求个人位置信息的处理者应当采取技术措施保护，首先应当采取安装防火墙、使用加密软件等技术措施，其次位置信息经营者应确保确认位置信息的收集、使用和提供的数据自动记录保存在位置信息系统中。
2021 年 10 月	《数据产业振兴和利用促进基本法》	该法是韩国首部规制数据产业的基本立法，对数据的开发利用进行统筹安排。根据该法，韩国将在总理办公室下设国家数据政策委员会，作为国家数据产业政策的管理机构，并将每三年审议并发布一版数据产业振兴综合计划。

5. 印度数据安全的立法情况

印度于2011年通过的《信息技术（合理的安全实践和程序及敏感个人数据或信息）规则》是监管敏感个人数据的基本框架。从2018年7月起，印度个人数据保护立法经过多次更迭，最终于2023年8月11日发布《数字个人数据保护法》（*Digital Personal Data Protection Act*, DPDP）。该法律旨在确保个人数据的隐私和安全得到充分保护，为印度奠定了数据保护法律基础。

表6-5　印度数据安全的立法情况及主要内容

时间	名称	内容
2011年4月	《信息技术（合理的安全实践和程序及敏感个人数据或信息）规则》[*Information Technology (Reasonable Security Practices and Procedures and Sensitive Personal Data or Information) Rules*）]	是《信息技术法案》（*Information Technology Act*, 2000）项下的具体实施规则。该规则定义个人信息和敏感个人数据或信息，规定法人团体（或代表法人团体的个人）收集和处理敏感个人数据或信息时应遵守的具体要求，并界定了法人团体（或代表法人团体的个人）是否遵守合理的安全实践和程序的判定标准。该规则较为简略，难以对个人数据提供有效的保护。
2023年8月	《数字个人数据保护法》（*Digital Personal Data Protection Act*, DPDP）	包括序言、数据受托人的义务、数据主体的权利和义务、特别规定、印度数据保护委员会等共九章。

6. 中国香港数据安全的立法情况

在个人信息保护方面，《个人资料（隐私）条例》（PDPO）构建了中国香港的数据保护和隐私法律框架，《个人资料（隐私）条例》（PDPO）附表1中的六项保障资料原则对收集个人数据的目的和方式、保留的准确性和持续时间、个人数据的使用、数据安全要求等内容进行了详细的规定。在网络安全方面，中国香港并没有制定独立的网络犯罪和网络安全立法。中国香港警察局为"网络安全和技术犯罪"提供了一个资源页面，其中包括有关计算机犯罪相关立法的概要，这些具体条文涉及《刑事罪行条例》《电讯条例》以及有关淫秽和儿童色情制品的规定。政府已设立资讯保安网站，列明多项有关电脑罪案的条文，并将现有刑事罪行的范围扩大至包括与电脑有关的刑事罪行。同时，中国香港某些部门机构，继续推动特定行业的网络安全监管。针对金融业，中国香港发布了《网络安全防卫计划》《降低和减轻与互联网交易相关的黑客攻击风险指引》《网络安全指引》等文件。

表 6-6 中国香港数据安全的立法情况及主要内容

时间	法律名称	主要内容
1996 年 2021 年（修订）	《个人资料（隐私）条例》［*Personal Data（Privacy）Ordinance*，PDPO］	该条例规定：所有收集、持有、处理或使用个人资料的机构（资料使用者）都必须遵守 PDPO，尤其要遵守 PDPO 附表 1 中的六项保障资料原则（DPP），具体包括收集个人数据的目的和方式、保留的准确性和持续时间、个人数据的使用、数据安全要求、隐私政策、数据访问和更正相关内容。
2014 年（修订）	《个人资料删除及匿名化指引》	对何时应删除个人资料，以及如何通过数码删除和物理销毁等方式永久删除个人资料提供指引。
2019 年（修订）	《处理资料外泄及发出资料外泄通知指引》	为资料使用者提供处理资料外泄的实际步骤，以减轻对有关个人造成的损失和损害。
2016 年 2020 年	《网络安全防卫计划》（*Cybersecurity Fortification Initiative*，CFI） 《网络安全防卫计划 2.0》	该计划由香港金融管理局发布，具体包括网络防卫评估架构（C-RAF）、专业培训计划、网络风险信息共享平台三大支柱，以提升金融业的网络安全。 《网络安全防卫计划 2.0》列出了行业反馈的关于增强 C-RAF 框架的实施细节。
2017 年 10 月	《降低和减轻与互联网交易相关的黑客攻击风险指引》	该指引由香港证监会发布，加强对互联网经纪行为的规范，为处理黑客入侵风险及漏洞而采取的常规监控，并提供标准化的网络安全保护指引。
2019 年 6 月	《网络安全指引》（GL20）	该指引由香港保险业监管局发布，规定了所有授权保险公司（不包括专属保险公司和海上相互保险公司）必须遵守的最低网络安全标准。

（二）数据安全治理的国际标准

1. 国际标准组织的数据安全标准

ISO 隐私和数据安全标准主要由安全技术分委员会 ISO/IEC JTC1 SC27 制定，包括隐私保护、数据安全两个方面。ITU-T 相关标准主要由 SG17 安全标准工作组研制。相关标准详见表 6-7。

从标准分类看，数据安全国际标准主要包括基础共性标准、关键技术标准、安全管理标准、重点领域应用标准等几类。其中，基础共性标准包括术语定义、数据安全框架、数据分类分级。基础共性相关标准为各类标准提供基础性支撑，如 ISO/IEC 20889：2018《增强隐私的数据去标识术语和技术分类》、ISO/IEC 29100：2024《信息技术　安全技术　隐私框架》等。关键技术标准从数据采集、传输、存储、处理、交换、销毁等数据全生命周期维度对数据安全关键技术进行规范，如 ISO/IEC 27037：2012《信息技术　安全技术　识别、收集、获取和保存数字证据的指南》、ISO/IEC 27040：2024《信息技术　安全技术　存储安全》、ISO/IEC 27555：2021《信息安全、网络安全和隐私保护　个人身份信息删除指南》等。安全管理标准从数据安全的管理视角出发，指导行业有效落实法律法规关于数据安全管理的要求，包括数据安全评估、监测预警与处置、应急响应与灾难备份、安全能力认证等，如 ISO/IEC 29134：2023《信息技术　安全技术　隐私影响评估指南》、ISO/IEC 29190：2015《信息技术　安全技术　隐私能力评估模型》等。重点领域标准结合相关领域的实际情况和具体要求，指导行业有效开展重点领域数据安全工作，如 ISO/TS 12812-2：2017《移动金融服务　第 2 部分：移动金融服务的安全和数据保护》、ISO 23195：2021《第三方支付服务信息系统的安全目标》、ITU - T X. 1033—2016《运营商个人信息服务安全指南》、ITU - T X. 1040—2017《电子商务数据生命周期管理安全参考架构》等。

表 6-7　国际标准组织的部分数据安全标准

标准编号	标准名称	适用范围/摘要
ISO/IEC 19086-4：2019	*Cloud computing. Service level agreement (SLA) framework-Part 4: Components of security and of protection of PII* 《云计算　服务水平协议（SLA）框架　第 4 部分：PII 的安全和保护组件》	本文件规定了云服务级别协议中个人可识别信息组件、服务等级目标（SLO）、服务质量目标（SQO）的安全和保护，包括要求和指南。 本文件适用于云服务提供商（CSPs）和云服务消费者（CSC）。
ISO/IEC 20547-4：2020	*Information technology—Big data reference architecture—Part 4: Security and privacy* 《信息技术　大数据参考架构　第 4 部分：安全与隐私保护》	本文件规定了适用于大数据参考体系结构（BDRA）的安全和隐私方面，包括大数据角色、活动和功能组件，还提供了大数据安全和隐私操作指南。
ISO/IEC 20889：2018	*Privacy enhancing data de-identification terminology and classification of techniques* 《增强隐私的数据去标识术语和技术分类》	本文件描述了增强隐私的数据去标识技术，适用于根据 ISO/IEC 29100 中的隐私原则描述和设计去标识方法。 特别是，本文件规定了术语、根据去标识技术的特征对其进行技术分类，以及去标识技术在降低重新识别风险方面的适用性。

续表

标准编号	标准名称	适用范围/摘要
ISO/IEC 24745：2022	*Information security, cybersecurity and privacy protection— Biometric information protection* 《信息安全　网络安全和隐私保护　生物特征信息保护》	本文件涵盖了生物特征信息在存储和传输期间的保密性、完整性和可更新性/可撤销性的各种要求下的保护。它还为生物特征信息的安全和隐私兼容管理和处理提供了要求和建议。 本文件规定了以下内容： 分析生物识别和生物识别系统应用模型固有的威胁和对策；生物特征参考（BR）和身份参考（IR）之间安全绑定的相关要求；生物识别系统应用模型，具有不同的 BRs 存储和比较场景；生物特征信息处理过程中保护个人隐私的指南。 本文件不包括与物理安全、环境安全和加密技术密钥管理相关的一般管理问题。
ISO/IEC 27001：2022	*Information security, cybersecurity and privacy protection— Information security management systems — Requirements* 《信息安全、网络安全和隐私保护　信息安全管理系统　要求》	本文件规定了在组织范围内建立、实施、维护和持续改进信息安全管理系统的要求。本文件还包括根据组织需要评估和处理信息安全风险的要求。本文件中规定的要求是通用的，旨在适用于不同类型、规模或性质的组织。
ISO/IEC 27002：2022	*Information security, cybersecurity and privacy protection — Information security controls* 《信息安全　网络安全和隐私保护　信息安全控制》	本文件提供了一套通用信息安全控制的参考集，包括实施指南。本文件旨在供以下组织使用： (a) 基于 ISO/IEC 27001 的信息安全管理系统（ISMS）的背景下； (b) 根据国际公认的最佳实践实施信息安全控制； (c) 用于制定特定组织的信息安全管理指南。

续表

标准编号	标准名称	适用范围/摘要
ISO/IEC 27014：2020	*Information security, cybersecurity and privacy protection—Governance of information security* 信息安全、网络安全与隐私保护信息安全治理	本文件为信息安全治理的概念、目标和过程提供了指导，组织可以通过这些概念、目标、过程来评估、指导、监控和沟通组织内的信息安全相关过程。 本文件适用于所有类型和规模的组织。
ISO/IEC 27018：2019	*Information technology—Security techniques—Code of practice for protection of personally identifiable information (PII) in public clouds acting as PII processors* 《信息技术　安全技术　用作个人识别信息处理器的公共云中个人识别信息（PII）保护的实施规程》	本文件根据 ISO/IEC 29100 中针对公共云计算环境的隐私原则，为实施保护个人识别信息（PII）的措施确立了公认的控制目标、控制措施和指南。 特别是，本文件规定了基于 ISO/IEC 27002 的指南，并考虑了可适用于公共云服务提供商信息安全风险环境的 PII 保护监管要求。
ISO/IEC 27037：2012	*Information technology—Security techniques—Guidelines for identification, collection, acquisition and preservation of digital evidence* 《信息技术　安全技术　识别、收集、获取和保存数字证据的指南》	本文件为处理数字证据的具体活动提供了指南，这些活动包括识别、收集、获取和保存可能具有证据价值的潜在数字证据。 它就数字证据处理过程中遇到的常见情况向个人提供指导，并协助组织执行法律程序，并促进司法管辖区之间的潜在数字证据交换。
ISO/IEC 27040：2024	*Information technology—Security techniques—Storage security* 《信息技术　安全技术　存储安全》	本文件提供了详细的技术指导，说明组织如何通过对数据存储安全性的规划、设计、记录和实施采用经过充分验证一致的方法来定义适当的风险缓解级别。存储安全性适用于存储信息的保护（安全性），以及通过与存储相关的通信链路传输信息的安全性。存储安全包括设备和介质的安全、与设备和介质相关的管理活动的安全、应用程序和服务的安全，以及在设备和介质的生命周期内和使用结束后与最终用户相关的安全。

续表

标准编号	标准名称	适用范围/摘要
ISO/IEC 27400：2022	*Cybersecurity—IoT security and privacy—Guidelines* 《网络安全　物联网安全和隐私指南》	本文件提供了物联网解决方案安全和隐私的风险、原则和控制指南。
ISO/IEC 27551：2021	*Information security, cybersecurity and privacy protection—Requirements for attribute-based unlinkable entity authentication* 《信息安全、网络安全和隐私保护　基于属性的不可链接实体认证要求》	本文件提供了一个框架，并确立了基于属性的不可链接实体认证（ABUEA）的要求。
ISO/IEC 27701：2019	*Security techniques—Extension to ISO/IEC 27001 and ISO/IEC 27002 for privacy information management—Requirements and guidelines* 《安全技术　ISO/IEC 27001 和 ISO/IEC 27002 关于隐私信息管理的扩展　要求和指南》	本文件规定了建立、实施、维护和持续改进隐私信息管理系统（PIMS）的要求和指南，该系统是 ISO/IEC 27001 和 ISO/IEC 27002 的扩展，用于组织范围内的隐私管理。
ISO/IEC 29100：2024	*Information technology—Security techniques—Privacy framework* 《信息技术　安全技术　隐私框架》	本文件提供了一个隐私框架：指定一个通用的隐私术语；定义参与者及其在处理个人识别信息（PII）中的角色；描述隐私保护注意事项；及为信息技术提供已知隐私原则的参考。 本文件适用于涉及指定、采购、架构、设计、开发、测试、维护、管理和运营信息和通信技术系统或服务的自然人和组织，其中处理 PII 需采取隐私控制。

续表

标准编号	标准名称	适用范围/摘要
ISO/IEC 29101：2018	*Information technology—Security techniques—Privacy architecture* framework 《信息技术　安全技术　隐私体系结构框架》	本文件定义了一个隐私架构框架，该框架： ——指定处理 PII 的 ICT 系统的关注点； ——列出实施此类系统的组件； ——提供与这些组件关联的体系结构视图。 本文件适用于参与指定、采购、架构、设计、测试、维护、管理和操作处理 PII 的 ICT 系统的实体。
ISO/IEC 29134：2023	*Information technology—Security techniques—Guidelines for privacy impact assessment* 《信息技术　安全技术　隐私影响评估指南》	本文件给出了隐私影响评估流程，以及隐私影响评估指南（PIA）报告的结构和内容。 它适用于所有类型和规模的组织，包括上市公司、私营公司、政府实体和非营利组织。 本文件涉及参与设计或实施项目的各方，包括操作数据处理系统和处理 PII 的服务各方。
ISO/IEC 29151：2017	*Information technology—Security techniques—Code of practice for personally identifiable information protection* 《信息技术　安全技术　个人识别信息保护的实施规程》	本文件确立了实施控制的控制目标、控制措施和指南，以满足与个人识别信息（PII）保护相关的风险和影响评估确定的要求。 特别是，规定了基于 ISO/IEC 27002 的指南，并考虑了在组织的信息安全风险环境中可能适用的处理 PII 的要求。 本文件适用于作为 PII 控制者（定义见 ISO/IEC 29100）的所有类型和规模的组织，包括公共和私营公司、处理 PII 的政府实体和非营利组织。

续表

标准编号	标准名称	适用范围/摘要
ISO/IEC 29184：2020	*Information technology—Online privacy notices and consent* 《信息技术　在线隐私声明和同意》	本文件规定了影响在线隐私通知内容和结构的控制措施，以及请求同意收集和处理个人识别信息（PII）的过程。 本文件适用于PII控制者或处理PII的任何其他实体通知PII负责人处理的任何在线环境。
ISO/IEC 29190：2015	*Information technology—Security techniques—Privacy capability assessment model* 《信息技术　安全技术　隐私能力评估模型》	本文件为组织提供了关于如何评估其管理隐私相关流程能力的指导。 特别是制定评估过程中的步骤，以确定隐私能力；制定隐私能力评估的级别；就可评估隐私能力的关键流程领域提供指导；为实施过程评估的人员提供指导；就如何将隐私能力评估整合到组织运营中提供指导。
ISO/IEC 29191：2012	*Information technology—Security techniques—Requirements for partially anonymous, partially unlinkable authentication* 《信息技术　安全技术　半匿名和部分不可链接的身份认证要求》	本文件提供了一个框架，并确定了部分匿名、部分不可链接身份验证的要求。
ISO/TS 12812-2：2017	*Core banking—Mobile financial services—Part 2: Security and data protection for mobile financial services* 核心银行系统　移动金融服务　第2部分：移动金融服务的安全和数据保护	本文件描述并规定了移动金融服务（MFS）的安全管理框架。具体包括安全策略设计的通用模型、最低限度的安全要求、移动设备认证和金融消息安全交换和外部认证的推荐加密协议和机制、保护敏感数据的建议等内容。

续表

标准编号	标准名称	适用范围/摘要
ISO 23195：2021	*Security objectives of information systems of third-party payment services* 《第三方支付服务信息系统的安全目标》	本文件定义了第三方支付（TPP）中使用的通用术语。建立了两个逻辑结构模型，其中明确了要保护的资产。并基于对逻辑结构模型的分析以及受威胁、组织安全策略和假设影响的资产之间的相互作用，制定了安全目标。制定这些安全目标是为了应对提供支付服务的 TPPSP 的中介性质所带来的威胁，而不是支付方和收款方直接与各自的账户服务支付服务提供商（ASPSP）互动的更简单的支付模式。本文件假设以 TPP 为中心的支付依赖使用 TPPSP 凭证和相应的认证流程进行发放、分发和续期。然而，此类过程的安全目标不在本文件范围内。
ITU-T X. 1033—2016	*Guidelines on security of individual information services provided by operators* 《运营商个人信息服务安全指南》	本文件为电信运营商提供的个人信息服务的安全性提供了指导。本文件的范围涵盖了个人信息服务的分类、安全要求、机制和协调。
ITU-T X. 1040—2017	*Security reference architecture for lifecycle management of e-commerce business data* 《电子商务数据生命周期管理安全参考架构》	ITU-T X. 1040 分析了电子商务服务生态系统的主要特征和所面临的典型威胁，提供了电子商务业务数据生命周期管理的安全参考架构。
ITU-T X. 1058—2017	*Information technology—Security techniques—Code of practice for personally identifiable information protection* 《信息技术　安全技术　个人身份信息保护实施规程》	本文件制定了控制目标、控制手段，并为实施控制制定相应指南，以满足在对个人识别信息（PII）保护进行风险和影响评估时出现的各项要求。特别是，本文件基于 ISO/IEC 27002，对有关指南进行规定，考虑到了处理 PII 的要求，可用于应对机构信息安全面临的各项风险环境。

续表

标准编号	标准名称	适用范围/摘要
ITU-T X. 1080. 0—2017	*Access control for telebiometrics data protection* 《远程生物特征数据保护的访问控制》	本文件对如何保护远程生物识别信息免受未经授权的访问进行规范。
ITU-T X. 1603—2018	*Data security requirements for the monitoring service of cloud computing* 《云计算监控服务数据安全要求》	本文件分析了云计算监控服务的数据安全要求，包括监控数据范围要求、监控数据生命周期、监控数据采集的安全要求和监控数据存储的安全要求。
ITU-T X. 1641—2016	*Guidelines for cloud service customer data security* 《云服务客户数据安全指南》	本文件为云计算中的云服务客户（CSC）数据提供了通用安全指南，分析 CSC 数据安全生命周期，并提出数据生命周期每个阶段的安全要求。

2. 美国的数据安全标准

美国国家标准与技术研究院（NIST）于 2012 年 6 月启动了大数据相关基本概念、技术和标准需求的研究，2013 年 5 月成立了 NST 大数据公共工作组（NBG-PWG），其现有数据安全标准主要涉及信息系统安全和隐私控制、个人识别信息、数据完整性等主题。美国国家标准协会（ANSI）也发布了金融数据安全相关标准（见表 6-8）。

表 6-8　美国的部分数据安全标准

标准编号	标准名称	适用范围/摘要
NIST SP 800-37 Rev. 2	*Risk Management Framework for Information Systems and Organizations: A System Life Cycle Approach for Security and Privacy* 《信息系统和组织的风险管理框架：安全和隐私的系统生命周期方法》	本文件介绍了风险管理框架（RMF），并提供了将 RMF 应用于信息系统和组织的指南。RMF 为管理安全和隐私风险提供了一个严格、结构化和灵活的流程，其中包括信息安全分类；控制选择、实施和评估；系统和通用控制授权；以及持续监测。

续表

标准编号	标准名称	适用范围/摘要
NIST SP 800-53 Rev. 5	*Security and Privacy Controls for Information Systems and Organizations* 《信息系统和组织的安全和隐私控制》	本文件旨在开发下一代安全和隐私控件，以加强和支持联邦政府和关键基础设施的各个部门。
NIST SP 800-122	*Guide to Protecting the Confidentiality of Personally Identifiable Information (PII)* 《个人身份信息保密指南》	本文件旨在协助联邦机构保护信息系统中个人身份信息（PII）的机密性。本文件提供了实用的、基于上下文的指导，用于识别 PII 并确定适合每个 PII 实例的保护级别。该文件还提出了可能为 PII 提供适当保护的保障措施，并为制订涉及 PII 事件的应对计划提供了建议。
NIST SP 1500-4 Rev. 2	*NIST Big Data Interoperability Framework*: *Volume 4*, *Security and Privacy Version 3*《大数据互操作框架：第 4 卷》《安全与隐私（第 3 版）》	第 4 卷考虑了与大数据相关的安全和隐私的新方面，审查了安全和隐私用例，提出了安全和保密分类法，介绍了 NIST 大数据参考体系结构（NBDRA）的安全和保密结构的细节，并开始将安全和保密用例映射到 NBDRA。
NIST SP 1800-11	*Data Integrity*: *Recovering from Ransomware and Other Destructive Events* 《数据完整性：从勒索软件和其他破坏性事件中恢复》	本指南展示了组织如何实施技术，以便在数据损坏事件后立即采取行动。
NIST SP 1800-25	*Data Integrity*: *Identifying and Protecting Assets Against Ransomware and Other Destructive Events* 《数据完整性：识别和保护资产免受勒索软件和其他破坏性事件的影响》	该项目探索了有效识别可能成为数据完整性攻击目标资产（设备、数据和应用程序）的方法，以及组织系统中促成这些攻击的漏洞，探索了使用备份、安全存储、完整性检查机制、审计日志、漏洞管理、维护和其他潜在解决方案来保护这些资产免受数据完整性攻击的方法。

续表

标准编号	标准名称	适用范围/摘要
NIST SP 1800-26	*Data Integrity: Detecting and Responding to Ransomware and Other Destructive Events* 《数据完整性：检测和响应勒索软件和其他破坏性事件》	该项目详细介绍了可以检测、缓解和包含企业网络组件中的数据完整性事件的方法和潜在工具集，确定了有助于安全团队应对此类事件的工具和策略。
ANSI X 9.84—2018	*Biometric Information Management and Security for the Financial Services Industry* 《金融服务业生物识别信息管理与安全》	本标准描述了在金融服务中使用生物特征对个人进行身份验证的安全框架，介绍了生物识别技术的类型，并解决了有关其应用的问题。本标准还描述了实施的体系结构，规定了有效管理的最低安全要求，并提供了适合专业从业人员使用的控制目标和建议。在本标准范围内，讨论了以下主题：生物测定数据收集、分发和处理的安全性，包括数据完整性、数据机密性、来源真实性和不可否认性。
ANSI X9. 134-2—2021	*Security and Data Protection for Mobile Financial Services* 《移动金融服务的安全和数据保护》	本标准第 2 部分旨在帮助移动金融服务（MFS）开发人员和提供商（MFSP）根据 MFSP 设计、记录、实施和维护的安全策略，评估和选择要管理的 MFS 的安全机制。
ANSI X9. 141-1—2021	*Financial and Personal Data Protection and Breach Notification Standard-Part 1: Data Protection* 《金融和个人数据保护和违约通知标准　第 1 部分：数据保护》	本标准提供了有关消费者信息、业务数据、一般数据保护和违规通知的要求、建议和信息。

（三）世界主要国家和地区数据安全治理的方法策略

1. 美国

（1）数据安全治理框架

一是美国 IT 独立咨询机构 Gartner Group 提出的数据安全治理（Data Security Governance，DSG）。2017 年，IT 独立咨询机构 Gartner Group 提出了数据安全治理概念，从方法论的角度阐述了数据安全治理的框架。DSG 不仅是工具组合的解决方案，也是一套包括从前提、目标到技术支撑的完整理念和方法论，从决策层到技术层，从管理制度到工具支撑，从上而下到整个组织的完整链条。Gartner 同时强调组织层级间需要对数据安全治理的理念形成共识，适当选取合理的措施，尽可能有效保护数据资源。

Gartner 提出了 DSG 治理框架，分为 5 个步骤，如图 6-1 所示。

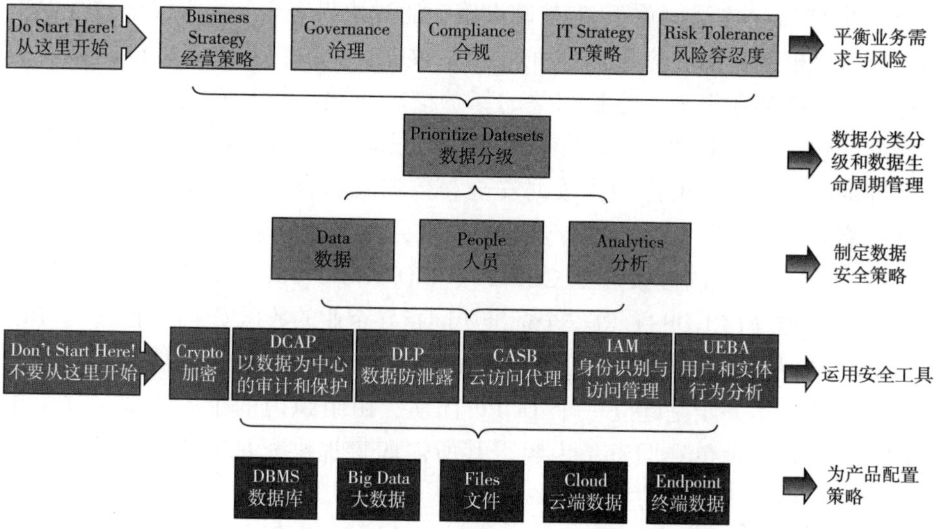

图 6-1 Gartner 提出的 DSG 治理框架

第一步，保持业务需求与风险/威胁/合规性之间的平衡。具体包括经营策略、治理、合规、IT 策略和风险容忍度 5 个要素。

第二步，实行数据分级分类。梳理全部数据资产，进行数据分级分类，运用不同的安全工具。

第三步，制定策略，降低风险。根据访问者身份和权限，采取不同的安全策略。

第四步，运用不同的安全工具进行支撑。DSG 模型描述的 6 种安全工具分别为 Crypto（加密）、DCAP（以数据为中心的审计和保护）、DLP（数据防泄露）、CASB（云访代理）和 IAM（身份识别与访问管理）、UEBA（用户和实体行为分析）。

第五步，保持安全策略同步。安全策略同步主要针对 DCAP 的实施而言，集中管理数据安全策略是 DCAP 的核心功能，而无论采取访问控制、脱敏、加密和令牌化中的哪种手段，都必须保持对数据访问和使用的安全策略同步下发，策略执行对象应包括关系型数据库、大数据类型、文档文件、云端数据等数据类型。

二是微软（Microsoft）的 DGPC 框架。2010 年，微软针对数据安全治理提出了专门强调隐私、保密和合规的数据安全治理框架（DGPC：Data Governance for Privacy，Confidentiality and Compliance），希望企业和组织能够以统一的跨学科的方式来实现目标，而非组织内不同部门独立实现。该框架解决了传统的 IT 安全方法侧重于 IT 基础设施，通过边界安全与终端安全进行保护的问题。该框架提出，应重点加强对存储数据的保护，并随基础设施移动加强保护。该框架还提出，隐私相关的保护措施必须超越与安全重叠的隐私保护措施，包括重点获取、保护和执行有关数据收集、处理或第三方数据共享等方面的措施。该框架强调，数据安全和数据隐私合规责任需要通过一套统一的控制目标和控制行为，进行合理化处理，以满足规定。DGPC 框架与企业现有的 IT 管理和控制框架（如 COBIT）、ISO/IEC 27001/27002 和支付卡行业数据安全标准（PCI DSS）等安全标准协同指导企业的数据安全治理工作。DGPC 框架围绕人员、流程和技术三个要素构建数据安全治理的核心能力。

①人员。第一步是建立一个 DGPC 团队，由组织内的个人组成，并给予他们明确规定的角色和职责，为履行其所需职责提供充足的资源，并就整体数据治理目标提供明确的指导。

②流程。有了合适的人参与 DGPC 的工作，组织就可以专注于定义流程。首先，检查各种权威性文件（法律法规、标准规范、公司政策和战略文件），明确必须满足的要求。其次，确定指导原则和政策，以产生适合这些要求的环境。最后，组织应在特定数据流的场景下识别威胁数据安全、隐私和合规的风险所在，分析相关风险并确定适当的控制对象和行为。

③技术。微软开发了一种方法分析特定的数据流，并识别信息安全管理系统和控制框架的风险，这种风险是更广泛的保护措施可能无法解决的特定数据流产生的风险。这种方法需填写一份“风险/差距分析矩阵”的表格，该表格围绕三个要素构建，包括信息生命周期、四个技术领域以及组织的数据隐私和保密原则。

（2）跨境隐私规则策略

2022 年 4 月，美国推动发起全球跨境隐私规则（Cross-Border Privacy Rules，CBPR）论坛，建立 CBPR 和处理者隐私识别（Privacy Recognition for Processors，PRP）系统认证，推广跨境隐私规则体系，促进跨境数据自由流通与有效的隐私保护。美国发起 CBPR 论坛的主要目的是将亚太经合组织（the Asia-Pacific Economic Cooperation，APEC）框架下的 CBPR 体系转变成一个全球所有国家都可以加入的体系。该体系可为企业提供有效的金融数据隐私和保护认证标准，且具有保护标准较低、执行机制较高等特点。

2. 欧盟

欧盟在数据安全治理方面也有一些较为成熟的方法策略，具体包括以下几个方面。

一是提出与相关法律配套的认证机制，促进数据立法实施。欧盟在《通用数据保护条例》中提出了认证机制。其第五部分第 42 条提出“成员国、监管机构、欧盟数据保护委员会和欧盟委员会应当鼓励（尤其是在欧盟层面）建立数据保护认证机制、数据保护认证标志，以证明数据控制者和处理者的处理操作符合本条例”。同时，在 2022 年 5 月 13 日发布的《2022 年第 15 号决定》中，卢森堡数据保护监管机构（CNPD）采用了新的认证机制 GDPR-CARPA（General Data Protection Regulation-Certified Assurance Report-Based Processing Activities），GDPR-CARPA 旨在证明数据持有方和数据处理方的个人数据处理行为符合 GDPR 的要求。

二是通过欧美数据隐私框架建立数据跨境认证机制。

2000 年至今，欧盟与美国之间先后通过“欧美安全港框架”“欧美隐私盾协议”和“欧美数据隐私框架”达成跨大西洋数据传输协议。其中，欧美安全港框架（EU-US Safe Harbor Framework）是指欧盟委员会在 2000 年通过“充分保护决定”，承认“欧美安全港框架”对个人数据的保护程度达到了欧盟的要求，允许组织通过该框架传输欧盟个人数据。然而，2015 年欧洲法院在 Maximillian Schrems 诉数据保护专员案（Schrems I 案）中宣布该框架为无效机制。欧美隐私盾协议（EU-US Privacy Shield）是指为解决“安全港框架”的无效问题，欧盟委员会于 2016 年再次通过“充分性决定”，批准了“欧美隐私盾协议”。该协议要求美国确保对欧盟数据主体提供足够的数据隐私保护。然而，2020 年欧洲法院在 Schrems II 案中宣布“隐私盾协议”同样无效。欧美数据隐私框架（EU-U. S. Data Privacy Framework，DPF）是指欧盟和美国于 2022 年 3 月宣布双方原则上同意建立新的跨大西洋数据隐私框架，以解决欧洲法院在 Schrems II 案中提出的问题。2022 年 12 月，欧盟委员会发布了“欧美数据隐私框架的充分性决定草案”，并于 2023 年 5 月经欧洲议会表决通过。

欧美 DPF 由欧洲委员会和美国商务部制定，是基于“欧盟—美国数据隐私框架原则”的认证体系。DPF 旨在推动跨大西洋商业往来，并确保与欧盟法律一致水平的数据保护，为美国组织从欧盟/欧洲经济区向美国进行数据传输提供可靠的机制。DPF 自 2023 年 7 月 10 日欧盟委员会通过“欧盟—美国数据隐私框架的充分性决定”之日起生效。欧盟对 DPF 做出的充分性决定将在很大程度上减轻跨大西洋数据传输的合规难度。一方面，根据 DPF 取得认证的组织无须再采取任何其他数据跨境传输合规机制（例如标准合同条款或具有约束力的组织规则），即可将个人数据从欧盟转移至美国；另一方面，位于欧盟的数据出口方（data exporter）在将个人数据跨境传输至取得 DPF 认证的接收方时，不再强制要求开展转移风险评估（transfer impact assessment）。

DPF 认证机制由美国商务部国际贸易管理局（Department of Commerce’s International Trade Administration，以下简称美国 ITA）管理，由美国联邦贸易委员会（Federal Trade Commission，以下简称美国 FTC）和美国交通部（Department of Transportation，以下简称美国 DOT）负责执行。欧洲委员会通过定期检查监督数据隐私框架，并确保美国方面执行的合规性。欧盟和美国还设有定期联合审查的条款。如果美国未能履行承诺，欧洲委员会可以暂停数据隐私框架。在实施层面，美国已经建立了一个两层机制，旨在处理个人根据欧洲经济区的情况下向美国传输的数据对美国情报机构访问的投诉。个人可以向其所在欧盟成员国的国家数据保护机构提交投诉，然后通过欧洲数据保护委员会（European Data Protection Board，EDPB）转交给美国。投诉的初步调查由美国公民自由保护官员进行。如有需要，个人可以向新成立的数据保护审查法庭（Data Protection Review Court，DPRC）提出申诉，该法庭是一个独立机构，由不属于美国政府的个人组成。DPRC 可以做出具有约束力的法律决定。

申请认证的组织可以通过 DPF 网站（www. dataprivacyframework. gov）进行自我认证，并具备以下条件：

①证明其将遵守 DPF 原则。DPF 的核心原则包括数据处理的目的限制，处理特殊类别数据的保障措施，保障数据的准确性、最小化和安全性，透明度，个人权利保障，转移至第三方/美国境外的限制、问责制。

②发布符合 DPF 原则的隐私政策。申请认证的组织应通过隐私政策向个人提供有关其数据处理活动的清晰且可访问的信息，包括收集数据的目的以及个人对其数据拥有的权利，以符合 DPF 的透明度要求。

③提供独立的追索机制，以用于调查有关组织不遵守 DPF 的投诉。申请认证的组织必须为数据主体提供简单易行的投诉方式，在不给个人带来任何费用的情况下快速、公平地解决问题，且必须在 45 天内回复数据主体。

④同意接受调查和执法。符合条件的申请认证组织向美国 ITA 进行自我

认证，并公开声明其致力于遵守数据隐私框架的原则，该承诺就在美国法律下可强制执行，相关执法机构包括美国 FTC、美国 DOT 或其他相关政府机构。

三是打造单一金融数据空间，加强预处理数据的使用。2020 年，欧盟委员会发布了《欧洲数据战略》，提出建立欧盟单一数据空间，构建欧盟内统一的数据治理框架，创设包括金融、工业（制造业）等在内的 9 个数据空间。该战略秉持默认开放和非歧视开放的基本原则，欧盟重点推动受保护数据的开放。此类数据仅能开放预处理数据，并设置了访问和使用数据的安全环境要求或者在指定物理场所内访问的限制条件。预处理数据经过一系列的处理后，已剔除了数据集中的冗余信息、错误信息和敏感信息，为下一步处理数据奠定了基础，成为可以建模、测算、整合、处理的数据集。

四是通过法律融合促进跨境数据流动，建立金融数据联盟。2017 年，欧盟委员会发布了《在全球化世界中交换和保护金融数据》报告，该报告不仅阐述了国际数据传输的相关政策，而且提倡通过法律融合来促进跨境数据流动，并鼓励其他国家参考和借鉴欧盟设立的金融数据保护法律。在国际金融数据传输机制方面，目前欧盟与日本、韩国等国家达成了金融数据联盟关系。

3. 日本

2019 年，日本提出在 WTO 的框架下使用“数据治理大阪轨道”，即所谓的“大阪轨道”（The Osaka Track）倡议，提出可信数据可以自由流动，以及鼓励 G20 峰会讨论全球范围的数据治理。“大阪轨道”建立在信任基础上，促进数据流动领域国际规则的制定工作，促进全球治理在国际贸易、法律、规定、技术和其他治理领域，以及对政府、企业和用户具有强制约束力和非强制的规则方面进行合作。

4. 韩国

2022 年 4 月，韩国在《数据产业振兴和利用促进基本法》全面实施后，还发布了“数据产业振兴综合计划”，并成立了“国家数据政策委员会”，韩国总理为委员长。作为国家数据和新产业政策的管理机构，该委员会由各主管部门代表和个人信息保护机构代表共同组成。该法规定要建立国家数据指挥中心，即“国家数据政策委员会”，系统培育数据交易、分析服务商等数据专业企业，培育作为数字经济时代具有创新推动作用的数据经纪商，打造数据资产价值和数据权利得到保护的市场。

5. 印度

针对个人数据使用的技术法律框架，印度国家转型研究所于 2020 年 8 月发布《数据授权和保护架构框架草案》（*Data Empowerment and Protection Ar-*

chitecture，DEPA）。DEPA 具有交易成本低、安全性高的特点，旨在提供数据主体对其自身数据进行有意义控制的手段，促进数据提供者与数据使用者之间的数据共享，使数据主体从使用自身数据中获益。

DEPA 采取基于同意的电子框架，为数据共享利用提供双盲数据共享环境。该框架增强数据主体私有信息保护的核心策略是，将数据同意授权从数据主体中分离出来，数据主体、数据提供者和数据使用者之间的数据传输均通过数据同意管理者进行同意授权后进行加密传输。其架构如图 6-2 所示。

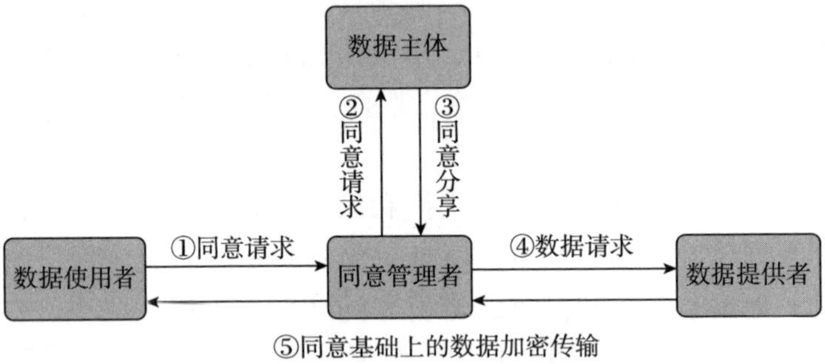

图 6-2　印度数据授权和保护架构（DEPA）

目前，DEPA 已在印度金融部门应用，具体业务流程见图 6-3。具体应用的业务流程如下：在数据主体发起数据传输前，该数据主体需要向同意管理器注册（见第 1 步），并且在注册过程中向同意管理者提供经批准的数据提供方列表（可能包括金融信息提供商、税务平台和保险公司等）。当数据主体向数据使用方（可能包括信贷机构、保险公司和个人财务经理等）寻求服务（第 2 步）时，数据使用方向同意管理器提交数据传输请求（第 3 步）。数据使用方从设计的一套模板中选择一个模板，包括指定数据传输的目的、满足该目的所需的特定数据以及数据将被保留的持续时间，并选择数据请求格式。只有在数据主体同意共享数据（第 4 步）后，同意管理器才会将数据请求提交给数据提供方（第 5 步）。在验证请求后，数据提供方通过端到端加密的方式将数据传输给同意管理器（第 6 步），同意管理器与数据使用方共享数据（第 7 步）。在整个业务流程中，同意管理器知道数据使用方和数据提供方的身份，但不能获知正在传输的数据内容。另一方面，数据使用方知道数据内容，但不能获知数据提供方的身份。类似地，数据提供方知道数据内容，但无法获知数据使用方的身份。通过同意管理器，将数据流与同意流进行分离，在尊重个人隐私的同时有效地传输了数据。

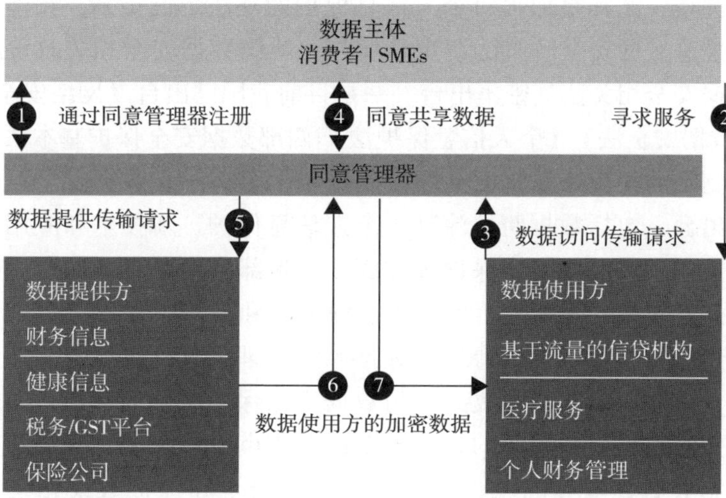

注：该图表描述了印度数据赋能与保护架构所运用的数据共享系统；GST=货劳税；SME=主题专家。

图 6-3　印度金融部门 DEPA 应用的数据共享系统

（资料来源：Tiwari S，Sharma S，Shetty S，et al. The design of a data governance system［J］. BIS Papers，2022.）

（四）借鉴与启示

1. 数据安全治理兼顾安全保护与共享利用

世界主要国家和地区的数据安全治理经验表明，为促进数据共享利用，大多在寻求数据的安全保护与共享利用之间的平衡。例如，此前美国倾向于促进数据共享利用，但近年来倾向通过立法加强数据隐私保护；欧盟在实施 GDPR 之后对数据主体的保护较严格，但近年来其立法开始转向促进私人部门和公共部门数据的共享利用，释放数据价值。总体而言，各国对公民个人信息权益的安全保护是趋严的。我国对数据安全的治理与世界主要国家和地区的做法基本一致，坚持以数据开发利用和产业发展促进数据安全，以数据安全保障数据开发利用和产业发展，数据安全治理并不强调数据的绝对安全，而是兼顾发展与安全之间的平衡。

2. 进一步完善数据安全治理的法律法规体系

从世界各国和地区的立法实践看，各国对数据安全的治理均从国家层面进行了立法，如美国的数据安全立法可追溯到 1970 年发布的《公平信用报告法》，至今已有 60 多年的立法实践；日本最早可追溯到 1988 年发布的《行政机关计算机处理的个人信息保护法》。其他国家和地区近几年也加快了数据安全的立法进程，尤其是加强对个人信息保护的立法。近年来，我国相关部门持续积极推进数据安全政策的制定与实施，我国数据安全相关政策布局不断提速，数据安全相关法规密集出台。一是目前我国已出台《网络安全法》《民法典》《数据安全法》《个人信息保护法》四部数据安全保护基本法。二是围绕基本法制定的配套法规制度在加快制定和出台。三是数据安全相关的国家标准密集出台，包括数据跨境流动、个人信息保护、新技术和应用的数据安全防范、重点领域数据安全保护等方面。四是部分地区先行出台了数据安全保护政策。近年来，贵州省、西安市、深圳市和天津市探索了数据安全治理相关问题。例如，贵州省出台了大数据风险管理、政务数据开放共享等相关政策文件，旨在探索数据开放共享与数据安全保护之间的平衡；西安市和深圳市尝试探索数据权属问题的解决方案；天津市积极探索有效的数据交易流程，以规制数据贩卖等乱象。五是金融数据安全和保护政策相继制定。自2020年以来，人民银行、国家金融监督管理总局（原银保监会）和证监会相继发布金融数据安全和保护相关的政策标准，旨在规范金融行业的数据安全管理工作，提高数据安全保护能力。

借鉴世界主要国家数据安全保护的立法经验，我国仍需进一步加强和完善数据安全相关的法律法规体系。

一是进一步完善网络信息安全的法律法规。例如，借鉴韩国发布的《信用信息使用法和保护法》《位置信息保护和使用法》等细化完善我国的《数据安全法》。借鉴中国香港地区的《个人资料删除及匿名化指引》细化完善我国的《个人信息保护法》；借鉴其《降低和减轻与互联网交易相关的黑客攻击风险指引》《网络安全防卫计划》细化完善我国的《网络安全法》。借鉴日本发布的《行政机关计算机处理的个人信息保护法》进一步厘清行政机关管理活动与个人信息保护之间的边界。

二是进一步完善数据出境相关政策法规，保障数据跨境流动的安全。在经济金融全球化的背景下，我国跨境数据双向流动呈常态化趋势。近年来，我国数据出境政策相继出台。我国发布的《个人信息保护法》正式建立了数据出境安全的评估制度，《数据出境安全评估办法》对我国数据出境提出了具体要求，配套编制的《数据出境安全评估申报指南》可指导金融机构落实数据出境评估的具体要求，保证数据出境满足业务合规的要求。

世界主要国家和地区基本上都制定了数据跨境流动相关的政策法规，包括欧盟制定的《通用数据保护条例》《欧盟—美国数据隐私框架》，法国制定的《信息技术与自由法案》等。其中，2023年7月，欧盟委员会通过了《欧盟—美国数据隐私框架》（DPF）的充分性决定，确保美国对两国之间传输的个人数据的保护与欧盟提供的保护相当。同期，英国作出脱欧后第一个执法数据充分性决定，即英国与根西岛将实现与执法有关的个人数据的传输。回溯英国脱离欧盟后的动作，其计划将韩国与美国、澳大利亚、迪拜国际金融中心、哥伦比亚和新加坡，列为签署数据充分性协议的优先国家，还计划在长期内与巴西、印度、印度尼西亚和肯尼亚达成伙伴关系。

借鉴世界主要国家和地区数据跨境流动的立法经验，我国可依托 G20、世界互联网大会、“一带一路”高峰论坛等多边对话机制和国际性会议，宣传我国数据跨境流动的主张，积极参与全球数据治理规则制定，在当前双边、多边贸易谈判中增加关于数据跨境流动条款，建立国际金融数据传输机制和金融数据联盟，加强我国在数据跨境流动管理领域的国际合作。

三是进一步加强制定数据权属等领域的制度法规。在金融数据权属方面，要明晰数据分级分类的基本原则，进一步厘清金融数据的类型、特征、性质等，探索数据分类确权制度，并通过立法对数据产权归属进行界定。在金融数据交易流通方面，按照数据权属确定可交易流通数据的类型、范围和流通规则等，保护个人隐私安全。在数据垄断方面，在反垄断法和反不正当竞争法等法律基础上，进一步完善互联网平台数据垄断认定、数据收集使用管理、消费者权益保护等方面的法律规范。在关键金融数据保护方面，可考虑出台专项法律法规对金融高价值特殊敏感数据进行分类保护，对金融关键信息基础设施运营者收集使用的重要数据分别进行单独防护，降低金融数据泄露风险。

3. 建立以数据为中心的数据安全治理标准体系和数据保护认证制度

近年来，我国相关部门加强了数据安全治理标准的研制。2016 年，全国信安标委（TC260）成立大数据安全标准特别工作组，主要负责数据安全、云计算安全等新技术、新应用的标准研制工作。为了贯彻落实我国数据安全保护基本法，金标委（TC180）研制了 JR/T 0197—2020《金融数据安全　数据安全分级指南》、JR/T 0223—2021《金融数据安全　数据生命周期安全规范》等多项金融数据安全行业标准。

从国际标准组织和美国研制的数据安全标准来看，国际数据安全标准侧重隐私保护的制度方法和数据安全的技术防护，标准专注细分领域，对数据安全和隐私保护的指导性较强。金融数据的高效开发和利用，涵盖了数据的采集、传输、存储、使用、共享、销毁等全生命周期的各个环节。由于不同环节的特性不同，都面临复杂多样的数据安全威胁与风险。借鉴数据安全领域的国际标准，可考虑构建以数据为中心的数据安全治理标准体系，根据具体的金融业务场景和各生命周期环节，有针对性地识别并解决其中存在的金融数据安全问题，制定相关数据安全标准来防范金融数据安全风险。根据数据安全法律法规落地实施情况，研制相关配套的数据安全标准，促进相关法律法规的贯彻实施。

目前，我国较成熟的数据安全评估/认证主要有 DSG 评估、DSMM 评估/认证和 DSM 认证。其中，DSG 评估是依照《数据安全治理能力评估方法》推出的数据安全治理能力评估。DSMM 评估/认证是按照《信息安全技术　数据安全能力成熟度模型》实施的数据安全能力成熟度评估/认证。DSM 认证是依据 GB/T 41479—2022《信息安全技术　网络数据处理安全要求》开展的数据安全管理认证。国际数据安全相关认证包括 ISO 27001（信息安全管理体系）认证、ISO 27701（隐私信息管理体系）认证等。为加强我国金融数据安全治理，可考虑将 DSG 评估、DSMM 评估/认证和 DSM 认证与金融业务场景进行结合，建立金融数据安全治理的评估/认证。借鉴欧盟在《通用数据保护条例》中提出的认证机制，建立我国的金融数据保护认证机制和金融数据保护认证标志，促进我国金融数据安全相关的政策法规和标准规范的实施。

4. 借鉴国际数据安全治理的方法策略，建立金融数据安全的技术防护体系

美国 Gartner DSG 参考框架、Microsoft DGPC 框架和跨境隐私规则策略均给出了数据安全治理的理念方法和解决方案，对我国金融数据安全治理的方法策略具有较好的参考作用。我国可借鉴以上基本框架和规则策略，从管理制度和技术工具等方面建立我国金融数据安全的技术防护体系。

在促进我国金融数据共享、流通和交易方面，可借鉴印度 DEPA 的技术方法，为数据共享利用提供双盲数据共享环境，将数据同意授权从数据主体中分离出来，数据主体、数据提供者和数据使用者之间的数据传输均通过数据同意管理者进行同意授权后的加密传输。

七、金融数据安全治理的基本框架

金融数据安全治理体系需要平衡数据安全和数据资产价值释放之间的关系，即金融数据安全治理体系除了满足数据安全合规要求以外，还需通过数据安全治理来促进数据资产的价值挖掘与实现，进而推动金融机构的数字化转型升级。对于金融机构的数据安全治理框架设计，除遵循数据安全治理标准外，还需要考虑严法律与强监管所带来高要求、数据资产要素化对数据安全带来新的挑战、数字化转型催生出新的数据安全治理场景及新兴智能技术带来新的风险等。具体可概括为一、二、三、四数据安全框架，具体如图 7-1 所示。

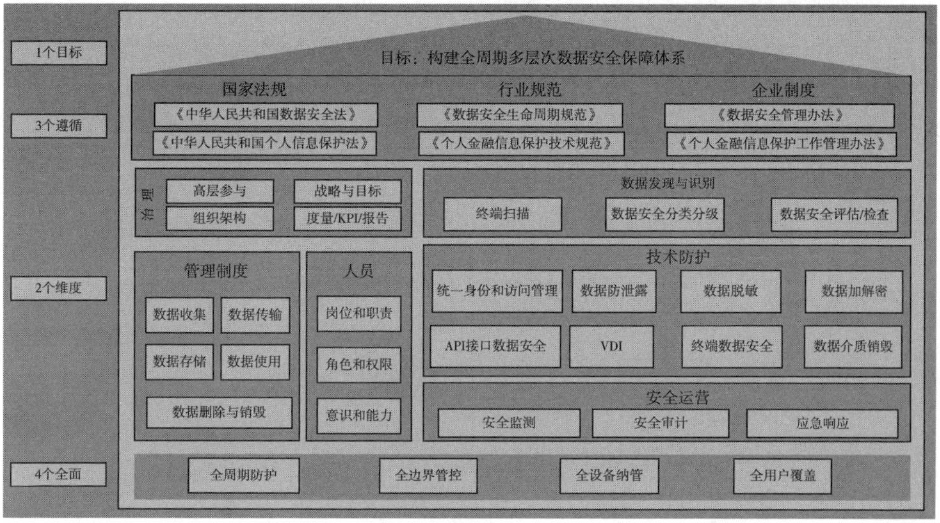

图 7-1　金融数据安全治理框架

1 个目标：以构建全生命周期多层次数据安全保障体系，确保安全合规基线、保障业务安全为目标。

2 个维度：从管理和技术两个维度体系化全方位保护数据安全。

3 个遵循：严格遵循国家法规、行业规范以及企业内部管理制度。

4个全面：坚持全周期防护、全边界管控、全设备纳管、全用户覆盖的建设思路，全周期防护是指围绕数据全生命周期做好防护，全边界管控是指做好所有数据传输和交换通道的边界管控，全设备纳管是对所有设备都纳入管控范围，全用户覆盖是指责任能力意识覆盖全辖人员。

（一）金融数据安全顶层设计

从治理框架、管理制度、技术工具三个层面，针对客户信息和企业数据实施数据采集、传输、存储、使用、删除销毁等全生命周期安全控制，持续提升金融数据安全防护能力。

一是构建综合安全治理框架。完善的安全治理框架将数据安全治理逐步向下分解为可落地的管理制度和技术工具，并从安全的角度对数据的安全策略和安全访问措施进行梳理及落地实践，最终提升数据资产的价值。

二是实施数据全生命周期安全管理。建立数据分类分级标准，规范数据生命周期全程安全控制，强化个人信息保护和隐私管理，加强数据应用管控。

三是建立层次化数据安全技术架构。空间维度上实施纵深防御，时间维度上实施全周期全链条防护。具体如图7-2所示。

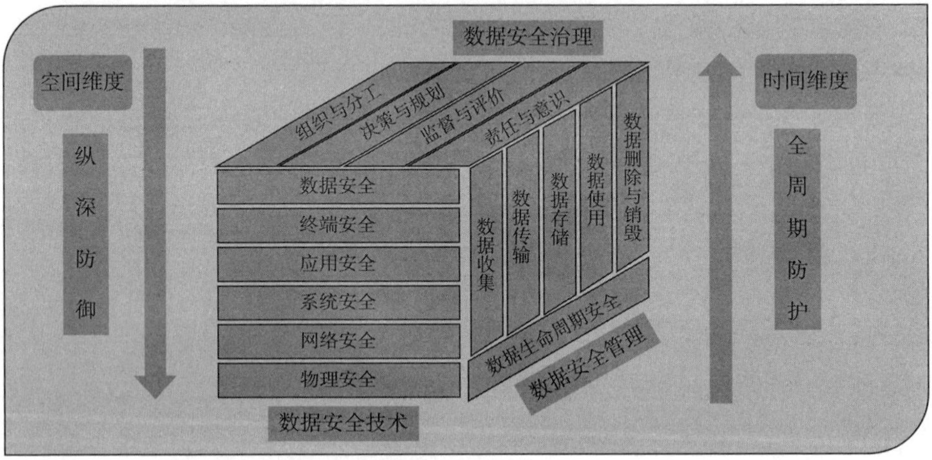

图7-2 金融数据安全顶层设计

（二）自上而下的数据安全组织架构

建立健全数据安全组织，不断完善金融机构高管层、安全专业部门、全辖机构共同参与的组织体系，实施数据安全全辖全员群防责任制，建立常态化安全内控督查、年度安全合规内控考核、员工安全违规问责等机制。

数据安全组织是落实数据安全治理体系的根本。数据安全治理是一项多元化主体共同参与的复杂工作，明确的组织架构有助于划分各参与主体的数据安全权责边界，促进协同机制的建立，使金融机构数据安全治理成为相互联系的有机整体。其中，安全组织和人员管控，是重中之重。强化数据安全责任，明确人员角色和权限，压实岗位职责，健全数据安全文化，将数据安全责任落实到每位员工，将自觉保护数据安全作为员工必须遵循的行为规范，以案例警示、培训、专家授课等多种方式，强化员工数据安全意识，营造“数据安全、人人有责”的良好氛围。

（三）全面完备的数据安全管理制度

数据安全制度规范是银行数据保护的基础和前提。在深入调研和解读国家及金融业在数据安全方面的合规要求的基础上，参照 ISO 27001 制度体系框架，分 4 个层级建立健全数据安全制度，第一级文件为高阶制度，涵盖数据安全策略和目标；第二级文件为数据安全和个人信息保护的各项管理制度和规范；第三级文件包括数据安全管理细则、规程、基线和预案；第四级文件涵盖各类手册、操作记录、日志文件等，具体如图 7-3 所示。

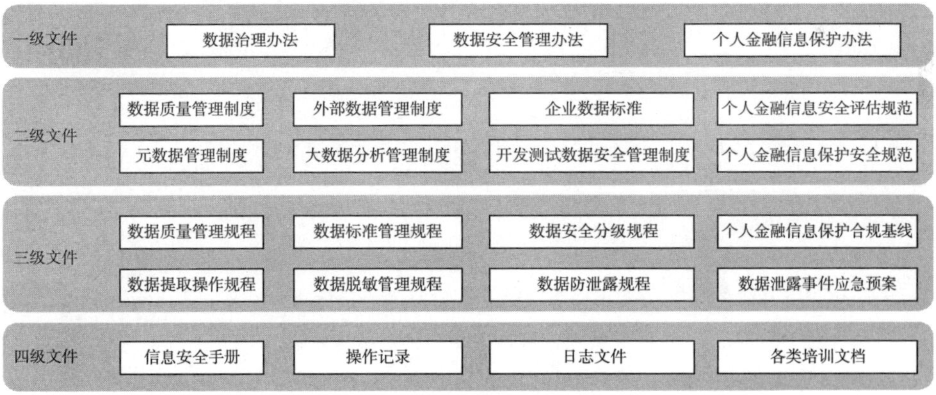

图 7-3　金融数据安全制度规范

根据人民银行要求，制定数据分级分类规范，依据数据价值和安全风险的不同对数据进行分级，共分为五级 300 余类，对不同安全级别的数据提出等级化安全防护要求，加强数据收集、存储、传输、使用、销毁生命周期全程控制。

（四）多层次立体化安全技术架构

数据依托网络和信息系统存在，数据安全不仅局限于数据本身，而且扩展到网络和系统的各个领域。数据安全技术是支撑数据安全战略实施的关键环节，数据安全技术体系并非单一产品或平台的构建，需要建立多层次化立体化数据安全技术架构，实施纵深防御策略，遵循主动防御思想，在数据、终端、应用、系统、网络、物理等各个层面部署安全管控措施及工具，每个层面使用身份认证、访问控制、安全控制、监控审计、备份恢复等安全技术，从而实现多层次、全方位、立体化的安全保护，具体如图 7-4 所示。

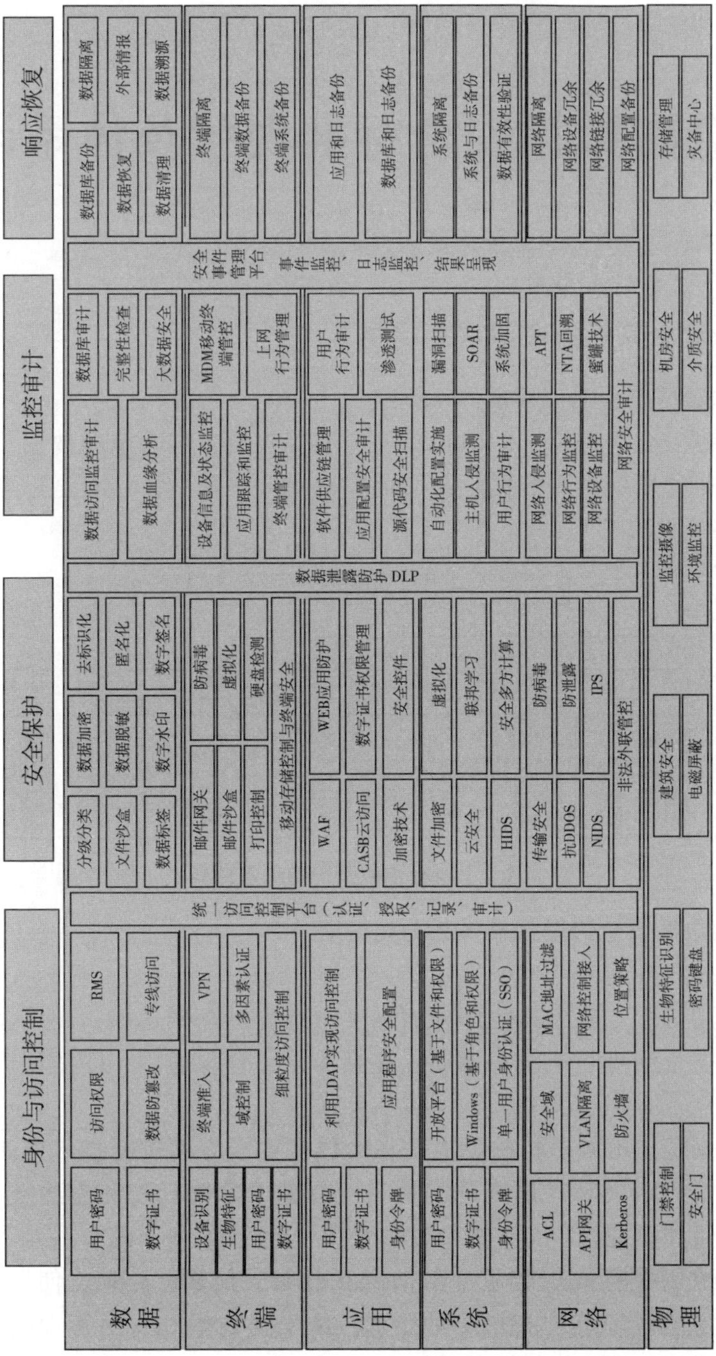

图7-4　金融数据安全技术架构

八、金融数据安全标准现状及体系设计

（一）金融数据安全治理标准体系

1. 金融数据安全治理标准体系框架

金融数据安全治理标准的建设首先应明确建设方向。金融数据治理标准体系包括基础通用标准、数据生命周期安全标准、基础设施安全标准 3 个方面，如图 8-1 所示。

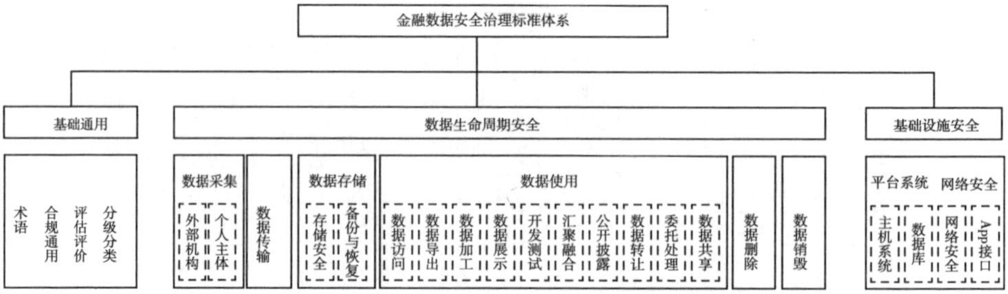

图 8-1　金融数据安全治理标准体系

2. 金融数据安全治理标准体系分类说明

（1）基础通用标准

基础通用标准主要为其他部分的标准制定提供基础遵循，支撑金融机构之间对数据安全治理达成统一理解，包括术语、合规通用、评估评价和分级分类等标准。

①数据安全技术术语相关标准是在大数据安全方面进行技术交流的基础语言，规范术语定义和术语之间的关系，有助于准确理解和表达技术内容，方便技术交流和研究。

②合规通用类标准规定了金融信息在收集、传输、存储、使用、删除、销毁等生命周期各环节的安全防护要求，从安全技术和安全管理两个方面，对金融信息保护提出了规范性要求。

③评估评价类标准用于指导金融业机构合理制定和有效落实金融数据安

全评估策略，进一步提高金融数据安全保护水平和数据安全应用能力，最大限度发挥金融数据价值。同时规定了数据战略、数据治理、数据架构、数据规范、数据保护、数据质量、数据应用、数据生存周期管理能力域的划分，明确了相关能力项，提出了每个能力项的建设目标和思路。

④分级分类等标准用于金融机构开展电子数据安全分级工作，并为第三方评估机构等单位开展数据安全检查与评估工作提供参考。同时给出了数据分类分级的原则和方法，指导金融数据处理者开展数据分类分级工作。

（2）数据生命周期安全标准

①数据采集相关标准针对数据采集过程存在数据泄露、数据源伪造、特权账户滥用、数据篡改等安全风险提出工作指导，同时对数据伦理提出要求。

②数据传输相关标准针对数据传输过程存在数据传输中断、篡改、伪造及窃取等安全风险提出工作指导，主要针对数据加密和网络传输。

③数据存储相关标准针对数据存储过程，可能存在数据泄露、篡改、丢失、不可用等安全风险工作指导，主要针对存储安全、备份和恢复。

④数据使用相关标准针对数据使用过程存在数据非授权访问、窃取、泄露、篡改、损毁等安全风险，主要针对数据的访问、导出、加工、展示、开发测试、汇聚融合、公开披露、数据转让、委托处理、数据共享等活动。

（3）基础设施安全标准

①平台系统

平台系统相关标准包括采用防病毒、边界防护、入侵防护、态势感知、威胁情报等手段保障系统平台各类设备的安全，以及保护数据库，以防止不合法使用所造成的数据泄露、更改或损坏的标准。

②网络安全

网络安全相关标准主要涵盖分析识别、安全防护、检测评估、监测预警、主动防御、事件处置等方面，提出关键网络基础设施安全保护要求，指导采取必要措施保护关键网络基础设施业务连续运行，及其重要数据不受破坏，切实加强关键信息基础设施安全保护；同时包括金融机构应用程序接口的类型与安全级别、安全设计、安全部署、安全集成、安全运维、服务终止与系统下线、安全管理等安全技术与安全保障要求。金融数据安全治理标准体系见表 8-1。

表 8-1　金融数据安全治理标准体系

序号	一级分类	二级分类	标准编号	标准名称	状态	实施时间
1	基础通用	术语	GB/T 25069—2022	信息安全技术术语	已发布	2022-10-01
2			JR/T 0236—2021	金融大数据术语	已发布	2021-12-29
3			GB/T 30283—2022	信息安全技术信息安全服务分类与代码	已发布	2022-11-01
4		合规通用	JR/T 0218—2021	金融业数据能力建设指引	已发布	2021-02-09
5			GB/T 35274—××××	信息安全技术大数据服务安全能力要求	征求意见稿	
6			JR/T 0171—2020	个人金融信息保护技术规范	已发布	2020-02-13
7			JR/T 0223—2021	金融数据安全数据生命周期安全规范	已发布	2021-04-08
8			银保监办发〔2021〕141 号	银行保险机构信息科技外包风险监管办法	已发布	2021-12-30
9			中国人民银行令〔2021〕第 4 号	征信业务管理办法	已发布	2021-09-27
10			GB/T 41479—2022	信息安全技术网络数据处理安全要求	已发布	2022-11-01
11			GB/T 37973—2019	信息安全技术大数据安全管理指南	已发布	2020-03-01
12			T/ISEAA 002—2021	信息安全技术网络安全等级保护大数据基本要求	已发布	2021-05-30
13			GB/T 35273—2020	个人信息安全规范	已发布	2020-03-06
14		评估评价	JR/T ××××—××××	金融数据安全数据安全评估规范	征求意见稿	
15			GB/T 37988—2019	信息安全技术数据安全能力成熟度模型	已发布	2020-03-01

续表

序号	一级分类	二级分类	标准编号	标准名称	状态	实施时间
16			T/ISC-0011—2021	数据安全治理能力评估方法	已发布	2021-07-01
17			GB/T 20984—2022	信息安全技术信息安全风险评估方法	已发布	2022-11-01
18			GB/T 39335—2020	个人信息安全影响评估指南	已发布	2020-03-06
19			国家互联网信息办公室令 第11号	数据出境安全评估办法	已发布	2022-09-01
20		分级分类	JR/T 0197—2020	金融数据安全数据安全分级指南	已发布	2020-09-23
21			GB/T ××××—××××	信息安全技术网络数据分类分级要求	征求意见稿	
22			GB/T 38667—2020	信息技术大数据分类指南	已发布	2020-11-01
23	数据生命周期安全	数据采集	GB/T 41391—2022	信息安全技术移动互联网应用程序（App）收集个人信息基本要求	已发布	2022-11-01
24			GB/T 41819—2022	信息安全技术人脸识别数据安全要求	已发布	2023-05-01
25			GB/T 41806—2022	信息安全技术基因识别数据安全要求	已发布	2023-05-01
26			GB/T 41807—2022	信息安全技术声纹识别数据安全要求	已发布	2023-05-01
27			JR/T 0258—2022	金融领域科技伦理指引	已发布	2022-10-09
28		数据传输	GB/T 19714—2005	信息技术安全技术公钥基础设施证书管理协议	已发布	2005-10-01
29			GB/T 20278—2022	信息安全技术网络脆弱性扫描产品安全技术要求和测试评价方法	已发布	2022-10-01

续表

序号	一级分类	二级分类	标准编号	标准名称	状态	实施时间
30			GB/T 37027—2018	信息安全技术网络攻击定义及描述规范	已发布	2019-07-01
31		数据存储	GB/T 36957—2018	信息安全技术灾难恢复服务要求	已发布	2019-07-01
32			GB/T 31500—2015	信息安全技术存储介质数据恢复服务要求	已发布	2016-01-01
33			GB/T 30285—2013	信息安全技术灾难恢复中心建设与运维管理规范	已发布	2014-07-15
34		数据使用	GB/T 41389—2022	信息安全技术 SM9 密码算法使用规范	已发布	2022-11-01
35			GB/T 29829—2022	信息安全技术可信计算密码支撑平台功能与接口规范	已发布	2022-11-01
36			GB/T 41388—2022	信息安全技术可信执行环境基本安全规范	已发布	2022-11-01
37			GB/T 37932—2019	信息安全技术数据交易服务安全	已发布	2020-03-01
38			GB/T 33770. 2—2019	信息技术服务外包第 2 部分：数据保护要求	已发布	2020-03-01
39	基础设施安全	平台系统	GB/T 39204—2022	信息安全技术关键信息基础设施安全保护要求	已发布	2023-05-03
40			GB/T 20273—2019	信息安全技术数据库管理系统安全技术要求	已发布	2020-03-01
41			JR/T 0237—2021	金融大数据平台总体技术要求	已发布	2021-12-29
42		网络安全	GB/T 20270—2006	信息安全技术网络基础安全技术要求	已发布	2006-12-01

续表

序号	一级分类	二级分类	标准编号	标准名称	状态	实施时间
43			JR/T 0232—2021	银行互联网渗透测试指南	已发布	2021-07-21
44			JR/T 0185—2020	商业银行应用程序接口安全管理规范	已发布	2020-02-13
45			JR/T 0071. 2—2020	金融行业网络安全等级保护实施指引	已发布	2020-11-11

(二)建设金融数据安全治理标准化体系的建议

1. 加快配套标准规范建设

近年来，随着各项金融数据监管新规的相继落地，标志着金融数据安全管理开始“有法可依”，但金融数据的利用涉及工作生活中的方方面面，还有大量的具体细节和执行标准仍有待进一步丰富。特别是加快强制性国家标准的制定和发布，明确数据生命周期各阶段的保护要求、安全管理策略和数据生命周期防护机制等。同时，应尽快完成发布在研的各项标准，如目前仍处于征求意见阶段的金融数据安全治理标准。这些在研标准对于完善金融数据安全标准体系，指导具体开展数据安全工作能发挥关键性的作用。

2. 根据最新的法律法规修订标准

在《个人金融信息保护技术规范》(JR/T 0171—2020)正式发布后，《数据安全法》和《个人信息保护法》也相继发布实施。为保证已发布的金融数据安全类标准符合相关法律、法规的要求，应将《个人金融信息保护技术规范》等标准依照新发布的法律、法规的要求及时进行修订，保证标准与法律、法规之间的相互衔接、协调一致。

3. 加强对新型数据安全问题标准体系的研制

随着人工智能等金融科技与金融业的融合应用，给金融业带来了一些新型数据安全问题，需加强对新型数据安全问题标准体系的研制。例如，数据智能识别保护、数据智能安全溯源、数据智能风险预警及数据智能精准管控在加强数据安全防护的同时，也带来数据投毒、样本偏差、对抗样本、深度伪造等新型数据安全问题。人民银行于 2019 年 8 月印发的《金融科技(FinTech)发展规划(2019—2021 年)》提出，要加强金融领域人工智能应用潜在风险研判和防范，确保把人工智能金融应用规制在安全可控范围内。因此，应加快开展人工智能安全标准化工作，统筹规划人工智能安全标准体系。

九、金融数据安全的风险评估

（一）金融数据安全风险评估的基本框架

金融数据安全评估指金融业机构对其数据处理活动定期或按需开展的风险评估活动，用于评价金融业机构自身和数据处理活动第三方合作机构的数据安全保护能力，为金融业机构建立数据安全保护体系、明确数据安全保护策略和加强第三方合作机构数据安全管理提供参考性资料。①

为指导金融业机构合理制定和有效落实金融数据安全评估规范，进一步提高金融数据安全保护水平和数据安全应用能力，最大限度地发挥金融数据的价值，2021 年 12 月，全国金融标准化技术委员会公布了《金融数据安全 数据安全评估规范》（以下简称《评估规范》征求意见稿）。规定了金融数据安全评估触发条件、原则、参与方、内容、流程及方法，明确了数据安全管理、数据安全保护、数据安全运维三个主要评估领域，以及进行数据安全评估的主要内容和方法。

《评估规范》指出，开展金融数据安全评估，能推动金融机构落实金融数据安全管理要求，提升金融数据安全保护工作的规范化和标准化；同时有助于金融机构及时全面掌握本机构数据安全的管理水平，预测并确认所面临的数据安全威胁和风险，为金融机构制定防范措施及应对安全事件提供科学依据和指导，可有效防控数据安全事件的风险和危害，为金融数据的应用和流动提供有力保障。

目前，《评估规范》虽处于征求意见阶段，但正式实施后，将会成为未来金融数据安全评估体系建设的基础标准。

---

① 资料来源：中国人民银行《金融数据安全　数据安全评估规范》（征求意见稿）。

1. 评估体系设计

（1）评估体系重要参考标准

金融数据安全评估体系可参考的标准如下：

《金融数据安全　数据安全评估规范》（征求意见稿）

GB/T 37988—2019《信息安全技术　数据安全能力成熟度模型》（以下简称 DSMM）

JR/T 0171—2020 个人金融信息保护技术规范

JR/T 0197—2020 金融数据安全　数据安全分级指南

JR/T 0223—2021 金融数据安全　数据生命周期安全规范

GB 50174—2017 数据中心设计规范

GB/T 39335—2020 信息安全技术　个人信息安全影响评估指南

JR/T0068—2020 网上银行系统信息安全通用规范

《中国人民银行网络数据安全管理指南》（银办发〔2019〕7 号）

《银行业金融机构数据治理指引》（银保监发〔2018〕22 号）

《中国人民银行关于进一步加强银行卡风险管理的通知》（银发〔2016〕170 号）

工业和信息化部于 2023 年 10 月 9 日印发的《工业和信息化领域数据安全风险评估实施细则（试行）》（征求意见稿）

（2）评估原则

金融数据安全评估应遵循以下原则：

一是客观公正原则。在金融数据安全评估过程中，应根据被评估方实际情况做出判断和真实的评价，不得夸大或掩盖发现的问题，不得根据个人主观意愿或他人意见做出评价。

二是可重用原则。在适当情况下，相同的金融数据安全评估内容可参考或引用被评估方已有的评估结果。

三是可复现原则。对于相同评估内容和评估要求，在相同评估环境下，采用同样的评估方法对同一被评估方的评估实施过程进行重复操作，可得到相同评估结果。

四是最小影响原则。在评估过程中最小程度影响被评估方现有业务和信息系统的正常运行，最大限度降低对被评估方造成的干扰和风险。

五是信息保密原则。评估参与方对本次评估所涉及的被评估方商业信息、客户信息、技术文件等严格保密。

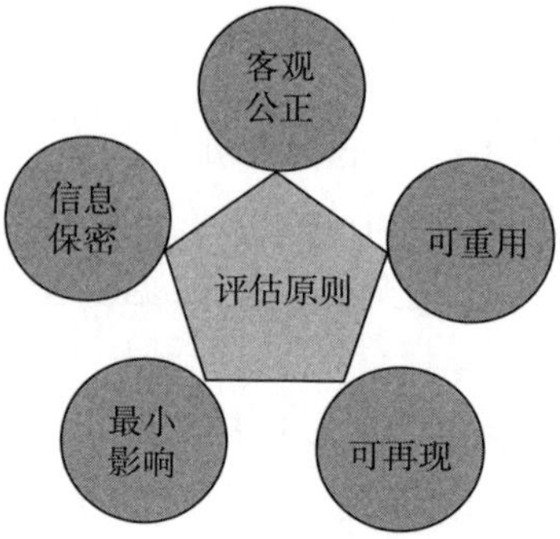

图 9-1　数据安全评估原则

（资料来源：根据《评估规范》绘制）

（3）评估参与方

一般而言，评估参与方主要由三方组成，一是牵头部门，牵头部门作为评估工作的主要参与方，负责牵头开展评估工作，协调各方资源，保证评估工作的开展，并对评估结果的质量负责。牵头部门或人员应具有独立性，不受被评估方的影响，通常由机构的数据安全管理有关责任部门担任。

二是配合部门，负责配合开展各部分评估工作，并与其相关外部合作方协调和管理工作，确保评估工作的顺利开展，并对发现的问题进行确认和整改。

三是独立评审组，负责对评估过程与结果做真实性与合规性评审，并确保评审过程的独立性。评审组直接向本机构本次金融数据安全评估工作最高负责人或本机构数据安全管理委员会领导小组负责。

2. 评估内容

本报告以 JR/T 0197—2020《金融数据安全　数据安全分级指南》、JR/T 0223—2021《金融数据安全　数据生命周期安全规范》两个行业规范以及《金融数据安全　数据安全评估规范》（征求意见稿）作为金融数据安全评估的主要内容，包括数据安全管理（S1）、数据安全保护（S2）、数据安全运维（S3）三方面内容。S1、S2、S3 具体细节请参见《金融数据安全　数据安全评估规范》（征求意见稿），金融安全数据安全评估框架见图 9-2。

一是金融数据安全管理评估（S1）：明确了金融业机构数据安全管理相关组织架构建设及制度体系建设总体规划、技术管理、人员管理、合作管理、流程管理等相关安全评估的具体内容，以及评估方法和结果判定依据。

二是金融数据安全保护评估（S2）：明确了金融机构金融数据资产管理、

数据生命周期安全保护（包括数据采集、数据传输、数据存储、数据使用、数据删除、数据销毁等环节）相关安全评估的具体内容、评估方法和结果判定依据。

三是金融数据安全运维评估（S3）：明确了金融机构边界管控、访问控制、安全审计、安全检查、安全监测、应急响应与事件处置相关安全评估的具体内容、评估方法和结果判定依据。

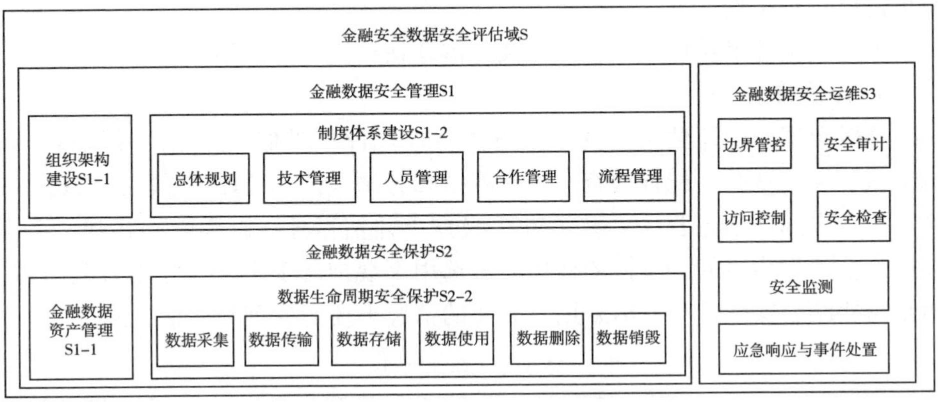

图 9-2　金融安全数据安全评估框架

（资料来源：根据《评估规范》绘制）

3. 评估流程

金融数据安全评估流程分为评估准备、评估实施、安全分析、报告编制和结果评审五个步骤（如图 9-3 所示）。

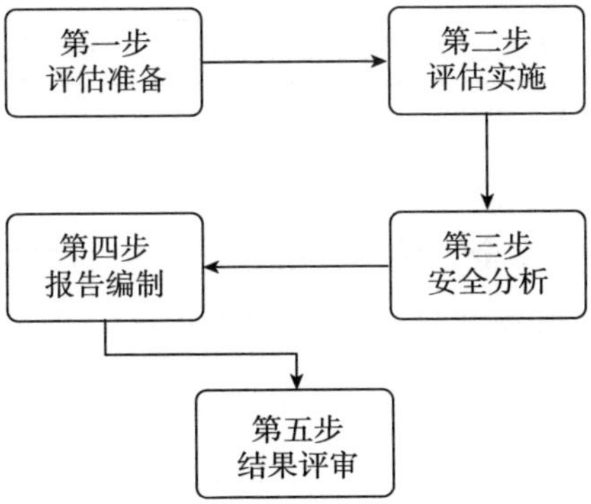

图 9-3　金融数据安全评估流程

（资料来源：根据《评估规范》绘制）

一是评估准备：明确评估目标、范围、组建评估团队、落实评估方案。

二是评估实施：根据已确定的评估方案开展本次评估的实施工作，留存评估实施过程相关记录材料并形成各部分评估结果。

三是安全分析：对评估机构当前数据安全现状、所面临的各类数据安全问题严重程度及主要安全风险情况等进行分析，并提出相应改进建议。

四是报告编制：对评估内容、过程、结果、问题等进行总结和分析，并给出总体评估结论。

五是结果评审：形成评估报告及总体评估结论，并做相关合规审查。

4. 评估方法

金融数据安全评估采用的评估方法与风险评估类似。采用问卷调查、人员访谈、文档查验、配置核查、工具测试和旁站验证 6 种评估手段，如表 9-1 所示。在实际评估过程中，评估方法服务于评估目标，以准确、客观、全面开展评估工作为目的，具体的评估方法选用不会拘泥于表 9-1 中所提的方法，而是需要结合实际情况灵活采用，必要的情况下还需要创新评估方法。

表 9-1　评估方法

方法	内容
1. 问卷调查	编制并组织填写问卷形式。
2. 人员访谈	采用面对面的交流、讨论等。
3. 文档查验	由被评估方提供与数据安全相关文档材料。
4. 配置核查	登录相关信息系统工具平台，检查配置是否与材料保持一致。
5. 工具测试	利用技术工具对信息系统、应用软件等进行实操测试。
6. 旁站验证	被评估方人员对承载数据的信息系统、设备、网络等进行现场操作和演示。

资料来源：根据《评估规范》绘制。

5. 评估结果

《评估规范》对数据安全评估结果确定过程中的数据安全问题等级、评估判定原则及评估结果判定等问题进行了详细说明，并提出了具体定量的评估计算方法，如表 9-2 所示。

表 9-2 评估结果分类

评估结论	判别依据	综合得分
优	被评估方无重大不符合项，综合评定基本符合与符合项评分，且总分 90 分以上（含 90 分）。	综合得分计算公式附后。
良	被评估方存在安全问题，但不会导致被评估方面临高等级安全风险，且总分 80 分以上（含 80 分）。	
中	被评估方存在安全问题，但不会导致被评估方面临高等级安全风险，且总分 70 分以上（含 70 分）。	
差	被评估方存在安全问题，而且会导致被评估方面临高等级安全风险，或总分低于 70 分。	

资料来源：根据《评估规范》）编制。

综合得分计算公式如下：

$$M = V_t \cdot \frac{t}{n} + V_m \cdot \frac{m}{n} + V_o \cdot \frac{o}{n}$$

其中，$V_t = \sum_{k=1}^{t} x_k \cdot \frac{100}{t}$ $V_m = \sum_{k=1}^{m} x_k \cdot \frac{100}{m}$ $V_O = \sum_{k=1}^{O} x_k \cdot \frac{100}{o}$ x_k =（0，0.5，1）。

n 为总体评估项数，x_k 为单项评估得分，符合为 1 分，基本符合为 0.5 分，不符合为 0 分。V_t 为数据安全管理评估得分，t 为数据安全管理评估项数。V_m 为数据安全保护评估得分，m 为数据安全保护评估项数。V_O 为数据安全运维评估得分，o 为数据安全运维评估项数。

6. 评估结果交付

评估结果主要是以评估报告和风险等级评级的方式交付。评估重点是金融机构的数据安全治理问题，并根据评估对象需要提供针对性的整改建议。通过评估和整改，切实促进金融机构和企业组织了解并提升自身的金融数据安全治理水平，从金融数据安全治理周期的角度出发，结合各类金融数据业务发展所体现的安全需求开展数据安全保障工作；持续、动态保障金融数据在组织机构之间安全地交换与共享，充分发挥金融数据的价值，打造更安全的大数据应用环境。

（二）金融数据安全风险评估的现状与问题

1. 金融数据安全风险评估的重要性日益显现

从国家层面看，自《数据安全法》《个人信息保护法》相继实施以来，国家对数据安全的监管全面趋严。金融机构因处理大量个人和客户金融信息，兼具一般数据处理者、重要数据处理者、重要互联网平台三重角色定位，是相关法规政策实施的重点。《数据安全法》第四章第三十条规定，重要数据处理者应当按照规定对其数据处理活动定期开展风险评估，并向有关主管部门报送风险评估报告。国家网信办发布的《数据安全管理办法（征求意见稿)》对网络运营者应当按照有关法律、行政法规的规定，开展数据安全风险评估；《网络数据安全管理条例（征求意见稿)》规定处理重要数据的数据处理者，应当自行或者委托数据安全服务机构每年开展一次数据安全评估。《金融数据安全　数据安全评估规范》（征求意见稿）强调金融业机构应定期开展金融数据安全评估工作，评估周期应不超过一年。《中国人民银行业务领域数据安全管理办法（征求意见稿)》要求重要数据的数据处理者应当自行或者委托检测机构，每年组织开展一次全面的数据安全风险评估工作。《银行保险机构数据安全管理办法（征求意见稿)》要求银行保险机构应当每年开展一次数据安全风险评估，于每年 1 月 15 日前向国家金融监督管理总局或者其派出机构报送上一年度数据安全风险评估报告。

从企业层面看，数据安全是金融机构数字化转型发展过程中一切工作的底线要求，数据安全风险评估的各项活动在识别出的具体数据应用场景中展开，从场景中识别数据威胁、脆弱性、已有安全措施、数据资产，进而判断数据威胁发生可能性、脆弱性和可利用性、脆弱性对数据影响严重程度、数据重要程度，进而得出安全事件的可能性、安全事件后果，然后将其赋值，变成一种风险值，最终形成风险分析报告。金融机构开展数据安全风险评估能够帮助发现自身数据安全问题和短板，明确数据安全保护需求，为建设数据安全管理和技术手段指明方向，给出解决方案，有效保障业务活动安全稳定开展。

2. 金融数据安全风险评估面临诸多难题

一是金融机构对数据安全风险评估工作的重要性认识不够。部分金融机构尚未认识到数据安全风险评估的重要性与紧迫性，主观上存在应付心态，或存在“家丑不可外扬”的狭隘思想，不愿配合风险评估团队的正常工作，甚至在调研环节瞒报、谎报企业真实情况，最终导致金融数据安全风险评估结果与实际情况不符，无法起到决策支持作用。

二是缺乏数据安全评估的经验与专家。数据安全是较新的领域，相较于传统的网络安全，金融行业在这方面的经验有限，整个行业缺乏在数据安全领域有丰富经验的专家来指导金融机构设计、规划、落地和运营整个机构的数据安全。有关研究表明，我国数据安全人才缺口高达 50 万至 100 万人[①]。同时，数据安全风险评估处于起步阶段，可以借鉴参考的实践案例较少，评估经验不足。

三是缺乏标准化的评估框架。金融数据安全风险评估目前还没有一个标准的评估框架来指导从哪些领域、哪些方面和角度，以及如何进行评估，而各咨询机构与数据安全厂商的评估标准与框架各不相同，导致最终的评估结果参差不齐，评估结果的质量总体不高，用于指导后期的数据安全风险整改、数据安全体系建设、数据治理体系建设的参考性不强，甚至可能出现偏差。

四是缺乏标准化的评估工具。金融数据安全风险评估需要通过标准化的量化模型，真实、客观地评估金融机构中存在的数据安全风险。我国可参考的类似模型仅有《数据安全能力成熟度评估模型》（DSMM）和《数据管理能力成熟度评估模型》（DCMM）。然而，这两种模型的量化程度都不高，评分评级主要依靠定性评价，部分条款晦涩、模糊，在实际评估环境中评估人员很难将企业现状精准定位，更多依靠主观经验判断，较难客观地反映企业真实的数据安全管理能力。

五是风险评估的持续性不强。由于金融数据环境一直处于动态变化中，每时每刻都有大量新增的数据、新发布或者变更的业务系统、调整的数据网络环境、变化的组织架构，因而数据安全治理需持续跟踪、评估和运营。如动态、持续地去发现新增数据，对增量数据进行分级，同时对分级后的数据进行数据流动生命周期风险评估和管控。当前数据安全风险评估大多是一次性评估，缺乏专门的组织与人员持续跟踪更新数据安全风险评估的结果与过程。

六是风险评估结果的应用较难。数据安全风险评估模型的核心关注点是数据安全，可能与金融机构的短期商业目标有所冲突，进而导致“不兼容”问题发生。被评估方可能会站在短期利益至上、商业目标为重的角度，主观上忽视部分评估结果，从而导致评估结果难以对数据安全建设工作起到指导作用。

3. 金融数据安全风险评估需要多方参与和协同推进

一是国家和监管部门需加强数据安全相关法律法规和政策文件的宣贯，组织针对金融机构的相关负责人培训，使金融机构认识到数据安全风险评估

---

① 中国新闻网．中国数据安全行业人才缺口巨大　复合型人才受追捧［EB/OL］．http://www.chinanews.com.cn/cj/2021/10-27/9596609.shtml.

的重要性与紧迫性，主观上愿意配合，从上至下积极推动数据安全风险评估。

二是行业机构方需组织数据安全风险评估的业界交流合作，搭建经验分享、人才交流的平台；组织行业力量，共同推动制定数据安全风险评估标准，开展数据安全风险评估认证、培训。

三是金融机构需加强同业交流合作，学习吸收同行良好的实践经验；积极参与行业标准制定，配合评估细则与实施指南试点工作；内部建立数据安全的常态化运营机制，设立相应的组织、岗位，以及相匹配的工作职责，持续跟踪更新数据安全风险评估的结果和过程。

四是第三方机构需注重评估的独立性、专业性、权威性，加强评估人才队伍建设，积极开展与金融机构的合作，制定标准化的数据安全评估框架后，量化评估指标，形成标准化的评估工具、模板，同时针对金融机构的发展目标及个性需求，适当修正评估框架，提供适合被评估金融机构的结果及改正建议，促进评估结果的应用。

参考文献

[1] 国家信息中心．展现工匠精神的德国“开放数据”国家行动计划［EB/OL］．http://www. sic. gov. cn/.

[2] 卢现祥．共享经济：交易成本最小化、制度变革与制度供给［J］．社会主义经济理论与实践，2016（12）．

[3] 深圳证券交易所．数字金融：理论、模式与监管［M］．北京：中国金融出版社，2021.

[4] 许可．开放银行的制度构造与监管回应［J］．财经法学，2019（5）.

[5] 中国信息通信研究院．政务数据共享开放安全研究报告［R］，2021.

[6] 苏海雨．金融科技背景下金融数据监管模式构建［J］．科技与法律，2020（1）．

[7] 侯利阳，贺斯迈，韩帅．公共数据治理中的价值实现机制［J］．检察风云，2022（8）．

[8] 袁康，刘汉广．公共数据治理中的政府角色与行为边界［J］．江汉论坛，2020（5）．

[9] 张永跃．公共数据资源共享模式研究［J］．电子技术与软件工程，2020（24）．

[10] 管红，唐若培．基于应用场景分类的公共数据共享框架研究［J］．智库时代，2020（1）．

[11] 苏洁．建立金融数据共享机制［N］．中国银行保险报，2021-09-01（005）.

[12] 吴江羽．金融科技背景下金融数据监管法律框架构建［J］．西南金融，2020（11）．

[13] 苏海雨．金融科技背景下金融数据监管模式构建［J］．科技与法律，2020（1）：68-75.

[14] 郑春燕，唐俊麒．论公共数据的规范含义［J］．法治研究，2021（6）．

[15] 宋玉娟．论政府公共数据共享利用［D］．南昌：南昌大学，2016.

[16] 周先念．浅析公共数据在金融科技领域的应用［J］．技术与市场，2021，28（9）．

[17] 李爱君．数据要素市场培育法律制度构建［J］．法学杂志，2021，42（9）．

[18] 高庆海，蔡张炀．我国金融数据治理面临的挑战与对策［J］．海峡科技与产业，2022，35（10）．

[19] 刘嘉琪，任妮，刘桂锋．政府数据开放共享政策的内容体系构建研究［J］．数字图书馆论坛，2022（8）．

[20] 李涛．政府数据开放与公共数据治理：立法范畴、问题辨识和法治路径［J］．法学论坛，2022，37（5）．

[21] 丁波涛．政府数据治理面临的挑战与对策——以上海为例的研究［J］．情报理论与实践，2019，42（5）．

[22] 之江实验室，等．数据产品交易标准化白皮书（2022）［R］，2022.

[23] 上海数据交易所研究院．金融业数据流通交易市场研究报告（2022年）［R］，2022.

[24] 兴业数金．开放银行系列之监管篇：各国监管趋势解读［R］，2023.

[25] 麦肯锡．数据共享及开放银行的新机遇［R］，2023.

[26] 炼石咨询．国外数据安全政策研究报告（2022年）［R］，2022.

[27] 段红梅，朱刚，王桂虎．金融数据治理的国际经验［J］．银行家，2022（8）．

[28] 杨渊．美国征信数据质量监管经验及启示［J］．中国征信，2017（3）．

[29] 全球主要数据治理政策对比分析——基于日本、韩国、印度和欧盟的进展［EB/OL］．https://mp. weixin. qq. com/s/blJ2YXPtnPdksQNyxg_Ktq，2022-10-28.

[30] 杨婕．韩国修订《个人信息保护法执行令》［EB/OL］．http://www. scdsjzx. cn/scdsjzx/guowaifagui/2021/11/8/9bab07364b2649eaa09ef7d208e4f87f. shtml.

[31] 元宇宙与法．WEB3 企业出海数据合规——香港篇［EB/OL］．ht-

tps://mp. weixin. qq. com/s/A28lwoeCxuCyW6t7VdSI7Q，2023-01-09.

［32］闫小恒．美国《全球跨境隐私规则宣言》剖析及对策分析［J］．中国工业和信息化，2023（3）．

［33］EDPB. CNPD：THE CNPD ADOPTS THE CERTIFICATION MECHANISM《GDPR-CARPA》［EB/OL］．https://www. edpb. europa. eu.

［34］Tiwari S，Sharma S，Shetty S，et al. The design of a data governance system［M］．Bank for International Settlements，Monetary and Economic Department，2022.

［35］The World Economic Forum. Data Free Flow with Trust（DFFT）：Paths towards Free and Trusted Data Flows［C］，2023.

［36］中国网络安全与信息化产业联盟数据安全治理委员会．数据安全治理白皮书 5.0［R］，2023.

［37］中关村网络安全与信息化产业联盟数据安全治理专业委员会．数据安全治理白皮书 4.0［R］，2022.

［38］安静．审视数据安全在国家层面的重要意义［N］．中国社会科学报，2021-03-05.

［39］欧永生．强化金融数据安全治理［N］．中国银行保险报，2021-07-05.

附录1 《金融数据资产管理指南》团体标准

金融数据资产管理指南

前　言

本文件按照 GB/T 1.1—2020《标准化工作导则　第1部分：标准化文件的结构和起草规则》和 GB/T 20004.1—2016《团体标准化　第1部分：良好行为指南》给出的规则起草。

请注意本文件的某些内容可能涉及专利。本文件的发布机构不承担识别专利的责任。

本文件由中国互联网金融协会提出。

本文件由中国互联网金融协会归口。

本文件起草单位：中国互联网金融协会、上海浦东发展银行股份有限公司、北京银行股份有限公司、中国工商银行股份有限公司、中国光大银行股份有限公司、中国邮政储蓄银行股份有限公司、中国银行股份有限公司、中国人民银行河南省分行、重庆农村商业银行股份有限公司、重庆渝银金融科技有限责任公司、交通银行股份有限公司、重庆三峡银行股份有限公司、重庆富民银行股份有限公司、开鑫科技有限公司。

本文件主要起草人：单强、陆书春、朱勇、王新华、陆燕、张晓力、李佳妮、刘燕青、段锐、白珊珊、刘继旺、徐蓉、王宇宸、向俊、沈澍、常胜南、窦志勇、李璐、王彬琰、李永超、田成志、屈晓龙、胡松鹤、冉铭铭、郭慧蓉、周治翰、任培超。

引　言

近年来，随着大数据、人工智能和区块链等新技术与金融的深度融合应用，金融机构的经营理念和业务模式不断创新发展，金融机构拥有越来越多的高价值数据，数据资产应用价值越来越大，因而加强金融数据资产管理日显迫切。与此同时，金融机构也开始加强数据治理，开展数据标准、数据质量、数据模型、数据分布、数据生命周期、元数据、数据安全和数据应用等领域建设，提升数据的完整性、准确性和一致性，推动金融机构数字化转型和高质量发展。

在数据资产化的背景下，数据资产管理是在数据治理体系基础上的进一步升级，以资产视角开展相关管理活动，可实现数据资产价值增值。当前，金融数据资产管理仍处于起步阶段，缺少金融数据资产管理体系化指导和相关标准规范。

本文件填补了金融数据资产管理标准体系建设方面的空白，给出了金融数据资产管理体系建设的普适性参考，包括金融数据资产管理的框架、原则、对象、活动、运营支撑与保障内容，可指导银行业金融机构实现体系化的数据资产管理。

1 范围

本文件提供了金融数据资产管理的框架、原则、对象、活动、运营支撑与保障六个方面内容。

本文件适用于指导银行业金融机构在数据治理的基础上开展数据资产管理，银行业金融机构指在中华人民共和国境内设立的商业银行、城市信用合作社、农村信用合作社等吸收公众存款的金融机构以及政策性银行。

2 规范性引用文件

下列文件中的内容通过文中的规范性引用而构成本文件必不可少的条款。其中，注日期的引用文件，仅该日期对应的版本适用于本文件；不注日期的引用文件，其最新版本（包括所有的修改单）适用于本文件。

GB/T 38667—2020 信息技术　大数据　数据分类指南

JR/T 0171—2020 个人金融信息保护技术规范

JR/T 0197—2020 金融数据安全　数据安全分级指南

JR/T 0223—2021 金融数据安全　数据生命周期安全规范

3 术语与定义

下列术语和定义适用于本文件。

3.1　数据资源 data resource

银行业金融机构在经营和管理过程产生的，以电子或其他方式记录的，具有一定规模的数据集合。

3.2　数据资产 data asset

银行业金融机构合法拥有或者控制的，价值可计量的，能够给银行业金融机构带来经济和社会效益的数据资源。

（来源：GB/T 40685—2021，3.1，有修改）

3.3　数据产品 data product

以数据资产为核心，为充分发挥数据价值，通过加工处理形成的用于银行业金融机构内部高效运营、经营管理决策及可对外流通的一种产品形式。

3.4　数据治理 data governance

银行业金融机构通过建立组织架构，明确董事会、监事会、高级管理层及内设部门等职责分工，制定和实施系统化的制度、流程和方法，确保数据统一管理、高效运行，并在经营管理中充分发挥价值的动态过程。

3.5　数据资产管理 data asset management

银行业金融机构通过将数据作为一种全新的资产形态开展规范管理，实现数据资产价值沉淀、保值与增值的过程。

（来源：JR/T 0236—2021，5.32，有修改）

3.6　数据生命周期 data lifecycle

数据从产生，经过数据采集、数据传输、数据存储、数据处理（如计算、分析、可视化等）、数据交换，直至数据销毁等各种生存形态的演变过程。

（来源：JR/T 0236—2021，4.8）

3.7　数据资产认定 data asset identification

银行业金融机构依据管理目标，从现有数据资源中识别并盘点数据资产的活动。

3.8 数据资产确权 data asset registration

银行业金融机构对内部数据资产的权属进行登记确认的活动。
(来源：GB/T 40685—2021，3.6，有修改)

3.9 数据资产估值 data asset valuation

银行业金融机构对内部数据资产价值进行定量评估的活动。
(来源：GB/T 40685—2021，3.9，有修改)

3.10 数据资产处置 data asset disposal

银行业金融机构对内部数据资产进行下架、销毁等活动。

3.11 数据资产保护 data asset protection

银行业金融机构对数据资产采集、传输、存储、使用、删除、销毁等环节开展安全保护的活动。

4 管理框架

金融数据资产管理框架主要包括组织战略、目标制定、管理域与价值实现，见图1。

金融数据资产管理参照银行业金融机构战略，综合考虑银行业金融机构内外部环境、业务、技术等因素，以价值为导向，制定数据资产管理目标，形成数据资产管理域，促进银行业金融机构数据资产共享，实现价值创造。

数据资产管理明确了数据资产管理对象，并在银行业金融机构制度和技术等方面管理措施保障下，以数据资产管理原则为指导，通过开展数据资产管理活动、构建数据资产运营支撑能力，实现数据资产保值增值。

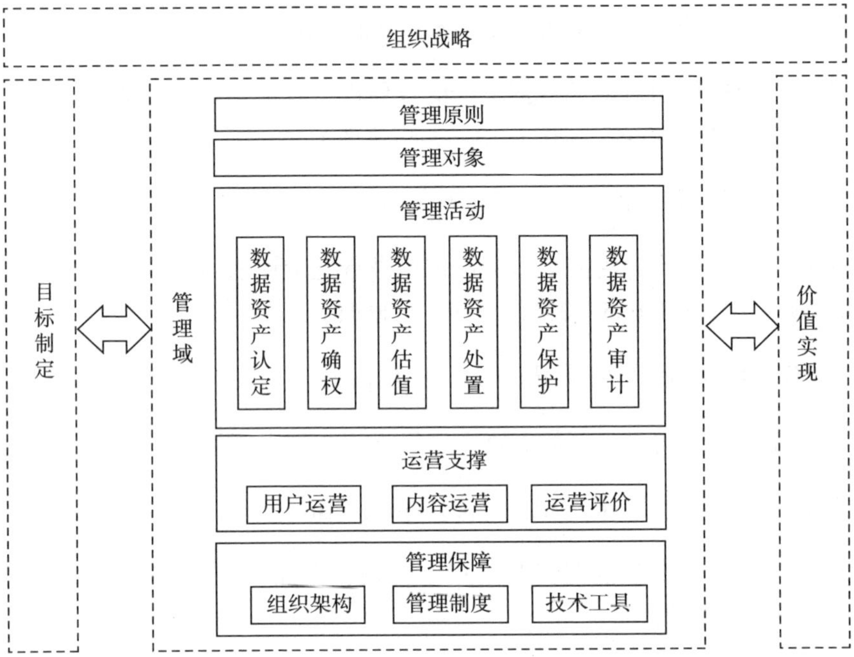

图 1　金融数据资产管理框架

5　管理原则

数据资产管理宜满足治理先行、安全合规、价值增值、量化评估原则，具体包括：

（a）治理先行原则：数据治理是实施数据资产管理的前提，银行业金融机构依据《银行业金融机构数据治理指引》等相关制度、标准要求建立数据治理组织架构，明确职责分工，制定和实施系统化的制度、流程和方法，确保数据资产质量持续提升；

（b）安全合规原则：依据相关法律法规和行业监管要求，综合考量国家安全、公众利益、个人隐私和企业合法利益等因素，对数据资产进行分类、分级管理，采取有效措施保护数据资产的安全性，防范来自银行业金融机构内外部的威胁；

（c）价值增值原则：根据企业战略、业务规划、监管要求等规划数据资产应用场景，以价值为导向开展数据资产认定与运营，促进数据资产使用和价值释放，实现数据资产保值增值的目标；

（d）量化评估原则：构建数据资产管理评估指标体系，开展数据资产管理评估，反映数据资产在形成、价值创造和运营管理过程中的效率和效果，平衡数据资产管理相关活动的投入和产出，确保与银行业金融机构战略的一致性和匹配性。

6 管理对象

6.1 数据资产管理对象概述

数据资产的管理对象是数据资产本身，管理过程中依据数据资产特征进行识别。

6.2 数据资产特征

6.2.1 拥有或控制

指银行业金融机构享有数据资产的所有权，或者虽然不享有数据资产的所有权，但该数据资产能被银行业金融机构所控制。

6.2.2 存在经济效益和社会效益

指数据资产已为银行业金融机构带来经济效益和社会效益，或者在现有技术和知识条件下能确定其未来具有经济获利能力和社会效益。

6.2.3 价值可计量

指数据资产的价值能够从银行业金融机构实际生产与运营中分离出来，并可用货币或非货币方式进行可靠计量。

6.3 数据资产分类

6.3.1 分类方法

参照GB/T 38667—2020，银行业金融机构可根据自身数据资产管理要求进行数据资产分类管理。本文件分别给出按数据资产“加工层次”特点、数据资产所属数据主题和数据资产价值链高低等三种常见分类方法，详细分类见附录A。

6.3.2 按数据资产“加工层次”特点分类

6.3.2.1 类别

将数据资产分为基础类数据资产、应用类数据资产和管理类数据资产：

（a）基础类数据资产指银行业金融机构在经营管理过程中产生的内部数据或为满足经营管理需要而获得的外部数据；

（b）应用类数据资产指为满足最终业务应用场景，通过对基础类数据资产进行组织、封装和再加工等方式，形成的适用业务需求的数据资产；

（c）管理类数据资产指为规范、指导基础类、应用类数据资产所形成的数据资源，包括数据标准、质量规则、接口文档等。

6.3.2.2 适用场景

按数据资产“加工层次”特点分类适用于以数据应用场景为导向的数据资产管理。基础类数据资产主要用于原始数据的业务查询、报表分析、挖掘建模等业务场景；应用类数据资产主要用于加工数据的业务营销、风控管理、业务分析等应用场景；管理类数据资产主要用于管理类规范的查询、宣贯和执行约束。

6.3.3 按照数据资产所属数据主题分类

6.3.3.1 类别

将数据资产划分为参与方、合约、条件、产品、位置、分类、业务方向、事件、资源项等九大主题：

（a）“参与方”表示与银行有联系或与银行有利害关系以及银行希望保留其信息的所有相关对象。其中也包括银行本身的信息。包括个人、机构、分支机构等；

（b）“合约”代表两个或两个以上参与方之间潜在或实际的约定。合约正式提供并确认与合约目的相关的规则和义务。包括产品合约、抵质押合约、劳动合约、优惠合约等；

（c）“条件”表示银行对营运方式的需求，包括这些需求的先决条件或资格标准以及约束或限制。条件用于描述产品、合约的相应条款，以及业务运营中的一些业务规则。包括利率、费率、周期、限定条件、规则条件等；

（d）“产品”指银行及其关联的参与者提供给市场，能满足客户（包括银行本身）的某种需求，可从中赚取各种实际或潜在收益的货物（有形）与服务（无形）。包括存款、信用卡、贷款、第三方存管服务等；

（e）“位置”用于标示可找到某物之处、信息所在位置或界定的区域，如国境、州界之内等所有银行希望保存的地址或地理区域信息。包括电话、邮寄地址、地理区域等；

（f）“分类”指定义结构以组织并管理业务信息，结构会提供适用于一个或多个数据概念的分类类别，以及适用于多种数据概念的业务概念族群。包括币种、渠道、黑名单、白名单、其他群组等；

（g）“业务方向”记录参与者在执行业务的方式及环境上的意图，以及业务倾向或规定，等等。包括会计引擎、综合经营计划、财务计划、日程表、目标定义等；

（h）“事件”指银行为业务目标的实现或业务的执行而希望保留的将发生或已发生的事情，包括业务申请、外部事件等；

（i）“资源项”指任何有形或无形的有价项目，银行可拥有、管理、使用这些项目，或借助这些项目来进行及完成业务。包括流动资产、固定资产、担保物、凭证等。

6.3.3.2 适用场景

按数据资产所属数据主题分类适用于以技术为导向的数据资产管理，各类别适用场景详见附录A数据资产分类方法表A.2。

6.3.4 按数据资产价值链高低分类

6.3.4.1 类别

将数据资产分为基础型数据资产和服务型数据资产：

（a）基础型数据资产指利用银行业金融机构建设、管理和使用的各类应用系统，依据法律法规和有关规定直接或间接采集、沉淀、加工，或通过第三方引入的数据资产；

（b）服务型数据资产是指将基础型数据资产进行加工后，以数据分析为驱动，直接参与可衡量价值的业务场景提炼后信息，即“数据+算法+场景”组合产生的提炼后信息。其中，数据是指该服务型数据资产中引用的基础型数据资产；算法是指对特定问题求解步骤准确而完整的描述，包括业务规则、人工智能模型等；场景是指该服务型数据资产使用的业务或管理场景。

6.3.4.2 适用场景

按数据资产价值链高低分类适用于以价值为导向的数据资产管理，以便根据不同的分类构建差异化的价值评估维度和价值评估方法。基础型数据资产主要开展内在价值、成本价值的评估，预测数据资产的潜能和效能；服务型数据资产主要开展业务价值、经济价值和市场价值的评估，量化数据资产的效能和产能。

7 管理活动

7.1 数据资产认定

通过资产认定明确数据资产的管理对象，包括识别与盘点两个步骤：

（a）数据资产识别：结合数据资产特征、分类方法，建立数据资产准入标准。

（b）数据资产盘点：梳理数据资产来源，厘清数据资产分布，为数据资产目录构建和价值转化奠定基础。银行业金融机构开展数据资产盘点，需要明确以下几个方面：

（1）盘点范围：从业务和技术层面确定数据资产盘点范围。

（2）盘点方法：采用自上而下梳理与自下而上盘点相结合的方法。自上而下梳理指从业务视角出发，通过对银行业金融机构业务流程进行分析，逐层分解，梳理数据资产目录、业务属性和管理属性；自下而上盘点指从技术视角出发，通过明确数据资产相关的系统信息项，梳理数据资产技术属性；最后，将业务视角下与技术视角下梳理的信息项进行映射，并挂接至数据资产目录。对于外部采购第三方数据，可在本机构数据资产分类体系基础上，参考借鉴市场标准数据目录，采取差异化的资产盘点方式。

（3）盘点流程：包括形成数据资产登记模板、开展数据资产采集、数据资产审核、实现数据资产发布、推进数据资产维护等步骤。数据资产登记模板中详细数据资产盘点属性见附录 B；数据资产采集方式包括系统自动采集、手工采集两种方式，通过自动采集方式实现数据资产信息的批量采集，对于批量采集时缺失的数据资产属性信息，通过手工采集方式实现数据资产属性信息的补全；数据资产审核指对数据资产的名称、描述、权属信息、价值计算等数据资产属性的完整性、准确性进行审核；对于数据资产发布，通过数据资产管理平台实现数据资产盘点内容的定期发布；对于数据资产维护，由各类数据资产的维护负责人在数据资产新增、变更或失效时及时更新数据资产信息，保障数据资产各项信息的时效性和准确性。

7.2 数据资产确权

7.2.1 数据资产权属

通过资产确权明确数据资产权属划分，保障数据资产相关方的权利，包含内部确权与外部确权：

（a）内部确权：当银行业金融机构内部开展数据资产管理时划分以下四类权属关系。

所有权指对数据资产占有、使用、收益、处置等的相关权利，所有权中的使用权、收益权、处置权具体如下：

（1）使用权指不改变所有权的前提下，对数据资产使用的相关权利；

（2）收益权指对数据资产参与经济利益分配的相关权利；

（3）处置权指对数据资产实施下架退出和数据销毁等处理的相关权利。

（b）外部确权：当银行业金融机构参与外部数据资产流通使用时划分数据资源持有权、数据加工使用权、数据产品经营权等权属关系，宜符合《中共中央　国务院关于构建数据基础制度更好发挥数据要素作用的意见》的规定。

7.2.2 数据资产关联方

基于数据资产权属划分结果，明确数据资产关联方：

（a）当开展数据资产内部确权时，银行业金融机构根据内部职责分工，确认以下五个数据资产关联方：

（1）控制方：根据职责发起数据资产建设需求，并能够最终支配该数据资产的相关方；控制方代表银行业金融机构行使所有权，且享有使用权、收益权与处置权，并对数据资产质量、安全合规等承担管理责任，同时应明确数据资产使用权和收益权对应的其余相关方；

（2）开发方：利用技术手段对数据进行加工形成数据资产，并按时交付的相关方；

（3）供数方：利用技术手段提供数据资产加工所需数据资源的相关方；

（4）使用方：使用数据资产的相关方；

（5）管理方：开展金融数据资产管理与运营的相关方。

（b）当开展数据资产外部确权时，根据数据来源和数据生成特征，分别界定数据生产、流通、使用过程中各关联方，宜符合《中共中央　国务院关于构建数据基础制度更好发挥数据要素作用的意见》的规定。

7.3 数据资产估值

7.3.1 数据资产估值方法

数据资产估值方法指对数据资产价值的评估方法，通过货币化和非货币化的计量方式，量化数据资产效益。其中货币化的方式采用优化后的成本法、收益法和市场法，进一步挖掘和体现数据资产的潜能、效能和产能。主要包括以下五个价值维度，详细数据资产估值方法见附录 C：

（a）内在价值：以非货币化方式计量数据本身固有的价值，主要通过数据规模、数据质量、使用频度、数据资产定义质量等指标衡量；

（b）成本价值：采用优化后的成本法，以货币化方式计量数据获取、加工、维护和管理所需的成本支出，主要通过建设成本、加工成本、运维成本、管理成本、风险成本指标衡量；

（c）业务价值：以非货币化方式计量数据资产对业务的赋能效果，主要通过高价值客户数、客户资产管理规模（AUM）、服务提供笔数等业务指标衡量；

（d）经济价值：采用优化后的收益法，以货币化方式计量数据驱动带来的营业收入金额增值，以及降低营运成本和风险损失等的金额；

（e）市场价值：采用优化后的市场法，以货币化方式计量在市场上提供的数据产品所产生的经济收益，由市场供给决定数据资产价值。

7.3.2 数据资产估值结果的应用

基于数据资产估值结果，开展数据资产的发掘、促活与增值：

（a）发掘：通过数据资产内在价值评估，实现对数据资产的潜能预测。识别高质量、高覆盖度的数据集，作为后续加工、算法处理、共享流通、产品化的基础信息。

（b）促活：通过数据资产成本价值、业务价值的评估，实现对数据资产的效能评估。筛选高价值数据资产，开展数据资产重点运营，促进其共享使用。

（c）增值：通过经济价值、市场价值的评估，实现对数据资产的产能评估。使用货币化方式，将经济价值计量结果作为数据产品交易定价的起点，并用市场价值衡量数据资产在市场流通中的产能，支持数据资产价值增值。

7.4 数据资产处置

通过资产处置优化数据资产的整体结构，降低失效数据资产的占比，节省数据资产营运成本，满足数据安全合规要求。数据资产处置需从数据资产目录上撤销挂接的行为。数据资产处置包括但不限于以下两种方式：

（a）下架退出：对数据暂停使用、盘点迁移行为；

（b）数据销毁：对数据进行不可逆的删除行为。

7.5 数据资产保护

通过对数据资产采集、传输、存储、使用、删除、销毁等环节开展安全保护的活动，避免数据资产泄露与滥用。数据资产保护的具体内容如下：

（a）建立覆盖数据采集、传输、存储、使用、删除及销毁过程的安全框架，宜符合 JR/T 0223—2021 的规定；

（b）基于银行业金融机构数据安全性遭到破坏后的影响对象和所造成的影响程度进行分类分级，宜符合 JR/T 0197—2020 标准的相关规定；

（c）加强个人金融信息全生命周期管理，宜符合 JR/T 0171—2020 标准的相关规定。

7.6 数据资产审计

通过监督数据资产管理过程的执行，评价数据资产管理的风险，保障数据资产管理和应用的合规。数据资产审计的具体内容如下：

（a）建立覆盖数据资产管理全过程的审计机制，根据需求制订审计计划；

（b）审计对象包括数据资产管理制度、流程和相应的过程记录；

（c）审计内容包括与法律法规、标准和规章制度等的符合性，权属的可证性及过程的合规性；

（d）审计结果包括审计范围、审计问题、审计评价及建议等，宜以审计报告形式提供。

8 运营支撑

8.1 用户运营

遵循用户诉求和期望，围绕数据消费群体展开的运营活动，通过数据资产用户运营使数据资产可见、可懂、可用，真正为用户所需，主要从感知、决策、行动和反馈四方面开展：

（a）感知：通过跟踪用户行为、收集用户数据、收集运营问题，随时知晓用户是谁，用户在哪，用户在做什么；

（b）决策：通过分析总结，充分了解用户行为与问题的深层因素，决策最具价值的运营活动，从释放数据价值和提升用户体验的角度来理解和呈现数据资产；

（c）行动：提供用户所需的必要能力，包括提升用户体验、提供场景服务等，切实与用户建立信任，满足用户需求；

（d）反馈：持续、综合收集用户运营效果反馈数据，形成闭环反馈，总结与指导用户运营。

8.2 内容运营

围绕数据资产目录构建、数据资产查询、数据资产使用开展的运营活动。通过数据资产内容运营，帮助用户快速定位与使用数据资产，主要包括以下三个方面：

（a）数据资产目录：从业务视角或技术视角搭建数据资产目录，分层分类展示银行业金融机构数据资产元数据信息情况，厘清银行业金融机构数据资产全貌。业务视角数据资产目录是以业务板块、业务主题为分类依据开展数据资产编目，技术视角数据资产目录是以信息系统、数据主题为分类依据开展数据资产编目。

（b）数据资产查询：支持从数据资产业务信息、技术信息、管理信息等多维度查询数据资产详细情况。

（c）数据资产使用：推进数据资产所查即所得，可采用多方安全计算技术推动数据融合应用，提高数据共享应用效率。将数据资产与应用场景对接，使数据资产快捷推送到应用场景，进而挖掘数据资产价值，实现数据资产价值增值。

8.3 运营评价

围绕数据资产用户运营及内容运营的有效性评价开展的运营活动。通过数据资产运营评价，帮助数据资产管理者监控数据资产运营效果、调整数据资产管理方向，主要包括以下两个方面：

（a）运营指标设计：梳理银行业金融机构数据资产运营目标，设计关键评价指标，形成数据资产运营的评价指标体系，评价指标体系包括但不限于数据资产规模、数据资产价值、数据资产用户、数据资产交付效率、数据资产运营故障率等维度；

（b）运营报表设计：基于运营指标体系，编制数据资产运营报表，全面掌握银行业金融机构数据资产运营成效，辅助数据资产管理决策。

9 管理保障

9.1 组织架构

数据资产管理组织架构主要包括以下六个相关方：

（a）高级管理层：保障数据资产管理资源配置的相关部门，负责确定银行业金融机构数据资产管理的目标，构建数据资产管理体系，明确职权和责任；

（b）数据资产管理方：开展数据资产管理的相关部门，负责建设、维护和推广数据资产管理体系，协调落实数据资产管理运行机制；

（c）数据资产控制方：根据部门职责发起数据资产建设需求，并能够最终支配该数据资产的相关部门，负责本领域的数据资产管理工作，确保数据资产信息准确、使用安全；

（d）数据资产开发方：利用技术手段对数据加工形成数据资产，并按时交付的相关部门，负责数据资产建设相关需求的统筹管理和开发建设；

（e）数据资产供数方：提供数据资产加工所需数据资源的相关部门，负责搭建数据平台、按需提供数据资源；

（f）数据资产使用方：使用数据资产的相关部门，负责基于业务场景按需使用或推广使用加工后的数据资产。

9.2 管理制度

基于银行业金融机构制度体系，建立数据资产管理相关制度：

（a）政策：指规范数据资产管理目标、原则的规章制度，政策具有稳定性、权威性、纲领性的特点，包括但不限于数据战略等；

（b）办法：指对数据资产管理职责分工、管理活动做出全面、系统规定的规章制度，办法侧重于规范管理原则性要求，包括但不限于《数据资产管理办法》《数据资产考核办法》等；

（c）细则：依据办法相关要求，规范数据资产管理具体流程、标准、操作要求的规章制度，包括但不限于数据资产认定流程、数据资产估值流程、数据资产处置流程等；

（d）规范：指明确数据资产管理活动的相关操作手册、模板类文件的规章制度，包括但不限于《数据资产认定手册》《数据资产估值手册》《数据资产处置手册》《数据资产盘点模板》《数据资产价值评估模板》等。

9.3 技术工具

建立数据资产管理平台，相关功能包括但不限于：

（a）数据资产查询：通过数据资产目录导引、数据资产地图查询、数据资产智能推荐等方式，实现数据资产元数据信息查询；

（b）数据资产运营：提供一站式数据资产申报、审批、变更、处置等全流程处理功能，支持数据资产运营工作的自动化和集约化；

（c）数据资产监控：通过数据资产运营大屏、数据资产运营报表等形式，对数据资产用户访问行为、数据资产内容运营情况进行监控评价；

（d）数据资产服务：发布数据资产 API 服务与批量服务，实现与银行业金融机构内数据资产的互联互通、数据共享，提供电脑端、移动端等多渠道服务触达，提升用户体验。

附录 A
（资料性）
数据资产分类方法

数据资产按“加工层次”特点分类如表 A-1 所示。

表 A-1　数据资产按“加工层次”特点分类

一级子类	二级子类	定义说明	举例
基础类数据资产	基础数据资产	业务经营管理中产生的行内数据或基于经营管理需要而采购的外部数据	业务系统中存储的数据表、从行外采购的工商、税务数据等
	集成数据资产	将不同来源、格式、特征的基础数据在集成环境中进行集中、整合，便于集约化管理使用的数据	数据仓库整合的数据等
应用类数据资产	萃取数据资产	面向业务对象，匹配业务需求，将基础类数据资产进行抽象、分类、提炼、加工而产生的具备同一粒度且更加适用业务场景的数据	客户标签、指标等
	数据应用资产	为满足最终业务应用场景，通过对基础数据资产、集成数据资产和萃取数据资产进行组织、封装和再加工等方式，形成的数据驱动应用和服务	数据产品、仪表盘等
管理类数据资产	数据规范资产	业务数据统一化、结构化、标准化的数据定义和规则	数据标准、企业级数据模型等
	数据制度资产	金融机构正式发布的各类数据制度文档	数据资产管理办法、数据安全管理办法等

数据资产按“所属主题域”分类如表 A-2 所示。

表 A-2 数据资产按“所属主题域”分类

一级子类	二级子类	定义说明	举例
参与方	个人	个人主题域记录参与方的一个子类，即自然人的一些自然状态信息	工作信息、教育信息
	组织	组织主题域记录与业务有关的法人组织以及其他一些关注的非法人组织的自然状态信息	企业注册信息、财务信息
	组织单元	组织单元主题域记录与业务相关的组织内部的参与方	机构信息
合约	产品合约	产品合约主题域记录各业务领域产品合约的共同信息	存款、代理、担保、贸易融资等
	参与方合约	参与方合约主题域记录参与方之间的各种合约关系信息	服务合约
	资源项合约	资源项合约主题域记录资源项合约，资源项合约条件，资源项合约生命周期，资源项合约和参与方，产品合约，资源项以及资源项合约之间关系的相关信息	抵质押合约、租赁合约
条件	规则	规则主题域记录和管理业务规则的分类、属性等信息	制卡规则、反欺诈规则
产品	产品视图	产品视图主题域记录对全产品线可销售产品信息的展示	产品展示、产品分类
	自有产品	自有产品主题域记录基础产品、可售产品的基本信息以及与产品组件、条件、条件值关系等信息	基础产品、可售产品
	金融市场报价	金融市场报价主题域记录金融市场上的对外报价信息	汇率基础定价
位置	位置	位置主题域记录各领域公用的位置地址信息	邮政信息、地址信息
分类	分类	分类主题域记录各种分类类别和分类结构	客户群组、黑名单

续表

一级子类	二级子类	定义说明	举例
业务方向	采购管理	采购管理主题域记录企业对以合同的方式有偿取得货物、服务、工程的行为进行的活动管理所产生的相关信息	采购计划、采购目录、采购需求、采购项目
	产品工厂参数管理	产品工厂参数管理主题域记录通过产品条件参数化设计的产品工厂参数结构化信息	产品工厂参数
	核准机制	核准机制主题域记录核准机制的相关信息	核准机制业务规则
	集约化业务管理	集约化业务管理主题域记录交易集约运营系统的生产运行、生产支持和生产管理信息	集约化业务处理信息、集约化业务模板
	客户意愿核实	客户意愿核实主题域记录需要远程核实客户信息或客户办理业务真实意愿的相关信息	核实任务信息、核实方式
	税率	税率主题域记录管理全国范围内各个机构使用的税率信息	税率、税收种类
	业务计划	业务计划主题域记录为了实现一个或多个业务目标所制订和采用的计划	计划预算、人力成本计划、招聘计划
	业务模型	业务模型主题域记录业务管理、分析等活动中用到的业务模型及业务模型的运行和管理情况。该主题域不包括业务模型涉及的具体理论原理、数学推导方法、实施的流程和技术开发方法	业务模型、业务模型参数
	业务时间表	业务时间表主题域记录机构、金融交易市场和信息系统等对外工作服务的时间表信息	工作日历、营业机构工作日历
	远程核准	远程核准主题域记录远程核准业务的分配机制及审批流程	远程核准信息、远程核准路由策略
事件	内部管理事项	内部管理事项主题域记录内部管理各类事项本身的信息以及申请审批的信息	内部管理事项、内部管理环节
	业务申请事项	业务申请事项主题域记录面向客户的各项业务申请事项	票据业务申请信息、定价单、票据池业务申请信息
资源项	角色	资源项角色主题域记录资源项在实现业务活动的过程中承担的某种角色的信息	重要营运资源、介质、担保物、自有资产

数据资产按“价值链高低”分类如表 A-3 所示。

表 A-3 数据资产按“价值链高低”分类

一级子类	二级子类	定义说明	举例
基础型数据资产	按业务板块或职能部门	银行业金融机构根据行内职责，划分确认数据资产归属业务板块或职能部门作为二级子类，二级子类下按信息系统划分三级子类	零售业务板块、公司业务板块、金融市场板块、风险管理板块、内部管理板块等
服务型数据资产	数字化客户管理	通过收集和分析客户信息、需求特征、行为偏好等，积累共享客户知识，有针对性地为银行发掘客户或管理客户关系的数据资产	中高端客户潜力提升清单、公司客户流失预警清单等
	数字化营销管理	面向市场的，通过对市场需求、品牌优势、竞争对手等分析，有针对性地为客户或为银行自身提供产品和服务的数据资产	手机银行产品推荐清单、零售客户消费行为偏好识别等
	数字化运营管理	以提升银行业金融机构作业过程中实施的计划、组织和控制活动相关流程的效率为目标的数据资产	理财产品行情智能比对监控、跨境人民币代理清算业务承载力预估分析等
	数字化风险管理	通过风险识别、风险分析与评价、风险控制和风险决策等寻求最小风险下的最大盈利的数据资产	公司客户贷后天眼风险预警、对公账户电信诈骗监测等
	数字化财务管理	以实现最大化利润为目标，对于银行业金融机构经营过程中的会计计量以及利润分配等进行管理的数据资产	财富管理中收应收账款账龄分析等
	数字化经营决策	为确定企业目标以及实现目标过程中的手段与策略的数据资产	同业负债流动性成本管理服务、总分行代发督导金额预测等

附录 B
（资料性）
数据资产盘点内容

数据资产盘点的属性大类、属性小类以及属性小类定义见表 B-1。

表 B-1 数据资产盘点内容

属性大类	属性小类	属性小类定义
业务信息	资产名称	数据资产的名称
	资产编号	数据资产的唯一标识
	业务描述	数据资产的业务含义说明
	关联关系	与其他数据资产之间的关联关系
	业务规则	数据资产的业务管理规则、业务质量规则等
	统计口径	数据资产的数据加工逻辑口径
	对应数据标准	数据资产映射的数据标准信息
	数据质量规则	数据资产的数据质量要求及检核规则
	所属业务部门	数据资产对应的业务部门
技术信息	数据分布	数据资产在本机构内各系统中的分布情况
	可信数据源	数据资产的数据权威、质量可靠的数据来源
	模型结构	数据资产的逻辑模型、物理模型等结构信息
	数据类型	数据资产的数据特征分类，包括数据逻辑类型、数据物理类型等
	数据格式	数据资产的数据组成结构，如日期格式为 YYYYMMDD
	数据流转	数据资产间的血缘关系
	数据规模	数据资产的记录数、空间占用大小等
	系统名称	数据资产所属的系统英文名称
	数据库名称	数据资产所属的系统数据库英文名称
	表名	数据资产所属的数据表英文名称
	更新频率	数据更新周期，如实时、日、周、月等
	数据保存时间跨度	数据最新保存的时间跨度，如：保存近一年、保存当前切片、全量保存等
	生命周期描述	数据清理、迁移等相关信息，如：（1）永久保存；（2）有效数据永久保存；（3）失效数据
	记录数	数据表中存储的数据条数
	物理存储量	数据表所占的存储大小

续表

属性大类	属性小类	属性小类定义
管理信息	分类分级	数据依据重要程度、影响程度不同，划分安全级别，具体分级符合企业信息系统数据安全有关规定
	标签信息	为方便管理和应用数据资产，从管理和应用的角度出发，根据数据资产的特征，为数据资产添加特定的标注
	安全信息	描述该数据资产是否为个人金融信息、敏感级别、是否脱敏、脱敏类型、各级用户的权限范围
	数据质量情况	描述数据资产满足业务处理、经营管理、监管报送等需要的程度，包括真实性、准确性、连续性、完整性、及时性等衡量维度
	应用情况	统计数据资产的访问热度、引用频次等
	数据权属	描述数据资产的权属划分，根据企业参与数据资产管理范围，划分为内部确权与外部确权。内部确权包括所有权、使用权、收益权、处置权，外部确权包括数据资源持有权、数据加工使用权、数据产品经营权
	职责权限	描述数据资产相关各机构的权利和义务
	维护负责人	数据资产维护技术人员
	创建时间	数据资产创建日期
	更新时间	数据资产更新日期
价值信息	价值领域	数据资产价值产出的应用领域，包括数字化客户管理、数字化营销管理、数字化运营管理、数字化风险管理、数字化财务管理、数字化经营决策
	内在价值	描述数据资产本身固有的价值
	成本价值	描述数据资产获取、加工、维护和管理所需的成本支出
	业务价值	描述数据资产对业务的赋能效果
	经济价值	通过货币化方式计算数据驱动带来的营业收入金额增值，以及降低营运成本和风险损失等的金额
	市场价值	在市场上提供数据产品所产生的经济收益

注：不同类型数据资产需要梳理的属性可根据自身特征在本表中选择。

附录 C
（资料性）
数据资产估值方法

C.1 内在价值

内在价值指数据资产本身固有的价值，主要通过数据质量、数据资产定义质量、使用频度、数据规模等指标衡量。

内在价值=（数据质量评分+数据资产定义质量评分
+使用频度评分）/3×数据规模

式中：

数据质量评分——统计各信息系统数据质量总体评估情况，包括完整性、规范性、有效性、一致性、唯一性等；

数据资产定义质量评分——统计各信息系统通过数据资产管理平台发布的数据资产定义信息的总体质量评估情况，包括完整性、及时性、准确性、规范性等；

使用频度评分——统计各信息系统数据资产近一年的使用热度总体情况；

数据规模——统计各信息系统数据资产总量。

C.2 成本价值

成本价值指数据资产获取、加工、维护和管理所需的成本支出，主要通过建设成本、加工成本、运维成本、管理成本、风险成本指标衡量。

成本价值=建设成本+加工成本+运维成本+管理成本+风险成本

式中：

建设成本——统计内部原始数据采集人工成本、采集终端设备成本及外部数据采购等成本；

加工成本——统计数据清洗、校验、整合等过程的投入成本；

运维成本——统计数据存储、备份、迁移成本，数据库设备折旧成本以及数据维护的人力成本；

管理成本——统计数据治理成本，数据安全和保护方面的投入成本；

风险成本——数据原因导致外部监管处罚金额。

C.3 业务价值

业务价值指数据资产对业务的赋能效果，通过业务指标提升衡量数据资产在实际业务使用中的效用。

业务价值=业务指标的提升

可根据是否直接参与主营业务活动区分为直接业务指标与间接业务指标，直接业务指标是指数据资产直接赋能主营业务而贡献的显性价值，如：例如净增零售中高端客户（户）、净增公司有价值客户（户）、不良贷款控制率（%）等。间接业务指标是指数据资产服务主营业务而贡献的隐形价值，如手工替代率（%）、服务人次（人次）等。

C.4 经济价值

经济价值指通过货币化方式计算数据驱动带来的营业收入金额增值，以及降低营运成本和风险损失等的金额。

经济价值=业务总效益×数据驱动的贡献比例

式中：

业务总效益——包括提升营业收入和降低营运成本或风险成本等；

数据驱动的贡献比例——确定方式包括分解测算法和业务协商法。若选用业务协商法，需通过业务协商，确认算法贡献比例后，通过总收益与业务协商比例相乘确认经济价值。若选择分解测算法，需通过参照组的设置计算出服务型数据资产带来的总收益与初始场景对应的总收益，通过做差相减计算出算法带来的收益。

C.5 市场价值

市场价值指在市场上提供数据产品所产生的经济收益，由市场供给决定数据资产价值。

市场价值=数据产品在对外流通中产生的总收益

参考文献

[1] 国家市场监督管理总局，国家标准化管理委员会 . GB/T 40685—2021 信息技术服务　数据资产　管理要求 [S]. 2021.

[2] 中国人民银行 . JR/T 0236—2021 金融大数据　术语 [S]. 2021.

[3] How to Monetize, Manage, and Measure Information as an Assets [R]. GARTNER, 2018.

[4] How to Measure the Net Value of Your Information Assetss [R]. GARTNER, 2020.

[5] 中国信息通信研究院 . 数据资产化：数据资产确认与会计计量研究报告 [R], 2020.

[6] 浦发银行 . 商业银行数据资产管理体系建设实践报告 [R], 2021.

[7] 光大银行 . 商业银行数据资产估值白皮书 [R], 2021.

附录2 《金融数据安全技术防护规范》团体标准

金融数据安全技术防护规范

前 言

本文件按照 GB/T 1.1—2020《标准化工作导则 第1部分：标准化文件的结构和起草规则》和 GB/T 20004.1—2016《团体标准化 第1部分：良好行为指南》给出的规则起草。

请注意本文件的某些内容可能涉及专利。本文件的发布机构不承担识别专利的责任。

本文件由中国互联网金融协会提出。

本文件由中国互联网金融协会归口。

本文件起草单位：中国互联网金融协会、同盾科技有限公司、海问律师事务所、奇富科技股份有限公司、重庆富民银行股份有限公司、中互金认证有限公司。

本文件主要起草人：单强、陆书春、朱勇、王新华、祝伟、李阜新、马丹、高建锋、周良、陈克举、赵新、邓康、杨建媛、李娜、马元朋、王睿、刘志刚、邬肖玢。

1 范围

本文件规定了金融数据安全技术防护的目标和原则，明确了相关制度规范、数据全生命周期安全、数据安全监管和运维方法等内容，确立了金融机构在开展业务和进行经营管理过程中的数据安全技术防护方案。

本文件适用于金融机构开展金融数据安全技术防护使用，并为第三方评估机构单位开展金融数据安全防护检查与评估工作提供参考。

2 规范性引用文件

下列文件中的内容通过文中的规范性引用而构成本文件必不可少的条款。其中，注日期的引用文件，仅该日期对应的版本适用于本文件；不注日期的引用文件，其最新版本（包括所有的修改单）适用于本文件。

GB/T 25069—2022 信息安全技术　术语

GB/T 35273—2020 信息安全技术　个人信息安全规范

3 术语与定义

GB/T 35273—2020 和 GB/T 25069—2022 界定的以及下列术语和定义适用于本文件。

3.1　金融数据 financial data

金融机构开展金融业务、提供金融服务以及日常经营管理所需或产生的各类数据。

注：该类数据可用传统数据处理技术或大数据处理技术进行组织、存储、计算、分析和管理。

（来源：JR/T 0197—2020，3.10，有修改）

3.2　个人信息 personal information

以电子或其他方式记录的能够单独或者与其他信息结合识别特定自然人身份或者反映特定自然人活动情况的各种信息。

注 1：个人信息包括姓名、出生日期、身份证件号码、个人生物识别信息、住址、通信联系方式、通信记录和内容、账号密码、财产信息、征信信息、行踪轨迹、住宿信息、健康生理信息、交易信息等。

注 2：个人信息控制者通过个人信息或其他信息加工处理后形成的信息，例如，用户画像或特征标签，能够单独或者与其他信息结合识别特定自然人身份或者反映特定自然人活动情况的，属于个人信息。

（来源：GB/T 35273—2020，3.1，有修改）

3.3　个人金融信息 personal financial information

金融机构通过提供金融产品和服务或者其他渠道获取、加工和保存的个人信息。

注 1：个人金融信息包括账户信息、鉴别信息、金融交易信息、个人身份信息、财产信息、借贷信息及其他反映特定个人某些情况的信息。

注 2：改写 GB/T 35273—2020，定义 3.1。

（来源：JR/T 0185—2020，3.9）

3.4 敏感个人信息 sensitive personal information

一旦泄露或者非法使用，容易导致自然人的人格尊严受到侵害或者人身、财产安全受到危害的个人信息。

注 1：敏感个人信息包括生物识别、宗教信仰、特定身份、医疗健康、金融账户、行踪轨迹等信息，以及不满十四周岁未成年人的个人信息等。

注 2：个人信息控制者通过个人信息或其他信息加工处理后形成的信息，如一旦泄露、非法提供或滥用可能危害人身和财产安全，极易导致个人名誉、身心健康受到损害或歧视性待遇的，属于个人敏感信息。

（来源：GB/T 41479—2022，3.7）

3.5 敏感数据 sensitive data

由权威机构确定的受保护的信息数据。

注：敏感信息数据的泄露、修改、破坏或丢失会对人或事产生可预知的损害。

（来源：GB/T 39477—2020，3.7）

3.6 重要数据 important data

一旦遭到篡改、破坏、泄露或者非法获取、非法利用，可能危害国家安全、公共利益的数据。

3.7 数据安全 data security

通过管理和技术措施，确保数据有效保护和合规使用的状态。

（来源：GB/T 37988—2019，3.1）

3.8 保密性 confidentiality

信息对未授权的个人、实体或进程不可用或不可泄露的性质。

（来源：GB/T 25069—2022，3.41）

3.9 完整性 integrity

准确和完整的性质。

（来源：GB/T 25069—2022，3.612）

3.10 可用性 availability

可由经授权实体按需访问和使用的性质。

（来源：GB/T 25069—2022，3.345）

3.11 真实性 authenticity

一个实体是其所声称实体的性质。

（来源：GB/T 25069—2022.3.769）

3.12 数据生命周期 data lifecycle

数据从产生，经过数据采集、数据传输、数据存储、数据使用（包括访问、导入与导出、加工、展示、开发测试、汇聚融合、公开披露、转让等）、数据交换，直至数据销毁等各种生存形态的演变过程。

（来源：GB/T 35274—2017，3.2，有修改）

3.13 匿名化 anonymization

通过对个人信息的技术处理，使个人信息主体无法被识别或关联，且处理后的信息不能被复原的过程。

注：个人信息经匿名化处理后所得的信息不属于个人信息。

（来源：GB/T 35273—2020，3.14）

3.14 数据脱敏 data desensitization

通过一系列数据处理方法对原始数据进行处理以屏蔽敏感数据的一种数据保护方法。

（来源：GB/T 37988—2019，3.12）

3.15 数据沙箱 data sandbox

一种通过实现数据所有权和数据使用权分离，以确保数据流通过程安全可控的产品或平台。

3.16 数据水印 digital watermarking

一种将特定的数字信号嵌入数据产品中以保护数字产品版权、完整性防复制或去向追踪的技术。

（来源：GB/T 36303—2018.3.1，有修改）

3.17 访问控制 access control

一种确保数据处理系统的资源只能由经授权实体以授权方式进行访问的手段。

（来源：GB/T 25069—2022.3.147）

3.18 溯源信息 provenance information

数据处理过程中记录的可以实现追踪数据来源的信息。

（来源：GB/T 39477—2020，3.10）

3.19 多方安全计算 secure multi—party computation

多方安全计算主要研究针对无可信第三方情况下，安全地进行多方协同的计算问题。即在一个分布式网络中，多个参与实体各自持有秘密数据，各方希望以这些数据为输入共同完成对某函数的计算，而要求每个参与实体除计算结果、预期可公开的信息外均不能得到其他参与实体的任何输入信息。

注：多方安全计算的常用技术有混淆电路（Garbled Circuit）、不经意传输（Oblivious Transfer）、秘密分享（也称为秘密分割，Secret Sharing）、同态加密（Homomorphic Encryption）等。

3.20 联邦学习 federated learning

一种多个参与方在保证各自原始私有数据不出数据方定义的私有边界的前提下，协作完成某项机器学习任务的机器学习模式。

4 缩略语

下列缩略语适用于本文件。

API：应用程序接口（Application Programming Interface）

DES—CBC：数据加密标准—密码块链接（Data Encryption Standard—Cipher Block Chaining）

DLP：数据泄露防护（Data Leakage Protection）
IP：网际互连协议（Internet Protocol）
MAC：媒体访问控制（Media Access Control）
MD5：消息摘要算法（Message—Digest Algorithm 5）
SHA1：安全散列算法（Secure Hash Algorithm 1）
SSL：安全套接层协议（Secure Socket Layer）
TLS：安全传输层协议（Transport Layer Security）
UEBA：用户实体行为分析（User and Entity Behavior Analytics）

5 金融数据安全技术总则

5.1 概述

金融数据安全技术防护旨在对金融数据资产进行全面梳理，并指导金融机构设置数据安全防护措施。数据安全防护管理是建立统一、完善的数据生命周期安全保护框架的基础工作，能够为金融机构制定有针对性的数据安全管控措施提供支撑。

（a）组织保障：数据安全组织保障是数据安全技术防护框架必不可少的组成部分，确保数据安全工作具有包括决策层、管理层、执行层以及监督层的完善管理体系，是确保数据安全防护机制能够有效落实和严格执行的基石；

（b）核心保障：数据生命周期安全防护要求是数据安全技术防护框架的核心，针对不同数据类型的安全防护要求，明确其在采集、传输、存储、使用、删除以及销毁等数据生命周期各个环节的安全防护要求，是金融机构开展数据安全防护工作的基本依据；

（c）运维保障：在金融机构日常运营过程中，加强在监测运维过程中的数据安全风险防控能力，可保障数据安全防护机制的有效执行和数据安全问题的及时发现与应对。

5.2 目标

数据安全防护的目标是保障金融数据及其应用过程中的运营合规、风险可控和价值实现，主要包括：

（a）运营合规：建立符合法律法规和行业监管的数据运营管理体系，保障数据及其应用的合规；

（b）风险可控：建立数据风险管控机制，确保数据及其应用满足风险偏好和风险容忍度；

（c）价值实现：构建数据价值实现体系，促进数据资产化和数据价值实现。

5.3 原则

为防范和抵御金融数据安全风险，金融机构在开展业务及日常经营管理过程中，遵循以下数据安全基本原则：

（a）合法合规原则：满足国家法律法规及行业主管部门有关规定，确保金融数据全生命周期活动的合法性和正当性；

（b）目的明确原则：制定金融数据安全防护策略，明确金融数据生命周期各环节的安全防护目标和要求；

（c）授权保密原则：向个人金融信息主体明示数据采集和处理的目的、方式、范围、规则等，制定完善的隐私政策，在进行数据采集和处理前征得其授权同意，对所涉及的信息进行严格保密；

（d）最小够用原则：金融机构应仅处理个人金融信息主体授权同意的金融数据，处理的金融数据为业务所必需的最小金融数据类型和数量；

（e）全程可控原则：采取与金融数据安全级别相匹配的安全管控机制和技术措施，确保金融数据在全生命周期各环节的保密性、完整性和可用性，避免数据在全生命周期内被未授权访问、破坏、篡改、泄露或丢失等；

（f）动态控制原则：金融数据的安全控制策略和安全防护措施不是一次性和静态的，可基于业务需求、安全环境属性、系统用户行为等因素实施实时和动态调整；

（g）权责一致原则：明确本机构数据安全防护工作相关部门及其职责，有关部门及人员积极落实相关措施，履行数据安全防护职责。

6 金融数据安全技术防护框架

金融数据安全技术防护框架（见图1）包含以下四部分：

（a）金融数据安全总则：包含金融数据安全防护的任务、目标和原则；

（b）金融数据全生命周期安全：包含数据采集、数据传输、数据存储、数据使用、数据交换和数据销毁；

（c）金融数据基础安全：包含制度规范、人员管理、数据资产管理和数据分类分级；

（d）金融数据检测及运维安全：包含边界管控、访问控制、数据安全监测、数据安全审计、数据安全评估和安全事件应急处置。

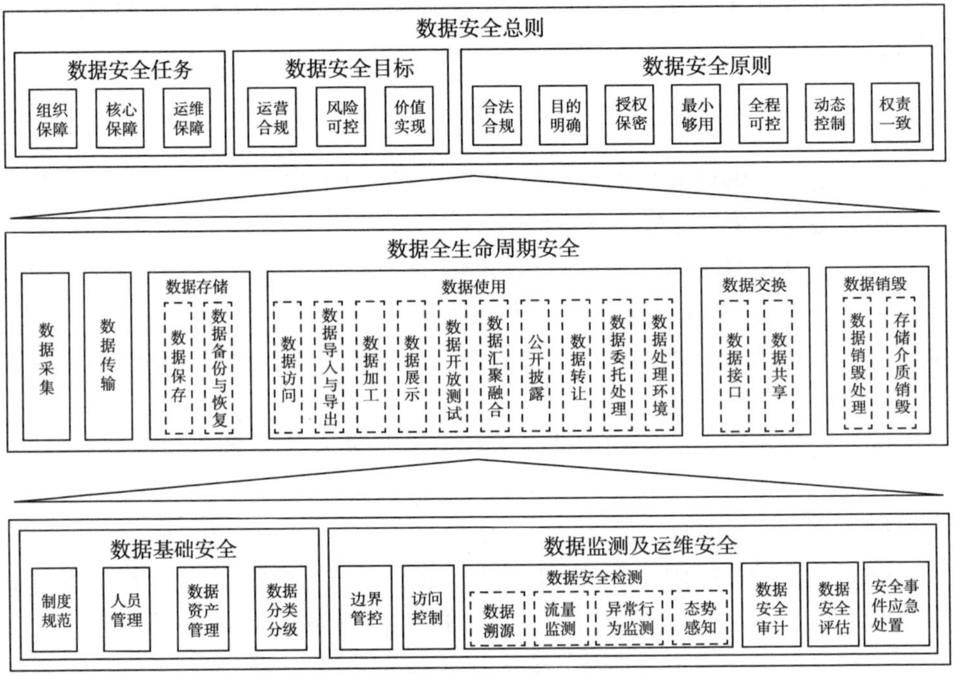

图 1　金融数据安全技术防护框架

7　金融数据基础安全

7.1　制度规范

金融机构应建立统一的金融数据安全管理制度体系，明确各层级部门与相关岗位数据安全工作的职责，规范工作流程。数据安全管理制度体系要求如下：

(a) 应依据国家与行业主管和监管部门要求，结合机构自身风险管控策略和偏好、安全建设预算等因素，制定本机构数据安全总体安全策略、方针、目标、原则。

(b) 应制定本机构数据分级规程，识别并维护本机构数据资产清单，并标注相应的数据级别。

(c) 应制定数据安全管理制度及实施细则并定期评价更新，确保基于数据分级的数据安全制度体系覆盖机构数据全生命周期，并对有关制度的有效性进行定期评价与更新，具体要求如下：

（1）制定本机构数据安全管理规定，提出本机构数据安全生命周期保护工作的总体策略；

（2）针对不同安全级别的数据，制定相应的安全策略和保障措施；

（3）建立金融数据安全日常管理及操作流程，对数据生命周期各阶段的数据保护工作提出具体要求；

（4）建立合理、统一的密码使用和密钥管理技术规范和制度；

（5）建立数据脱敏技术规范和制度，明确不同安全级别数据脱敏规则、脱敏方法和脱敏数据的使用限制，配置脱敏数据识别和脱敏效果验证服务组件或技术手段，确保数据脱敏的有效性和合规性，对数据的脱敏操作过程留存日志记录，用于审核违规使用、审核脱敏完整性；

（6）建立数据供应方安全管理要求，确定数据来源合法合规，对数据的真实性、有效性进行管理；

（7）建立数据出境安全控制要求与操作程序；

（8）建立数据采集、传输、存储、使用、删除及销毁相关审核规程，宜采用电子化手段实现审核流程；

（9）制定数据采集的操作规程，规范数据采集的渠道、数据格式、流程和方式；

（10）建立数据安全评估、个人金融信息安全影响评估以及内外部数据安全检查与评估制度；

（11）建立数据安全事件管理、处置规程和应急响应等机制，明确重大数据安全事件的处置流程及应对方法。

（d）应定期审核和更新金融数据安全管理制度。

（e）在本机构组织架构发生重大调整或数据相关服务发生重大变化时，应及时对金融数据安全策略与规程进行评估，并按需进行修订和更新。

7.2 人员管理

金融机构应对涉及数据安全的人员进行管理，具体要求如下：

（a）人员录用及日常管理方面：

（1）录用员工前，进行必要的背景调查；

（2）对数据安全关键岗位制定统一的保密协议，并与可接触机构3级及以上数据的员工以及从事数据安全关键岗位的员工签署保密协议；

（3）识别机构数据安全关键岗位，并与其签署数据安全岗位责任协议，数据安全关键岗位包括但不限于：

——数据安全管理岗位、审计岗位；

——业务操作与信息技术操作特权账户所有者；

——数据各级权限审批岗位；

——重要数据处理岗位；

——信息系统开发、测试岗位人员；

——因业务需要，需高频和（或）大批量接触3级及以上数据的岗位人员；

——外部数据采购岗位；

——其他金融机构识别的数据安全关键岗位。

（4）发生人员调离岗位时，立即完成相关人员数据访问、使用等权限的配置调整，并明确有关人员后续的数据保护管理权限和保密责任；若有关人员调整后的岗位不涉及数据的访问与处理的，明确其继续履行有关信息的保密义务要求；

（5）与员工终止劳动合同时，立即终止并收回其对数据的访问权限，明确并告知其继续履行有关信息的保密义务要求，并签订保密承诺书；

（6）建立外部人员管理制度，对允许被外部人员访问的系统和网络资源建立数据存取控制机制、认证机制，列明所有外部用户名单及其权限，加强对外部人员的数据安全要求和培训，必要时签署保密协议。

（b）在人员培训和教育方面，应制订数据安全相关岗位人员的安全专项培训计划：

（1）按照培训计划定期开展数据安全意识教育与培训，培训内容包括但不限于国家有关法律法规、行业规章制度、技术标准，以及金融机构内部数据安全有关制度与管理规程等内容，并对培训结果进行评价、记录和归档；

（2）对密切接触高安全等级数据的人员定期开展数据安全意识教育和培训，培养办公数据定期删除意识，并定期开展数据删除自查工作；

（3）每年至少对数据安全管理专职与关键岗位人员进行1次数据安全专项培训；

（4）至少每年1次或在隐私政策发生重大变化时，对数据安全关键岗位上的人员开展专业化培训和考核，确保人员熟练掌握隐私政策和相关规程。

（c）在数据安全技术方面，应具备以下能力：

（1）应熟悉国内外主流的数据安全产品和工具，如DLP、脱敏工具、加密平台、数据溯源和态势感知平台等，能判断当前组织的需求；

（2）在数据生命周期中，应能评估潜在数据安全风险，包括但不限于数据泄露风险、数据篡改风险、数据滥用风险等，并能制定有效、合理降低数据风险的解决方案或措施；

（3）应对敏感数据流动做好审计工作，具备风险排查能力，以及快速处置数据篡改和数据泄露的能力；

（4）应对当前数据安全体系进行技术验证，可采用白盒、灰盒和黑盒等安全测试和对抗，确保数据安全防御形成一个持续迭代更新的良性循环系统；

（5）应了解国内外前沿的数据安全和隐私保护技术，如加密技术、差分隐私和UEBA等，能在恰当时期引入组织需要的技术，降低数据安全和隐私保护的风险。

（d）在数据相关人员管理及关键岗位设置方面，应进一步加强管理，对接触高安全等级金融数据的人员及其岗位进行审批和登记，并定期对这些人员的行为进行安全审查。

（e）数据库管理员、操作员及安全审计人员等岗位应设立专人专岗，并实行职责分离；必要时特权账户所有者、关键数据处理岗位等数据安全关键岗位应设立双人双岗，强化数据安全管理。

7.3 金融数据资产管理

金融数据资产管理应执行国家及行业监管要求，并结合金融机构实际情况，具体要求如下：

（a）应明确数据资产安全责任主体及相关方；

（b）应通过技术工具实现数据资产的自动识别与发现，包括但不限于：资产扫描、元数据接口对接、数据字典导入等方式，收集、发现数据资产。其中，资产扫描方式以任务形式对指定网段内的各类数据库进行嗅探，自动发现数据库资产并进行备案，再通过对指定数据库进行扫描，识别库中的表名、表描述、字段名、字段描述、字段类型、字段长度与样本数据；数据字典导入和接口方式可通过文件导入或与元数据系统的接口对接方式获取数据资产；

（c）对于密钥类数据资产，应明确密钥管理安全要求，并构建密钥管理系统，实现对密钥的全生命周期（生成、存储、使用、分发、更新、销毁等）的安全管理；

（d）应建立组织统一的金融数据资产管理系统，通过技术工具实现对数据资产的统一管理，明确数据资产标识和数据资产相关管理方的属性标识；

（e）应建立便于索引和查询的金融数据资产清单，并及时更新数据资产相关信息；

（f）应通过数据资产管理系统量化金融业务机构数据资产的整体情况，包括但不限于数据资产的数据量、各等级数据资产的分布情况等，从而便于数据资产管理人员进行组织整体数据资产现状的统计；

（g）应能够量化评估金融机构内部数据资产相关管理者在相关数据安全流程中的参与情况，并根据评估结果调整管理者的职责。

7.4 金融数据分类分级

7.4.1 分类分级原则

（a）数据分类在实施中遵循以下原则：

（1）科学性：数据分类宜充分考虑数据的业务属性、多维特征和行业特点，按照其相互间内在逻辑关联对数据进行科学分类；

（2）实用性：数据类目设置宜与现有管理和分类相兼容，降低分类和数据保护的实施难度；

（3）稳定性：数据类目划分宜选择数据对象最稳定的本质特性作为依据；

（4）拓展性：数据分类应充分考虑业务拓展需求，前瞻性规划设计；

（5）规范性：数据类目名称应能准确、简洁表达数据特征和内容，内涵、外延清晰。

（b）数据分级在实施中遵循以下原则：

（1）安全性：数据的级别划分应围绕数据安全保护展开，确保数据安全地流通和使用；

（2）依从性：数据的级别划分应符合法律法规要求，满足监管部门相关规定；

（3）可执行性：数据的级别划分客观明了，易于理解，依据数据特征和定级规则即可判定数据的级别，具有良好的可操作性；

（4）时效性：数据级别具有一定的时效性，数据级别可能会因业务发展、安全策略等变化而有所变化，定期审计改进；

（5）合理性：数据级别划分合理，不宜将所有数据集中于某几个级别，不将重要数据的级别划分过低。一般将数据安全级别划分为 5 个级别，从高到低划分为 5 级、4 级、3 级、2 级、1 级。

7.4.2 分类分级实施方法

（a）数据分类的实施方法，构建从总到分的树形逻辑体系和框架：

（1）以金融基础数据标准分类框架的主题为划分维度，确定一级子类；

（2）在一级子类基础上，参考基础数据标准分类框架的标准大类，结合本机构数据特点，综合考虑数据安全分类管理的需求，再细分类别，形成二级子类；

（3）在二级子类基础上，根据具体的业务内容，再逐个类别确定具体的数据元，形成三级子类；

（4）四级子类，基于三级子类的数据进行细分。

（b）数据分级的实施方法，主要根据影响对象和影响程度的组合进行定级：

（1）数据分级的时机：应根据实际工作的需要选择分级的最佳时机。分级的最佳时机为提供数据服务前；分级的最差时机为提供数据服务时；

（2）数据分级的粒度：由一个或多个字段组成的数据集合；

（3）数据分级的范围：本机构的金融信息资源，参与数据分类的数据都要分级。

7.4.3 分类分级流程

数据分类分级包括发起、审核、更新等流程环节。相关人员应遵循客观、独立和审慎的原则，在充分进行分析的基础上，遵循既定的标准，保证分类分级的质量。

（a）数据分类流程，一般分为以下四个阶段：

（1）数据分类准备，全面梳理业务条线和业务内容，掌握数据资源的体量、类型、分布、业务含义等基本属性，明确业务划分的颗粒度；

（2）数据分类实施，确定组织或机构的业务主题、业务领域，参考本文件的数据分类方法进行类别设置，并按照分类的业务含义对数据资源进行划分归类；

（3）数据分类审核，审核并优化数据分类评定的过程和结果，确保数据分类结果与业务主题、业务领域、业务内容的要求一致；

（4）分类结果发布，发布符合数据分类要求的分类结果并投入使用。

（b）数据安全分级的流程，一般分为以下五个阶段：

（1）数据分级准备，对数据资源进行盘点，明确数据分级的粒度、范围；

（2）数据的分级，根据数据的影响对象、影响程度，确定数据安全遭到破坏后可能会影响的对象和影响的程度，基于该结果对数据定级；

（3）数据分级审核，审核并优化数据安全级别评定过程和结果，确保数据安全级别划分与数据安全保护目标一致；

（4）分级结果发布，发布符合数据安全目标和要求的分级结果；

（5）分级审计变更，依据安全性和时效性原则，及时对数据的内容、时效性和使用场景等需进行数据安全级别修订的情形，实施审计和变更。

7.4.4 分类分级工具

分类分级工具应符合以下要求：

（a）应优先采用技术工具，运用字段名、字段描述、内容关键字、正则表达式、自然语言识别等规则匹配，进行数据特征的智能识别，并与数据分类分级模板中的明细分类建立映射关系，快速实现数据分类分级；

（b）宜基于已分类分级的数据资产结果集，将结果中的表名、字段名、字段描述、数据特征等作为向量，进行机器学习建模，持续进行模型优化，形成数据分类分级模型知识库，构建全自动数据分类分级工具；

（c）数据分类分级的识别中，在数据含义单一、量小情况下，可采用人工手段；

（d）应根据业务和使用场景的变化对数据级别进行动态调整；

（e）应对数据分类分级的变更进行记录，并通知相关数据的使用方；

（f）对数据分类分级结果应定期组织审计评估，确保数据分类分级的正确性。

8 金融数据全生命周期安全

8.1 数据采集安全

数据采集安全应符合以下要求：

（a）应明确数据采集的目的、方式、范围和保存期限。当涉及敏感个人信息时，应明确采集的必要性及对个人的影响，不应收集与提供服务无关的个人信息；

（b）个人信息的采集应取得用户授权同意；

（c）应建立数据采集工具，统一设置采集策略，记录详细的日志，确保数据采集授权过程的完整记录，支持对数据采集和获取操作过程的可追溯性；

（d）应规定数据采集的渠道及外部数据源鉴定方式，并对采集来源方式、数据范围和类型进行记录；

（e）通过移动端采集数据时，应实现终端数据安全防护，防止数据泄露，如将数据与宿主机硬盘进行隔离等方式；

（f）应支持对采集全过程的加密通信，从发起数据采集请求，数据采集授权到采集数据传输的通信过程应采取双向加密传输；

（g）采集数据时，应对数据采集设备或系统的真实性进行验证；当采集敏感数据时，还应结合口令密码、设备指纹、网络接入方式、设备物理位置、设备风险情况等多种因素对数据采集设备或系统的真实性进行增强验证；

（h）数据采集涉及敏感信息时，应在数据传输前根据数据使用需要对原始数据进行脱敏或加密处理，降低数据传输过程中的风险；

（i）存储采集的数据时，应对采集到的数据根据数据安全级别和使用需要进行加密后存储，并对所存储的数据定期进行备份，保证存储数据的安全性，防止所存储的数据遭到窃取和破坏；

（j）应采用摘要、消息认证码、数字签名、数据证书技术手段或管控措施，对采集和获取到的数据进行完整性校验，防止采集前后数据被篡改；

（k）应基于合规评估的数据采集策略，包括但不限于原则、频度、范围等，实现数据合规性监控与告警。

8.2 数据传输安全

数据传输安全应符合以下要求：

（a）应明确金融数据传输安全管理规范，明确数据传输安全要求，如传输通道加密、数据内容加密、签名验签、身份鉴别、数据传输接口安全等；

（b）应建立传输数据完整性校验机制，如检验码、消息摘要、数字签名等，并采用技术手段实现数据容错或恢复；

（c）应明确需要进行传输加密的业务场景，并进行数据加密传输，如TLS/SSL、数字签名、时间戳等方式，确保数据传输的保密性和不可抵赖性；

（d）当传输敏感数据时，应支持对数据进行字段级加密，并采用安全的传输协议进行传输；

（e）应提供统一的数据加密模块供开发传输功能的人员调用，根据不同数据类型和安全级别进行数据加密处理，保证组织内数据加密功能的统一性；

（f）应选用安全的密码算法，禁用如 MD5、DES—CBC、SHA1 等在未加密情况下的不安全的算法；

（g）应采用安全技术或部署相关设备，如防火墙、负载均衡、防入侵攻击、数据防泄露检测与防护等设备，保证网络可用性及防止数据泄露；

（h）应提供对传输通道两端进行主体身份鉴别、认证的技术方案和工具，确保数据传输双方是可信任的；

（i）应部署技术工具，对通道安全、密码算法配置、密钥管理等保护措施进行审核及监控；

(j) 应采用有效的技术手段及时发现数据传输中的安全问题，对传输的数据进行安全拦截，并构建自动化应急能力；

(k) 宜构建全链路的数据流转的监控体系，能够实时了解数据的流向、传输情况；

(l) 应对关键的网络传输链路、网络设备节点实行冗余建设，保证数据传输可靠性和网络传输服务可用性；

(m) 应在数据传输完成后立即清除不再使用的历史缓存数据；

(n) 应详细记录数据传输过程日志，如传输链路建立成功与失败、监控异常与安全事件等。

8.3 数据存储安全

8.3.1 数据保存安全

数据保存安全应符合以下要求：

(a) 应制定数据安全保存的标准与规范，保证数据保存物理安全和环境安全；

(b) 应建立各类金融数据存储系统的安全配置规则，明确各类数据存储系统的账号权限管理、访问控制、日志管理、加密管理、版本升级等方面的要求；

(c) 应采用必要的技术手段支撑存储介质及逻辑存储空间的安全管理，如权限管理、身份鉴别、访问控制等，防止存储媒体的不当使用而可能引发的数据泄露风险；

(d) 应建立开放可伸缩的数据存储架构，根据安全级别、重要性、使用频率等因素，将数据分域分级存储；

(e) 应建立隔离存储授权和操作规范，确保具备多租户数据存储安全隔离能力；

(f) 应建立数据存储加密架构，满足应用层、数据平台层、操作系统层、数据存储层等不同层次的数据存储加密需求；

(g) 应建立数据分片和分布式存储安全规范和规则，采用必要的技术手段，保证分布式存储下分片数据完整性、一致性和保密性保护要求；

(h) 敏感数据应采取技术措施保证存储数据的保密性，必要时可采取多因素认证、固定处理终端、固定处理程序或工具、双人双岗控制等安全策略；

(i) 存储重要数据和个人信息等敏感金融数据，应采用加密、安全存储、访问控制、安全审计等安全措施；

(j) 应提供数据存储系统配置扫描工具，定期对重要的数据存储系统进行安全配置扫描，确保符合安全基线要求；

(k) 应将可用于恢复识别个人的信息与去标识化后的信息分开存储，并加强访问控制；

(l) 个人生物识别信息应与个人身份信息分开存储，在使用面部识别特征、指纹、掌纹、虹膜等实现识别身份后，不应存储可提取个人生物识别信息的原始图像；

(m) 在我国境内产生的金融数据原则上应在我国境内存储，国家及行业主管部门另有规定的除外。

8.3.2　数据备份与恢复

数据备份与恢复应符合以下要求：

(a) 应根据金融数据的安全级别和对系统运行的影响，明确数据备份与恢复操作规程，制定数据备份和数据恢复策略，包含数据备份和恢复的范围、备份频率、备份方式与工具、日志记录、数据保存期限等；

(b) 生产数据应采取实时备份与异步备份、增量备份与完全备份的方式，提供本地数据备份与恢复功能；

(c) 应建立数据备份与恢复的统一技术工具，包括但不限于数据备份、数据快照、实时捕获、数据库复制、长期保存、容灾接管等技术，支持本地和异地数据灾备，保证数据备份、数据恢复的自动执行；

(d) 应建立备份数据的安全技术手段，包括但不限于对备份数据的访问控制、压缩或加密管理；

(e) 数据备份应基于多冗余策略，可采用定期磁带、远程镜像、磁盘冷备、热备、双活等技术，备份频度及保存期限不低于相关监管和业务使用要求；

(f) 应制订数据恢复方案，明确恢复成功的业务及系统指标，定期进行数据恢复演练，并对技术方案中关键技术的可行性进行验证测试，记录并保存验证结果；

(g) 应采取必要的技术手段定期对备份数据的完整性和可用性进行检查，对主要备份业务数据进行恢复验证，确保数据可用性；

(h) 对过期存储数据及其备份数据应采用彻底删除或匿名化的方法进行处理，保证数据已被完全清除、无法恢复或无法识别到个人；

(i) 应确保存储架构具备数据存储跨机柜、跨机房、跨地域的容错部署能力。

8.4 数据使用安全

8.4.1 数据访问

数据访问应符合以下要求：

(a) 金融机构应综合各类主体角色、信用等级、业务需求和数据时效性等因素，按最小化原则，针对金融数据的不同安全级别，制定相应的权限管理策略；

(b) 应建立精细粒度的访问权限申请和审核批准机制，并通过访问控制组件或访问控制代理技术对访问的终端设备、应用程序、操作、IP 地址等多种因素综合进行访问控制，拒绝不符合策略规则的访问和操作行为；

(c) 应建立统一的身份鉴别授权访问控制的防护技术，包括身份鉴别、基于多因素身份认证登录、二次授权等，并应支持特权账户和敏感数据相隔离，保障金融数据在被访问过程中的保密性和完整性；

(d) 应对数据的访问权限和实际访问控制情况进行定期审计，至少每半年 1 次对访问权限规则和已授权清单进行复核，及时清理已失效的账号和授权。

8.4.2 数据导入与导出

数据导入与导出应符合以下要求：

(a) 金融机构应综合数据量、增长速度、业务需求、性能等因素，根据最小够用原则，明确数据导入导出场景、数据范围及相关规程；

(b) 应依据金融数据分类分级要求建立符合金融业务规则的数据导入导出安全相关的授权策略、不一致处理策略和流程控制策略；

(c) 应建立数据导入导出安全评估机制和授权审批流程；

(d) 应对请求数据导入导出的终端、用户或服务组件等采取多因素鉴别技术进行身份鉴别，以验证其身份的真实性和合法性；

(e) 数据导入时，应使用安全扫描技术，确认是否被恶意感染，如木马植入、病毒等信息；

(f) 数据导出时，应使用安全传输通道，如 IPsec VPN、SFTP 或本地传输机制等，并使用数据加密、数据脱敏等技术手段防止数据泄露；

(g) 应记录金融数据的导入导出行为，包括操作人、操作时间、操作结果、数据类型及安全级别等，留存时间不少于 6 个月，确保可追溯。应定期进行审计，确保未超出数据授权使用范围；

(h) 在导入导出完成后应对数据导入导出通道的缓存数据进行清除，保证不可被恢复；

（i）应为导入导出通道提供冗余备份的能力，确保数据导入导出的安全可靠；

（j）应具有数据导入过程保护和回退机制，保障获取过程中产生问题时能有效还原和恢复数据。

8.4.3 数据加工

8.4.3.1 数据加工分析要求

数据加工分析应符合以下要求：

（a）应明确原始数据加工过程中的数据获取方式、访问接口、授权机制、数据使用、处理结果安全等内容，明确数据分析工具使用算法，以及该算法使用数据范围及方式；

（b）制定金融数据加工过程的相关安全管理规范，确保数据加工操作前后数据间的映射关系，应能通过数据血缘等方式保留溯源的信息；

（c）应采用数据加密、数据脱敏等技术措施，保证数据加工过程的数据安全性；

（d）针对个人信息数据的分析中，应采用多种技术手段降低数据分析过程中的隐私泄露风险，如差分隐私保护、K—匿名、数据沙箱等；

（e）应对算法本身进行风险评估，以确定该算法输出的分析结果不会涉及用户个人隐私和组织的敏感信息；

（f）应记录并保存数据加工过程中个人信息、重要数据等敏感数据的操作行为，包括但不限于处理人员、处理系统 IP 地址、处理时间和处理方式等；

（g）应对数据加工分析过程进行必要的监督和安全审核，采取必要的技术手段和管控措施，避免信息泄露风险，确保数据加工分析过程的安全性；

（h）应采用必要的技术手段，在数据有恢复需求时，保证数据加工过程中产生的数据问题能有效地还原和恢复数据；

（i）应具备数据一致性检测及故障处理能力。

8.4.3.2 数据加工者要求

重要数据加工处理者、赴境外上市的数据加工处理者、向境外提供个人信息和重要数据的数据加工处理者，应当每年开展一次数据安全评估。一般数据安全评估框架包括：评估内容和范围、评估方法、评估结果、评估报告。

（a）评估内容和范围：应明确各相关部门的金融数据全生命周期采集、传输、存储、处理、交换以及销毁各个阶段的安全管理评估范围，包括但不限于：

——是否明确了对应的安全管控岗位和人员；

——是否采取了权限管理、访问控制、加密管理等安全技术防护手段；

——是否规定了数据脱敏规则、方法、处理流程；

——是否对数据处理、使用、删除以及权限申请等流程进行了规范；

——是否对相关操作进行了完整的日志记录；

——是否落实了定期的安全检查工作制度；

——是否落地了数据安全风险事件的自动监控和风险预警功能；

——是否明确了数据安全风险事件处置流程、方法以及应急预案等。

（b）评估方法：在评估过程中采用的评估方法包括但不限于：

——文档查验：依据金融数据安全管理规定等相关文档材料，查验各相关部门的金融数据安全管理的实际落实情况是否满足金融数据安全管理规定中数据全生命周期各个阶段的安全管理的要求；

——配置核查：登录与金融相关的数据管理信息系统和应用系统，检查对应系统平台的实际配置情况是否与金融数据安全管理规定中数据全生命周期各个阶段的安全管理要求保持一致；

——工具测试：利用技术工具对与金融数据相关的信息系统以及应用系统等进行实操测试，验证对应系统平台的管理能力是否符合相关评估内容所述技术能力、功能流程等安全管控要求；

——旁站验证：通过对与金融数据相关的应用界面、数据展示界面、数据存储界面、数据操作日志记录、数据处理流程、防护机制等进行查验，评估金融数据安全管理措施是否有效。

（c）评估结果：应依据金融数据安全实际管理情况与金融数据安全管理规定中的数据全生命周期各个阶段的安全管理要求进行对比分析，对数据产生方、数据应用方、数据管理方以及系统研发方实际的数据安全管理能力进行综合判定：

——若金融数据全生命周期各个阶段的实际安全管理情况与金融数据安全管理规定 90%（含）以上符合，则对应的评估结果应判定为“符合”；

——若金融数据全生命周期各个阶段的实际安全管理情况与金融数据安全管理规定 60%（含）~90%符合，则对应的评估结果应判定为“基本符合”；

——若金融数据全生命周期各个阶段的实际安全管理情况与金融数据安全管理规定 60%以下符合，则对应的评估结果应判定为“不符合”。

（d）评估报告：根据评估结果编写评估报告，评估报告中应对评估内容、方法、结果、问题等进行总结和分析。同时，数据产生方、数据应用方以及系统研发方应将评估报告汇总提交至数据管理方，由数据管理方按照实际评估结果对金融数据安全管理具体落实情况进行汇总分析，并依据评估结果内容对金融数据安全管理规定中的安全管控措施进行调整。

8.4.4　数据展示

数据展示应符合以下要求：

（a）数据展示前，应事前评估展示需求，包括展示的形式、条件、内容和目标等，并根据展示数据的类型和敏感等级，制定相应的安全策略；

（b）数据展示时，应对应用系统桌面、运维终端、客户端应用软件、柜面受理设备、自助终端设备等界面展示增加水印，水印内容应最少包括数据所有者、访问主体、访问时间和使用用途；

（c）数据展示时，应禁用展示界面复制、打印、截屏等可将展示数据导出的功能；

（d）数据展示时，应对敏感数据进行逐条授权、逐条查询、分级防护或具备对查询相关授权、次数、频率、总量等指标的实时监测预警能力，并留存相关查询日志；

（e）对于敏感数据的展示应在审批授权的基础上采用屏蔽、变形、替换、随机、格式保留加密（FPE）和强加密算法（如 AES）等多种脱敏算法，防止数据泄露；

（f）数据展示后，应及时将展示数据从本地缓存中清除。

8.4.5　数据开发测试

数据开发测试应符合以下要求：

（a）应采取技术措施，实现生产环境数据和开发测试环境数据的有效隔离；

（b）应通过技术手段控制数据的获取范围，包括对象、数据量等，并结合敏感数据的类型和匿名化的效果，以及该数据在开发测试过程中的用途和要求，制定数据脱敏策略；

（c）在生产数据进入开发测试环境之前进行脱敏处理，确保经过脱敏后的数据不再带有敏感信息，防止数据处理过程中的数据泄露；

（d）应对脱敏后的数据质量进行评估，保持源数据特征，满足开发测试对数据的仿真要求，不影响业务使用；

（e）在开发测试等过程使用的数据，应采用伪行水印、伪列水印等技术，植入数据水印信息，在保证不干扰开发测试的情况下，对数据使用行为进行溯源，防止数据泄露；

(f) 应对开发测试中提供的算法模型的可用性、一致性、合规性、安全性进行审核；

(g) 使用外部的软件开发包、组件、第三方代码等开展开发测试工作前应进行数据安全评估；

(h) 应对开发测试过程进行日志记录，并定期进行安全审计。

8.4.6 数据汇聚融合

数据汇聚融合应符合以下要求：

(a) 汇聚融合的数据不应超出收集时所声明的使用范围，因业务需要确需超范围使用的，应再次征得个人金融信息主体的明示同意；

(b) 汇聚融合后产生的数据应采用智能化分类分级技术，重新确定数据安全级别；

(c) 应根据汇聚融合后可能产生的数据内容、数据用途、数据安全级别等开展数据安全影响评估，并采取有效的技术保护措施；

(d) 涉及第三方机构合作的，应以合同协议等方式明确用于汇聚融合的数据内容和范围、数据汇聚融合方式、结果用途和知悉范围、各合作方数据保护职责和义务，以及数据保护要求和技术规范等；

(e) 多个数据归属方在融合使用数据的过程中，应采用多方安全计算、联邦学习、数据加密等技术，保证各自数据不被泄露，有效实现多方数据的使用价值；

(f) 原则上不应用于汇聚融合的数据，因业务需要确需汇聚融合的，应建立审批授权机制并采用数据跟踪溯源技术；

(g) 应对脱敏后的数据集或其他数据集经汇聚融合后重新识别出敏感数据的风险进行识别和评估，并采用有效的技术手段，对数据集进行安全保护；

(h) 宜建设数据安全隐私计算平台，促进金融机构和第三方机构数据进行数据融合、数据密文共享、联合计算、联合建模，使数据在各业务线之间流通，打通跨域数据的应用价值链。

8.4.7 公开披露

数据公开披露应符合以下要求：

(a) 应明确公开披露数据的内容、使用范围及规范，发布者与使用者的权利和义务；

(b) 数据公开披露前，应对拟披露的数据进行审核与审批，对拟披露数据的合规性、业务需求、披露渠道、披露时间、数据脱敏方案进行审核；

(c) 通过金融机构官方网站披露数据时，应具备防范网站页面的源代码暴露、网页防篡改、穷举登录尝试、重放攻击、SQL 注入、跨站脚本攻击、钓鱼、木马以及任意文件上传、下载等已知漏洞的相关能力，对金融机构公开披露数据的保密性与完整性进行安全防护；

(d) 通过金融机构客户端应用软件披露数据时，应采取防篡改机制保证数据不被移动终端的其他程序篡改；

(e) 通过金融机构客户端应用软件披露数据时，应采取技术手段防止内存中加密的敏感数据被还原为明文，并实现身份认证过程的防截屏、录屏，防范披露数据窃取风险；

(f) 定期审查公开披露的数据资源中是否含有非公开信息，并采取相关技术措施，确保公开披露数据使用的合规性；

(g) 应采取必要的措施建立数据公开事件应急处理流程；

(h) 应准确记录和保存数据的公开披露情况，包括公开披露的日期、规模、目的、范围等。

8.4.8 数据转让

数据转让应符合以下要求：

(a) 应事先开展金融数据安全影响评估，并依据评估结果采取有效的保护金融数据安全的措施；

(b) 应执行严格的审核程序，并准确记录和保存金融数据转让情况，记录内容应包括但不限于日期、规模、目的、范围，以及数据接收方基本情况和使用意图等，并应确保对转让的金融数据及其过程可被追溯；

(c) 转让重要金融数据时，应与数据接收方通过合同等形式明确双方的数据安全保护责任和义务，并采取加密、脱敏等技术措施保障金融数据安全；

(d) 应部署流量监控技术措施，对转让的金融数据进行监控和安全审计；

(e) 因收购、兼并、重组、破产等情况发生数据转让时，数据接收方应继续履行相关数据安全保护义务；对于无数据接收方的，应删除数据或将数据移交至行业主管部门指定的机构续存。

8.4.9 数据委托处理

数据委托处理应符合以下要求：

(a) 委托第三方开展数据处理活动的，应通过合同等形式明确约定委托处理的目的、期限、处理方式、数据的种类、保护措施、双方的权利和义务，以及第三方返还或删除数据的方式等，要求第三方以合同中约定的形式返还、删除接收和产生的数据，并对数据处理活动进行监督；

(b) 应对被委托方的数据安全防护工具、技术和措施等进行综合评估，确保被委托方具备足够的数据安全防护能力；

(c) 应根据委托处理的数据内容、范围、目的、安全等级等，对数据委托处理行为进行数据安全影响评估，并制定相应的安全防护策略；

(d) 委托处理的数据应采用数据脱敏、数据加密、数据水印等技术，降低数据被泄露、误用、滥用的风险，因业务确需，以及国家及行业主管部门另有规定的除外；

(e) 应对委托处理的数据进行安全审计；

(f) 应对数据委托处理活动进行必要的监视，保存委托处理过程记录与有关数据的处理情况。

8.4.10 数据处理环境

数据处理环境应符合以下要求：

(a) 提供统一的数据计算、开发平台，确保数据处理的过程中有完整的安全控制管理和技术支持；

(b) 重要业务的数据处理环境，应采用身份鉴别、访问控制、安全配置等安全防护技术；

(c) 金融数据处理系统或平台应与身份及访问管理平台实现联动，确保用户在使用数据处理系统或平台前已经获得了授权；

(d) 基于金融数据处理系统的多租户特性，应保证不同租户在该系统中的数据、系统功能、会话、调度和运营环境等资源可实现隔离控制；

(e) 基于数据处理环境建立分布式处理安全要求，包括但不限于：对外部服务组件注册与使用审核、分布式处理节点间可信连接认证、节点和用户安全属性周期性确认、数据文件标识和用户身份鉴权、数据副本节点更新检测及防止数据泄露等；

(f) 建立数据处理日志管理工具，记录用户在数据处理平台上的加工操作，定期开展审计，以备后期追溯；

(g) 只开启业务所需的最少系统服务及端口，并进行定期核查。

8.5 数据交换安全

8.5.1 数据接口安全

数据接口安全应符合以下要求：

(a) 建立数据接口安全管理机制，防范金融数据在接口调用过程中的安全风险；

(b) 通过合同等形式与数据接口调用方明确约定数据的使用目的、供应方式、保密约定、数据安全责任等;

(c) 明确数据接口安全控制策略,明确规定使用数据接口的安全限制和安全措施,构建安全技术工具和能力,如身份鉴别、访问控制、授权策略、签名、时间戳、安全协议等;

(d) 为接口提供异常处理技术,包括但不限于:对数据接口不安全输入参数进行识别、限制和过滤等;

(e) 对数据接口访问进行安全审计,并具备能为数据安全审计提供可配置的数据服务接口的能力;

(f) 对跨安全域间的数据接口调用采用安全通道、加密传输、时间戳等安全措施;

(g) 宜建立数据接口安全监控工具,对接口调用进行必要的自动监控和处理。

8.5.2 数据共享安全

数据共享安全应符合以下要求:

(a) 在数据共享前,应开展数据安全影响评估,对共享的数据内容、数据范围、时间周期、传输方式、使用用途、安全管控手段等要素进行评估;

(b) 提供数据查询服务、为数据核验、统计、分析类综合数据服务等方式提供共享数据,并构建共享数据更新和失效召回机制;

(c) 采用数据源鉴别、数据分类分级、资源目录管理和共享数据维护等技术手段完成共享数据准备,保证共享数据准确、完整、可用和来源真实;

(d) 采用身份鉴别、访问控制、安全传输、操作抗抵赖、过程追溯等技术手段,保证金融数据共享交换过程中的保密性、完整性以及操作的不可否认性和可追溯性;

(e) 共享重要金融数据时,应与数据接收方通过合同等形式明确双方的数据安全保护责任和义务,并采取数据加密、数据脱敏、数据标记、数据水印等技术保障金融数据安全;

(f) 宜构建数据防泄露系统,构建深度内容分析能力,利用关键字、正则表达式、文件指纹、自然语言处理等数据识别技术,对外发、共享数据进行解析与扫描,实时识别、监控、保护金融敏感数据;

(g) 使用自动化工具如代码、脚本、接口、算法模型、软件开发工具包等进行数据共享时,应采取身份认证、数据加密、反爬虫机制、攻击防护和网络监控等技术手段,有效防范网络监听、接口滥用,并定期检查和评估自动化工具安全性和可靠性；

（h）对共享数据及数据共享过程进行监控审计，共享的数据应满足共享业务需求，且不能超出数据共享使用授权范围；

（i）留存数据共享过程日志记录，记录内容包括但不限于数据提供方、数据接收方、共享内容、共享时间、防护技术措施等；

（j）配套建立数据共享安全应急响应机制，必要时应及时切断数据共享。

8.6 数据销毁安全

8.6.1 数据销毁处理

数据销毁处理应符合以下要求：

（a）依据金融数据分类分级建立数据销毁策略和管理制度，明确数据销毁场景、销毁对象、销毁方式和销毁要求；

（b）设置销毁相关监督角色，并对数据销毁过程相关的操作进行记录，满足安全审计的要求；

（c）超过国家及行业主管部门有关规定、内部规章及合同协议所述保存期限的金融数据应执行数据销毁操作；

（d）采用必要的数据销毁手段，包括但不限于多次复写、消磁销毁、物理销毁、经认证的机构和设备销毁；

（e）确保以不可逆的方式销毁在金融产品和服务所涉及的系统中的敏感数据及其副本；

（f）敏感金融数据应建立数据删除的有效性复核机制，定期检查能否通过业务前台或管理后台访问已被删除数据；

（g）通过技术手段避免对数据的误销毁；

（h）明确数据销毁效果的量化评估指标与机制，定期对数据销毁效果进行抽样认定，通过数据恢复工具或数据发现工具进行数据的尝试恢复及检查，验证数据销毁效果。

8.6.2 存储介质销毁

存储介质销毁应符合以下要求：

（a）依据存储介质存储内容的重要性和安全级别，明确不同类型存储介质的销毁方法和销毁技术措施；

（b）对存储介质销毁的登记、审批、交接等过程进行监控；

（c）存储介质如不需继续使用，应采取不可恢复的方式对存储媒体进行销毁，包括但不限于消磁销毁、焚烧、粉碎等；

（d）存储媒体如需继续使用，应通过多次复写等方式安全地擦除数据，保证数据擦除所填充的字符完全覆盖存储数据区域，确保数据不可再被恢复或者以其他形式加以利用；

（e）提供存储介质销毁工具，包括但不限于物理销毁、消磁设备等工具，并对工具进行持续更新，以保证销毁效果；

（f）制定对存储介质进行销毁的监管措施，确保对销毁介质登记、审批、交接等介质销毁过程监控。

9 金融数据安全监管与运维

9.1 边界管控

边界管控应符合以下要求：

（a）应在网络边界及各网络区域间部署访问控制设备，包括但不限于防火墙、IDS、入侵监测系统等，有效拦截攻击行为；

（b）应在网络边界或区域之间根据访问控制策略设置访问控制规则，默认情况下除允许通信外受控接口拒绝所有通信；

（c）应采用有效的技术措施保证跨越边界的访问和数据流通过边界设备提供的受控接口进行通信，防止非授权的网络链路接入；

（d）应通过有效技术措施对非法授权设备私自连到内部网络的行为进行检查和限制，如部署内网安全管理系统、关闭网络设备未使用的端口、绑定IP/MAC地址等；

（e）应通过有效技术措施对内部用户非授权连到外网的行为进行检查和限制，如禁止更改网络配置、禁用双网卡、USB接口、无线网络等；

（f）应部署无线网络管控措施，无线网络应单独组网并通过无线接入网关等受控的边界防护设备接入内部有线网络，并对非授权无线网络进行检测、屏蔽，防止因未经授权的无线网络接入行为；

（g）应在关键网络节点处检测、防止或限制从外部或从内部发起的网络攻击行为。当检测到攻击行为时，记录攻击源IP、攻击类型、攻击目标、攻击时间，在发生严重入侵事件时应提供告警；

（h）应在网络边界、重要网络节点进行安全审计，审计覆盖到每个用户，对重要的用户行为和重要安全事件进行审计，审计记录应包括事件的时间、用户、事件类型、事件是否成功及其他与审计相关的信息。

9.2 访问控制

访问控制应符合以下要求：

（a）应明确金融机构信息系统、平台和数据库等的身份鉴别、访问控制与权限管理的要求；

（b）应基于金融数据分类分级，建立敏感数据权限清单，明确安全要求、分配策略、授权机制和权限管理等，并建立敏感数据权限清单的定期更新和审核工具；

（c）应建立身份鉴别管理系统，支持主要应用接入，实现人员访问数据资源的统一身份鉴别；

（d）应建立权限管理系统，支持主要应用接入，实现人员访问数据资源的细粒度访问控制和权限管理；

（e）宜引入零信任接入安全技术，持续评估访问过程和风险，建立零信任动态访问控制体系；

（f）应建立用户口令长度、口令生存周期、口令复杂度等管理策略，保证基于口令的身份鉴别安全性；

（g）应采用口令、密码技术、生物技术等两种及以上组合的鉴别技术对用户进行身份鉴别，且其中一种鉴别技术应使用密码技术来实现；

（h）访问控制的粒度应达到主体为用户级，对核心、重要数据的访问进行控制；

（i）权限分配应遵循最少够用、职权分离等原则，仅授予不同账户完成其工作内容所需的最小权限，并保留授权记录；

（j）应定期审核数据访问权限，及时删除或停用多余的、过期的账户和角色，避免账户和角色权限冲突的存在；

（k）应及时阻断对数据、应用、系统等的任何非授权访问，提出告警并记录审计日志。

9.3 数据安全监测

9.3.1 数据溯源

数据溯源应符合以下要求：

（a）应采取技术手段对采集和归集数据的数据源进行识别和记录，记录信息包含业务处理人员、处理系统、IP 地址、处理时间、处理方式等，并进行有效存储，确保事件追溯时的信息可用性，能追踪原始数据来源；

（b）应制定金融数据溯源的策略和机制，明确追溯数据格式、追溯数据安全存储与分析使用等管理制度；

（c）应采取访问控制、加密等技术措施保证溯源信息的安全性；

（d）应对关键追溯数据进行备份，并采取安全技术手段对追溯数据和备份数据进行安全保护；

（e）应采取技术手段对分发、共享的数据进行溯源，如明文水印、密文水印等，标明数据的所有者、分发对象、分发时间、分发途径及使用范围等信息；

（f）应对人员、应用、账号的数据操作行为进行精细化审计，实时记录所有数据的访问和流转，结合区块链技术算法上链、内容存证、日志存证，在出现数据泄露事件后根据泄露的数据进行溯源；

（g）应以泄露数据为线索，建立数据安全事件的溯源分析及泄露分析机制，支持对人员、接口、IP、账号、时间、操作等进行溯源集中度分析，定位追踪到相关责任人；

（h）应通过对采集到的日志、事件、流量等构建事件关联分析能力，从数据资产流动路径分析角度出发，对安全事件涉及数据资产流转过程进行追踪溯源；

（i）宜利用事件同源分析、样本同源分析、多种关联分析等自动化分析技术，构建数据溯源的安全模型，增强数据的可追溯性。

9.3.2 流量监测

流量监测应符合以下要求：

（a）宜采取技术措施对数据归集、共享开放、处理、数据交换服务等关键节点进行流量监测；

（b）应收集金融数据资产访问流量并采用有效的技术手段对流量进行解析，识别并分析敏感数据的资产访问与流动状况。包括但不限于：访问源身份与位置、访问时间、访问频次、访问返回结果集内容、数据类型、数据流向、流动范围、数据载体、数据流向、数据量级等信息；

（c）应部署数据防泄露工具，对网络流量进行实时管控，发现数据流量异常、数据流向未经授权等行为并及时处置；

（d）应构建流量中的攻击行为特征，识别数据安全攻击事件，包括数据库函数、SQL 命令特征、跨站攻击等；

（e）应对用户数据访问流量进行建模，对比分析数据流量变化和规律，自动生成安全基线，及时形成总结报告，并对安全防护措施进行有针对性调整；

(f) 应对流量日志进行集中化大数据采集、汇聚、存储与归一化解析处理，形成标准化的统一数据格式，并能够提供稳定的日志存储和高效的日志索引的能力；

(g) 应具有对流量事件的处置能力，形成报告、记录事件、发出告警及协调处理；

(h) 宜构建数据安全管控系统，通过对各类数据日志、流量采集数据进行数据安全审计、异常行为分析、漏洞管理、威胁管理安全数据分析、数据安全预警等。

9.3.3 异常行为监测

异常行为监测应符合以下要求：

(a) 应建立异常行为特征库，如非授权时段访问敏感数据、未经授权的设备接入内部网络、权限范围外的数据和应用的尝试操作等；

(b) 应通过大数据与 UEBA 用户行为分析技术，基于安全基线以及异常行为特征模型对数据访问行为进行研判，实时感知风险并告警，包括但不限于：数据越权使用、API 异常调用、运维人员批量读取敏感数据等；

(c) 应采取必要的数据防泄露实时监控技术手段，监控及报告个人信息、重要数据等的外发行为，记录并预警数据未经授权或高风险的数据下载和传输等行为，防止数据泄露；

(d) 宜建立持续信任评估机制，发现数据访问过程中的异常行为，进而生成动态的访问控制策略；

(e) 应建立异常行为的跟踪、监控、分析和处置能力，利用系统运行日志、上网行为、终端等安全系统监控日志并结合业务操作日志，对金融数据异常使用、用户异常行为进行分析，形成数据安全分析报告，并对异常情况进行及时处置。

9.3.4 态势感知

态势感知应符合以下要求：

(a) 应通过安全设备收集目标对象的资产数据、运行数据、脆弱性数据、内外部安全情报、设备指纹、数据库日志及流量日志等数据；

(b) 应实时监测金融数据流转情况，形成数据资产视图、数据流转视图以及用户行为视图等，形成数据流转态势；

(c) 宜对账号、IP、应用系统、数据接口、数据设备进行画像，通过算法模型检测内部潜在的账户盗用、数据滥用、数据篡改、数据泄露、数据窃取、数据爬取，以及口令爆破、拖库、SQL 注入语句、超长语句、嵌套语句等安全风险和威胁，并可视化展示各类风险态势；

（d）宜采用机器学习、日志还原、可视化等技术手段，搭建态势感知平台，实现对安全威胁的深度检测、智能发现、预判预测。

9.4 数据安全审计

数据安全审计应符合以下要求：

（a）金融机构应基于金融数据分类分级结果，对数据全生命周期的各阶段建立数据安全审计监控相关规则，如数据访问、操作行为监控等；

（b）应建立针对数据访问和操作的日志监控技术工具，对数据异常访问和操作进行告警，并将高敏感数据以及特权账户对数据的访问和操作纳入重点的监控范围；

（c）应采用技术手段对金融数据全生命周期进行安全风险识别和管控，如恶意代码检测、异常数据流向、异常流量监控、用户行为分析等；

（d）审计应覆盖到每个用户，对用户的各类数据访问和操作行为进行审计；

（e）应明确对各类数据访问和操作的日志记录、安全监控和审计要求，保存相关日志和审计数据不少于 6 个月；

（f）日志记录内容应包括时间、用户、IP 地址、操作对象、操作内容、操作行为和操作结果等相关信息；

（g）审计记录应包括事件的日期和时间、用户、事件类型、事件是否成功及其他与审计相关的信息；

（h）应采用技术手段对审计记录进行保护，定期备份，避免受到未预期的删除、修改或覆盖等；

（i）应采用技术手段对审计进程进行保护，防止未经授权的中断；

（j）宜搭建数据安全审计系统，对日志进行统一处理、分析和管理，建立并执行审计策略，提供对审计记录进行统计、查询、分析及生成审计报表的功能，量化数据安全风险，形成审计报告反馈相关部门。

9.5 数据安全评估

数据安全评估应符合以下要求：

（a）金融机构应定期开展金融数据安全评估工作，评估周期应不超过一年；

（b）应根据金融数据安全评估实际需求和目标，明确评估的范围、周期、要求等，确定评估所涉及的金融数据、金融产品和服务、信息系统、人员及组织（含内、外部）等；

（c）应根据评估要点及判定准则，确定主要评估方法、技术以及工具，并形成方法、技术和工具清单；

（d）当金融机构的数据资产、数据安全保障、数据应用场景等发生变化时，在金融产品或服务上线前、业务功能或信息系统发生较大变更以及本机构发生重大数据安全事件等情况时均应开展全面的数据安全评估；

（e）应采用自动化工具检测数据安全面临的各类脆弱性与安全威胁，为开展数据安全评估工作提供有效技术手段；

（f）应根据评估结果及安全分析结论编制评估报告，对评估内容、过程、结果、问题等进行总结和分析，并给出总体评估结论，并以此采取相应措施降低风险及可能带来的损失；

（g）应留存相关评估过程材料及评估报告等评估结果材料，并采取技术措施确保评估材料的安全留存。

9.6 安全事件应急处置

9.6.1 安全事件应急处置要求

应制定安全事件应急响应与事件处置规范，做好应急预案，组织应急演练，确保在紧急情况下重要信息资源的可用性。

9.6.2 安全事件分级管理要求

应建立统一的安全事件管理系统，记录数据安全事件、事件处理情况、应急演练情况，并应依据国家及行业主管部门规定、事件性质、影响范围等，对安全事件进行分级管理，根据安全事件的分级考虑要素，将安全事件划分为以下4个级别：

（a）特别重大事件（Ⅰ级）：是指能够导致特别严重影响或破坏的网络安全事件，包括以下情况：

——会使特别重要信息系统遭受特别严重的系统损失；

——产生特别重大的社会影响。

（b）重大事件（Ⅱ级）：是指能够导致严重影响或破坏的网络安全事件，包括以下情况：

——会使特别重要信息系统遭受严重的系统损失或使重要信息系统遭受特别严重的系统损失；

——产生重大的社会影响。

（c）较大事件（Ⅲ级）：是指能够导致较严重影响或破坏的网络安全事件，包括以下情况：

——会使特别重要信息系统遭受较大的系统损失或使重要信息系统遭受严重的系统损失、一般信息系统遭受特别严重的系统损失；

——产生较大的社会影响。

（d）一般事件（Ⅳ级）：是指不满足以上条件的网络安全事件，包括以下情况：

——会使特别重要信息系统遭受较小的系统损失或使重要信息系统遭受较大的系统损失，一般信息系统遭受严重或严重以下级别的系统损失；

——产生一般的社会影响。

9.6.3 安全事件应急响应与处置策略

针对不同级别的安全事件，应制定相应的响应与处置策略；

（a）宜构建安全事件规则编排工具，对日志、流量、安全事件等进行关联分析、统计建模等，实现安全事件的自动化分析研判；

（b）应构建安全事件自动化响应工具，当出现安全事件时进行及时预警，并与防火墙、数据防泄露等安全防护设备联动，采取相应的安全措施进行自动化响应与处置；

（c）应提供知识库平台，分析和总结原因和存在的问题，记录应急演练安全事件处置结果和应急策略，并形成总结报告。

附录A
（资料性）
自动化数据分类分级技术

A.1 概述

目前金融信息系统众多，敏感数据本身数据量大，数据质量良莠不齐，存在数据范围广且分布零散等问题。通过人工手段对数据进行分类分级，存在数据资产梳理难、数据分类分级耗时费力、敏感数据识别准确率低等缺点，亟须通过自动化技术手段梳理金融业信息系统的数据资产，提高数据分类分级效率与质量，降低数据分类分级的强度和难度。

自动化数据分类分级的核心是准确识别数据表、字段的业务含义并与金融数据分类分级标模板智能建立映射关系，从而建立金融数据资产的分类分级标签，从而实现对数据的分布、位置、类型、安全级别进行摸底梳理，在明确保护对象和相应安全级别后，制定不同的数据安全防护策略，采用相对应的安全防护技术，做到安全防护有的放矢。

A.2 关键技术

A.2.1 数据特征自动识别技术

利用先进的扫描技术，通过主动发起数据探查行为，对结构化或非结构数据进行分析，运用表名、字段名、字段描述、内容关键字、正则表达式、自然语言识别等规则匹配，进行数据特征的智能识别，识别出姓名、客户号、银行卡号、身份证号、护照号、手机号码/座机号、电子邮箱、职业、地址、统一社会信用代码等。

A.2.2 谓词切分与语义识别技术

数据的业务属性是数据分类分级所依托的重要因素，而数据的业务属性往往存在于字段的命名方式、字段描述或字段备注中，通过对这类数据基于文本上下文进行合理、准确的谓词切分，可以辅助人工进行判断，也为自动匹配数据分类分级规则提供重要依据。例如“CARD_NUM”或“借款合同到期日期”，切分结果应为 CARD_NUM→CARD+NUM，借款合同到期日期→借款合同+到期+日期，通过切分结果，获得 CARD（银行卡信息）、借款合同等业务属性。

A.2.3 知识库与匹配技术

对于金融行业，其“专业术语”是可被枚举、收集的，在结合谓词拆分的基础上，可以将金融行业所涉及的谓词进行充分的归纳记录整理，并按照法规与行业标准，对这些谓词与谓词组合“归属于”哪个数据分类分级结果进行收集统计，将收集统计结果形成行业知识库。当形成知识库后，对于相同命名规范和谓词切分的元数据成果，可以通过知识库自动匹配的机制，直接自动化生成初步数据分类分级结果，在此基础上再结合人工梳理，大幅度提升工作效率。

A.2.4 机器建模与匹配技术

通过引入机器学习，数学建模等技术，采用监督学习模型，可以更进一步加速数据分类分级效率与自动化程度。可先对其一小部分采用半自动数据分类分级术先行处理，经过人工审核后，将这部分数据提交至机器学习引擎进行建模，反复训练达到较高匹配率后，该模型即为此场景下数据分类分级最佳匹配模型，并利用该模型完成后续数据的智能分类分级匹配。

附录B
(资料性)
数据脱敏技术

B.1 概述

数据脱敏又称数据漂白、数据去隐私化或数据变形，通过数据脱敏技术实现对敏感隐私数据的安全保护，避免敏感数据出现泄露。

B.2 脱敏效果的原则要求

(1) 特征保持：数据脱敏后必须保持数据的原有特征，仍旧具备真实数据的合法性；

(2) 关联关系保持：不同的数据间常常存在关联关系。比如数据库的主外键关联关系，用户出生年月信息与身份证号码的关联关系。存在关联关系的数据应作一致性的脱敏操作，继续保持原有关联关系；

(3) 业务规则关系保持：业务规则是业务上对数据的约束关系，由业务设计方提供。比如对某一业务字段设计的校验位，数据脱敏后应当仍符合业务的校验逻辑；

(4) 可定制性：用户在脱敏过程中，可根据实际业务需要灵活定制满足要求的脱敏规则。

B.3 脱敏算法

(1) 数据替换：以固定的虚拟值替换真值；

(2) 数据无效化：通过截断、加密、隐藏等方式进行敏感数据脱敏，不再具有利用价值；

(3) 数据随机化：采用随机数据代替真值；

(4) 数据混洗：对真值进行跨位随机互换；

(5) 数据屏蔽：通过掩码遮盖数据的部分信息，使其所有者可识别数据，而对其他人屏蔽数据信息。

B.4 应用方式

脱敏技术在具体应用中，根据实用性与场景不同的不同表现，分为静态脱敏技术与动态脱敏技术两种，静态数据脱敏一般用在非生产环境，将敏感数据从生产环境抽取并脱敏后用于培训、分析、测试、开发等非生产环境。动态数据脱敏一般用在生产环境，将敏感数据实时进行脱敏后用于应用访问等生产环境。

B. 4. 1　静态脱敏

静态数据脱敏与 ETL（ODI、Kettle 等）工具结合，按照脱敏规则一次性完成大批量数据的变形转换处理，再加载落地到开发、测试库等，在降低数据敏感程度、防止敏感系统泄露的同时，能够最大限度地保留原始数据集所具备的数据内在关联性等可挖掘价值。

B. 4. 2　动态脱敏

动态数据脱敏旨在通过类似网络代理的中间件技术，按照脱敏规则对于外部申请访问的数据进行及时处理并返回脱敏后结果。动态脱敏通常会在数据对外提供查询服务的场景中使用，在降低数据敏感程度的同时，最大限度地降低了需求方获取脱敏后数据的延迟，请求实时产生的数据也能即时得到脱敏后结果。

附录 C
(资料性)
数据加密技术

C.1 概述

通常情况下，数据库中的数据是以明文形式进行存储和使用的，一旦数据文件或备份磁带丢失，可能引发严重的数据泄露问题；而在拖库攻击中，很多成熟的数据库文件解析软件，均可对明文存储的数据文件进行直接分析，并输出清晰的、结构化的数据，从而导致泄密。数据库加密技术可对数据库中存储的数据在存储层进行加密，即使有人想对此类数据文件进行反向解析，所得到的也不过是没有任何可读性的“乱码”，有效避免了因数据文件被拖库而造成数据泄露的问题，从根本上保证数据的安全。

C.2 技术路线

对于数据库加密技术，从加解密位置区分，可以分为应用层加密、数据库中间件加密、数据库系统自身加密、数据库系统所依赖的文件系统加密以及存储硬件加密等不同技术路线。

C.2.1 应用层加密

在应用系统层的源代码中对敏感数据进行加密，加密后将密文存储到数据库中。可以直接在应用系统的源代码中以独立的函数或模块形式完成加密；也可以通过源代码的方式封装出应用系统相关业务专用的加密组件或定制的加密 API 来完成加密。

C.2.2 前置代理加密

类似于应用系统加密技术，前置代理加密技术也是在数据保存到数据库之前对敏感数据进行加密，并将密文存储到数据库中；而不同于前者的是，前置代理加密技术通常是以“前置代理加密网关”这种独立组件产品的形式实现的。

C.2.3 后置代理加密

后置代理加密技术是基于数据库自身能力的一种加密技术，可充分利用数据库自身提供的定制扩展能力实现数据的存储加密、加密后数据检索和应用透明等目标。其中，能够完美实现后置代理加密的典型代表是 Oracle 数据库——通过“视图+触发器+扩展索引+外部方法调用”的方式实现数据加密，同时保证应用的完全透明。

C. 2. 4 数据库透明加密

数据库透明加密技术是一种基于透明加密技术的安全加密技术，该技术能够实现对数据库数据的加密存储、访问控制增强、应用访问安全、权限隔离以及三权分立等功能。加密系统基于主动防御机制，有效防止明文存储引起的数据泄密、来自内部高权限用户的数据窃取、防止绕开合法应用系统直接访问数据库，从根本上解决数据库敏感数据泄露问题，真正实现了数据高度安全、应用完全透明、密文高效访问等技术特点。

C. 2. 5 文件系统加密

文件系统加密技术是在操作系统的文件管理子系统层面上对文件进行加密，大多是通过对与文件管理子系统相关的操作系统内核驱动程序进行改造实现的。不同于文件加密只对单个文件设置访问口令，或对单个文件的内容进行加密转换，文件系统加密提供了一种加密文件系统格式（类似于 ext4、xfs 等文件系统格式），通过把磁盘存储卷或其上的目录设置为该文件加密系统格式，达到对存储于卷或卷上目录中文件进行加密的目的。文件系统加密技术本质上并不是数据库加密技术，但可以用于对数据库的数据文件进行存储层面的加密。

C. 2. 6 磁盘加密

磁盘加密技术通过对磁盘进行加密以保障其内部数据的安全性，从实现上有软硬两种方式：软件方式的磁盘加密技术，大多是通过专用的磁盘加密软件对磁盘内容进行加密，但由于加密原理和使用方式等因素，基本上无法满足数据库系统的数据加密需求；而硬件方式的磁盘加密技术，在实现上则有两个思路：一种是针对单块硬盘的磁盘加密，另一种是针对磁盘阵列或 SAN 存储设备的磁盘加密。

附录 D
（资料性）
用户实体行为分析技术

D.1　概述

用户和实体行为分析（User Entity Behavior Analytics，UEBA）以敏感数据为中心，通过采集用户实体对数据操作行为、关联端点、网络和应用行为等信息，并将这些数据与威胁情报相关联，对用户实体持续画像和建模，通过数据分析与学习过程，建立多维度实体的行为基线，利用机器学习算法和预定义规则找出严重偏离基线的异常行为，及时发现内部用户、合作伙伴窃取数据等违规行为，并提高告警准确性。

D.2　关键技术

D.2.1　数据收集

收集的数据包括但不仅限于，安全设备产生的事件和日志、网络流量包、外部威胁情报、金融业的基础信息等。采集数据的质量高低会直接影响分析结果的准确性。加强数据收集的思路和方法主要有：

（a）从用户和实体活动中提取事件数据：可以从数据源本地获取，比如直接或通过现有存储结构中（中央日志管理，安全信息与事件管理 SIEM），而不应该主要依赖网络数据包作为主要数据源，或者只通过自己部署的代理程序来收集数据；

（b）使用更多外部来源的数据：这种数据收集方法应支持结构化和非结构化等多种数据类型，并考虑商业途径、人力资源数据库以及外部威胁情报等数据来源。

D. 2. 2 数据分析和建模

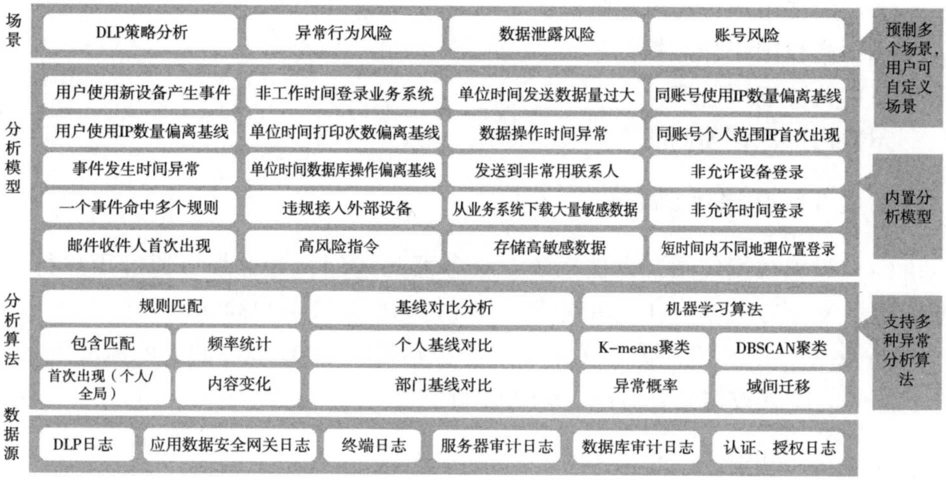

图 2 数据分析和建模

当前的 UEBA 分析方法和模型，大部分还是基于“规则”建立的，依赖历史事件、专家经验以及人为设定的阈值，同时也避免不了针对使用环境的不同而调整和优化参数的工作，UEBA 建模技术必然会向机器学习和人工智能方向发展，主要技术方向包括但不限于：

（a）通过机器学习和统计模型，结合现有的访问策略形成用户行为的基本模型和画像；

（b）避免只关注单体的访问行为，而是要结合所有用户及其操作。

D. 3 适用场景

D. 3. 1 账号安全

通常账号安全大致分为两类：

（a）账号本身异常操作监控，如创建、提权、删除、暂停、撤回等，以及静默账号突然出现活动；

（b）账号行为相关的登录时间、登录地点、登录频次等的异常监控，判断账号是否被盗用或者被攻陷。

D. 3. 2 内部威胁

（a）建立用户行为风险画像；
（b）高权限账号监控；
（c）关键应用监控；
（d）内部欺诈侦测。

D. 3. 3 数据渗漏

（a）敏感数据应用、存储系统、服务器的访问行为监控，通过用户行为基线建立及行为比对，自动识别偏离基线行为的潜在高风险访问和活动；

（b）基于 DLP 事件进行多维评估，包括发生 DLP 事件的人的风险等级、离职倾向、敏感数据处置数量、频次、目的等。

D. 3. 4 失陷主机

基于主机执行的高风险异常事件和活动，建立异常事件线，并关联实体相关参数，如端点安全警报、漏洞扫描结果、账户风险级别、访问目标等，从多维度检测任何异常活动或事件以确定风险评分。

D. 3. 5 在线业务欺诈

结合无监督机器学习、有监督机器学习、业务类型的威胁情报进行综合分析。

附录 E
（资料性）
安全级别定义

概述

参照 JR/T 0197—2020《金融数据安全　数据安全分级指南》中根据金融业机构数据安全性遭受破坏后的影响对象和所造成的影响程度，将数据安全级别从高到低划分为 5 级、4 级、3 级、2 级、1 级，一般具有以下特征：

（a）5 级数据特征如下：

（1）重要数据，通常主要用于金融业大型或特大型机构、金融交易过程中重要核心节点类机构的关键业务使用，一般针对特定人员公开，且仅为必须知悉的对象访问或使用；

（2）数据安全性遭到破坏后，对国家安全造成影响，或对公众权益造成严重影响。

注："必须知悉"是指对数据确定知悉范围，只有对数据知悉有明确的必要性时，该对象才能对数据知悉。一般情况下遵循工作需要原则和最小化原则，前者指因工作必须才可知悉，后者指知悉的范围满足最小够用即可。

（b）4 级数据特征如下：

（1）数据通常主要用于金融业大型或特大型机构、金融交易过程中重要核心节点类机构的重要业务使用，一般针对特定人员公开，且仅为必须知悉的对象访问或使用；

（2）个人金融信息中的 C3 类信息；

（3）数据安全性遭到破坏后，对公众权益造成一般影响，或对个人隐私或企业合法权益造成严重影响，但不影响国家安全。

（c）3 级数据特征如下：

（1）数据用于金融业机构关键或重要业务使用，一般针对特定人员公开，且仅为必须知悉的对象访问或使用；

（2）个人金融信息中的 C2 类信息；

（3）数据的安全性遭到破坏后，对公众权益造成轻微影响，或对个人隐私或企业合法权益造成一般影响，但不影响国家安全。

（d）2 级数据特征如下：

（1）数据用于金融业机构一般业务使用，一般针对受限对象公开，通常为内部管理且不宜广泛公开的数据；

（2）个人金融信息中的 C1 类信息；

（3）数据的安全性遭到破坏后，对个人隐私或企业合法权益造成轻微影响，但不影响国家安全、公众权益。

（e）1 级数据特征如下：

（1）数据一般可被公开或可被公众获知、使用；

（2）个人金融信息主体主动公开的信息；

（3）数据的安全性遭到破坏后，可能对个人隐私或企业合法权益不造成影响，或仅造成微弱影响但不影响国家安全、公众权益。

参考文献

[1] GB/T 22239—2019 信息安全技术　网络安全等级保护基本要求
[2] GB/T 35274—2017 信息安全技术　大数据服务安全能力要求
[3] GB/T 37964—2019 信息安全技术　个人信息去标识化指南
[4] GB/T 37973—2019 信息安全技术　大数据安全管理指南
[5] GB/T 37988—2019 信息安全技术　数据安全能力成熟度模型
[6] GB/T 39335—2020 信息安全技术　个人信息安全影响评估指南
[7] GB/T 39477—2020 信息安全技术　政务信息共享数据安全技术要求
[8] GB/T 41479—2022 信息安全技术　网络数据处理安全要求
[9] JR/T 0171—2020 个人金融信息保护技术规范
[10] JR/T 0185—2020 商业银行应用程序接口安全管理规范
[11] JR/T 0197—2020 金融数据安全　数据安全分级指南
[12] JR/T 0223—2021 金融数据安全　数据生命周期安全规范

附录3 《金融数据安全应急响应和处置指引》团体标准

金融数据安全应急响应和处置指引

前 言

本文件按照GB/T 1.1—2020《标准化工作导则　第1部分：标准化文件的结构和起草规则》和GB/T 20004.1—2016《团体标准化　第1部分：良好行为指南》给出的规则起草。

请注意本文件的某些内容可能涉及专利。本文件的发布机构不承担识别专利的责任。

本文件由中国互联网金融协会提出。

本文件由中国互联网金融协会归口。

本文件起草单位：中国互联网金融协会、蚂蚁科技集团股份有限公司、奇富科技股份有限公司、奇安信科技集团股份有限公司、中国金融认证中心、济宁银行股份有限公司、重庆银行股份有限公司、维沃移动通信有限公司、北京三快科技有限公司。

本文件主要起草人：单强、陆书春、朱勇、王新华、白晓媛、李亮、马余静、高吉兴、周杨、彭晋、冯朝、王嵩贺、邓康、李娜、崔新炜、安锦程、隆峰、焦凡、张蕊、刘畅、唐福喜、秦雪、宋文娣。

1　范围

本文件规定了金融数据安全应急响应和处置的整体框架，明确了金融数据安全事件应急响应处置能力建设要素和指南、金融数据安全事件分类分级的原则和定义以及安全事件应急响应流程。

本文件适用于指导金融机构开展金融数据安全应急响应和处置工作，并为主管部门和第三方测评机构等单位开展金融数据安全应急处置检查和评估工作提供参考。

2 规范性引用文件

下列文件中的内容通过文中的规范性引用而构成本文件必不可少的条款。其中，注日期的引用文件，仅该日期对应的版本适用于本文件；不注日期的引用文件，其最新版本（包括所有的修改单）适用于本文件。

JR/T 0197—2020 金融数据安全 数据安全分级指南

3 术语与定义

下列术语和定义适用于本文件。

3.1 金融数据 financial data

金融机构开展金融业务、提供金融服务以及日常经营管理所需或产生的各类金融数据。

注：该类金融数据可用传统金融数据处理技术或大金融数据处理技术进行组织、存储、计算、分析和管理。

（来源：JR/T 0197—2020，3.10）

3.2 数据安全事件 data security incident

由于人为原因、软硬件缺陷或故障、恶意程序攻击或自然灾害等因素，使网络或信息系统中的数据被篡改、泄露、窃取或滥用、丢失，对国家安全、公共利益或个人、机构合法权益造成负面影响的事件。

3.3 数据安全事件应急响应 data security emergency response

机构为了应对数据安全事件的发生所做的准备，以及在事件发生后所采取的措施。

3.4 数据安全事件应急响应演练 data security incident emergency exercises

机构针对设定的数据安全事件模拟情形，按照应急预案所规定的职责和程序，在特定的时间和地域，开展应急处置的活动。

4 缩略语

下列缩略语适用于本文件。

BIA：业务影响分析（Business Impact Analysis）

DLP：数据泄露防护（Data Loss Prevention）

DRP：灾难恢复计划（Disaster Recovery Planning）

SRC：安全响应中心（Security Response Center）

5 应急响应与处置框架

金融数据安全应急响应与处置框架如图 1 所示。

图 1 金融数据安全应急响应与处置框架

金融数据安全应急响应与处置框架由以下五部分组成：

（a）应急响应原则：

（1）充分准备：重视金融数据安全事件应急准备工作，包括应急响应处置能力建设、信息感知渠道建设等，并通过开展应急演练提高数据安全事件应对的能力；

（2）快速响应：建立金融数据安全事件快速反应的机制，果断决策，即时处理，最大限度地降低事件对内对外的危害和影响；

（3）及时上报：在金融数据安全事件处置过程中，针对事件影响进一步扩大的情况，及时对内升级，如有需要，上报主管部门，以决策处置方式调度更多的资源，防止风险进一步泛化和蔓延；

（4）就高不就低：当金融数据安全事件等级判定指标覆盖不同的等级，

难以判断级别时，按照较高一级数据安全事件进行定级处理；

（5）止损优先：处置金融数据安全突发事件所采取的措施应以风险止损为首要目标，在最短时间内阻止数据风险的继续扩大，降低金融数据安全事件的负面影响。

（b）应急响应处置能力建设：明确机构在金融数据安全应急领域应具备的能力：

（1）组织建设：金融数据安全事件应急相关组织和团队的设立、职责分工和沟通协作；

（2）制度流程：相关组织在金融数据安全事件应急方面的制度和执行流程；

（3）技术工具：通过技术手段和产品工具落实金融数据安全事件应急要求或自动化实现安全事件应急响应工作；

（4）人员能力：从事金融数据安全应急和处置的人员需要具备的知识和技能等。

（c）金融数据安全事件分类分级：对金融数据安全事件进行分类分级，以便对不同类别和级别的事件制定有针对性的应急处置策略和流程，是快速有效处置事件的基础：

（1）事件分类：金融数据安全事件可从产生原因、攻击方式、损害后果等方面进行分类，本文件主要将损害后果作为主要的分类原则；

（2）事件分级：金融数据安全事件分级主要基于数据等级、影响对象、影响程度等要素，采用定性与定量相结合的方式。

（d）应急响应处置流程：

（1）事前：通过风险排查、总结历史突发事件应对情况、建立应急预案和定期应急演练等程序，全面梳理机构的金融数据安全应急场景。同时建立突发事件的监控、预警及应急联动处置机制；

（2）事中：根据应急预案和事件的定级，采用分级的应急响应和处置；

（3）事后：处置完金融数据安全事件后，尽快组织复盘，沉淀应急手段、落实整改方案并完善应急预案。如需要向主管部门或其他数据安全管理机构上报的，进行及时上报。

（e）信息感知渠道：从多个渠道获取金融数据安全相关信息，作为事件预警的输入，以便有效应对，快速响应：

（1）内部运维感知：通过安全审计等方式对可能导致数据安全事件的风险进行预警；

（2）主管部门信息：主管部门下发的金融数据安全相关信息，如风险提示、案例通报、通知要求等；

（3）SRC：与其他 SRC 建立沟通协作机制，互通金融数据安全相关信息，如协助进行漏洞验证修复等；

（4）批量客诉：从机构相关业务的客诉信息中，获取和分析金融数据安全相关信息；

（5）舆情：通过对互联网上的数据安全相关事件和舆论的监测和分析，进行数据安全风险预警。

6　应急响应处置能力建设

6.1　组织建设

6.1.1　组织架构

机构应制定金融数据安全应急和处置的组织架构，明确应急响应的相关组织或团队的职责分工及相互协作关系，确保及时有效地实施应急响应工作。金融数据安全应急响应与处置组织架构如图 2 所示。

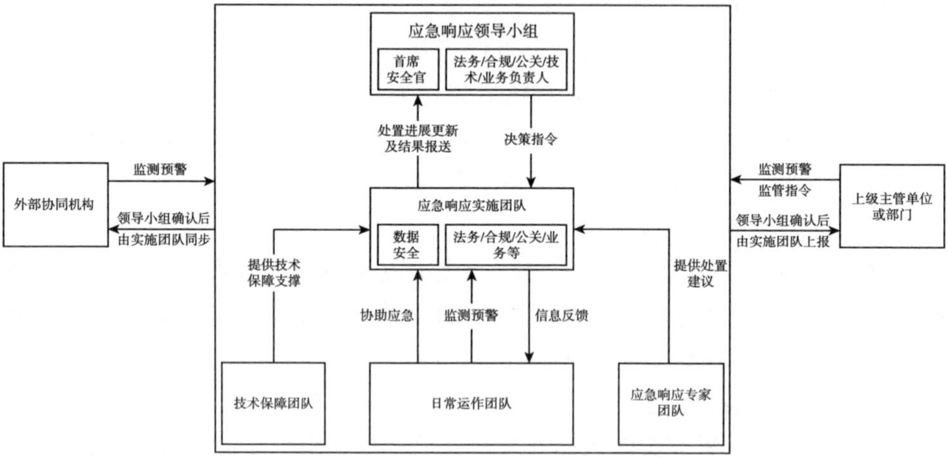

图 2　金融数据安全应急响应与处置组织架构

金融数据安全应急和处置组织架构分为外部组织和内部组织两大部分。外部组织包括上级主管单位或部门、外部协同机构：

（a）上级主管单位或部门主要负责下发应急响应指令给机构内部的应急响应领导小组，接收机构上报的金融数据安全事件报告或应急处置结果等；

（b）外部协同机构主要包括上下游利益相关方、新闻媒体、第三方服务机构等，与机构保持信息沟通和协作，以进行信息互补，必要时协作开展联合应急处置。在事件发生时，能够及时通报准确情况并获得相应的支持。

内部组织划分基于 GB/T 24363—2009 中 6.3 节的描述，包括应急响应领导小组、应急响应实施团队、技术保障团队、日常运行团队、应急响应专家团队。

6.1.2 应急响应领导小组

应急响应领导小组应至少包含首席安全官、法务负责人、合规负责人、公关负责人、技术负责人、业务负责人，并由首席安全官牵头推进相关工作。主要职责包括：

（a）对应急响应工作的承诺和支持，包括发布正式文件、提供必要资源等；

（b）审核并批准应急响应策略和计划；

（c）批准和监督应急响应计划的执行；

（d）负责机构内外部的协调工作；

（e）负责高等级安全事件应急处置方案的决策；

（f）宣布重大应急响应状态的降级或解除；

（g）决定重大的处置措施和新闻报道的重大事项；

（h）向上级单位报告应急管理工作情况。

6.1.3 应急响应实施团队

应急响应实施团队，由履行数据安全职责的团队牵头，此外，需要至少包含法务应急接口人、合规应急接口人、公关应急接口人、业务应急接口人。另外，对于一些大型机构，不同业务部门可能配备有专门的数据安全官，也应纳入应急响应实施团队。主要职责包括：

（a）贯彻执行应急响应领导小组的工作要求；

（b）确定应急响应策略和等级；

（c）制定和实施数据安全事件的具体应急处置工作；

（d）对数据安全事件影响情况进行分析和评估；

（e）收集分析对数据安全突发事件应急处置过程中的数据信息和日志；

（f）向应急响应领导小组报告应急处置进展情况和事态发展情况；

（g）督促相关部门进行数据安全事件处置的培训及预案的演练；

（h）负责数据安全事件发生时的损失控制和损害评估。

6.1.4 技术保障团队

技术保障团队的主要职责包括：

(a) 为数据安全事件的处置工作提供基础技术与工具等保障;

(b) 实施数据安全事件的分析排查及溯源;

(c) 协助配合应急响应实施团队及时有效应对数据安全事件。

6.1.5 日常运行团队

日常运行团队的主要职责包括:

(a) 负责日常数据安全的监测工作;

(b) 负责数据备份与恢复的日常管理;

(c) 当数据安全事件发生时,及时报告应急响应实施团队,并协助处置;

(d) 配合支撑数据安全事件发生时的损失控制和损害评估。

6.1.6 应急响应专家团队

应急响应专家团队的主要职责包括:

(a) 对重大数据安全事件进行评估,提出启动应急响应级别的建议;

(b) 研究分析数据安全事件的相关情况及发展趋势,为应急响应提供咨询或提出建议;

(c) 分析数据安全事件原因及造成的危害,为应急响应提供技术支持。

6.2 制度流程

6.2.1 概述

金融数据安全事件应急响应和处置复杂度高,需要内外部多团队协同配合,建立一套完备的应急响应制度流程至关重要。制度流程至少包含数据安全事件应急管理制度、数据安全事件应急演练制度、数据安全风险处置管理指南、数据安全事件应急预案、数据安全事件分类分级标准。

应急响应制度应当明确应急响应目标、原则、范围及各事项管理要求,应与相关利益方就应急响应达成一致。当组织战略、业务流程、客户需求等发生重大变化时,应对应急响应制度进行评审和调整。

6.2.2 数据安全事件应急管理制度

数据安全事件应急管理制度用于定义应急处置全链路的总体要求和标准流程,主要内容包括但不限于:

(a) 数据安全事件应急管理的总体原则;

(b) 数据安全事件应急事件分类和分级定义;

(c) 数据安全事件应急管理组织机构及职责分工;

(d) 应急预案制定要求和应急演练机制要求;

(e) 应急响应处置机制,包含但不限于风险监测预警机制、应急响应及同步机制、应急处置及决策机制、对主管单位或部门报送机制、对媒体及用户信息披露机制；

(f) 数据安全事件复盘整改、定责追责机制。

6.2.3 数据安全事件应急演练制度

数据安全事件应急演练用于检验应急预案的合理性、实用性和可操作性，检验应急准备工作的完备性，锻炼及检验相关组织和团队的配合能力和应急处置能力，进一步完善联动机制，对相关人员进行数据安全宣传教育，提高全员风险防范意识。数据安全事件应急演练制度包括但不限于：

(a) 数据安全事件应急演练原则；

(b) 数据安全事件应急演练形式，如模拟演练、实操演练、专项演练、综合演练等，具体可参考 GB/T 38645—2020 中第 6 章描述；

(c) 数据安全事件应急演练规划，包括演练形式、频次、规模、时间、地点等；

(d) 数据安全事件应急演练组织架构策略，包括参与应急演练各团队的职责分工，以及按照事件等级、演练形式、演练规模等，调整不同的团队进行演练；

(e) 应急演练实施过程。

6.2.4 数据安全风险处置管理指南

数据安全风险处置管理指南是通过业务影响分析（BIA）、数据安全风险评估和个人信息保护影响评估，识别机构内金融数据面临的威胁，分析各种威胁发生的可能性，对高影响、高风险的数据安全威胁场景进行风险控制，并基于剩余风险水位，由高到低推进场景化应急预案建设。数据安全风险管理与处置指南主要内容包括：

(a) 数据安全风险摸排机制以及由此形成的数据安全风险矩阵；

(b) 数据安全风险定级标准；

(c) 数据安全风险处置流程；

(d) 数据安全风险处置时效要求；

(e) 数据安全风险通知对象、升级通知规则、延期处置情形等。

6.2.5 数据安全事件应急预案

6.2.5.1 场景化应急预案

为最大化提升应急效率，需要针对重点场景制定精细化预案。场景化应急预案主要内容包括但不限于：

(a) 具体风险场景、涉及的具体业务或产品、可能发生的数据安全事件的类别和级别；

(b) 应急响应组织及人员；

(c) 完整的应急流程，包括监测预警、分析研判、应急启动、应急处置、应急决策、应急结束、后续处置等环节；

(d) 应急流程中每个环节涉及的操作人、具体执行动作（包含但不限于涉及的工具、系统、模板、口径）、操作时效、输出结果、信息传递方式。

6.2.5.2 应急预案有效性评估

为了确保应急预案的有效性，应针对预案进行有效性评估，并制定优化策略。包括但不限于：

(a) 具体有效性评估流程及规范，应具备可实施性；

(b) 应制定评估要求，包括但不限于应急预案响应时间、业务场景的覆盖率，当应急预案未达到相关要求时，应及时予以优化改进；

(c) 应急预案有效性评估，至少每年开展一次，遇业务重大调整，应及时更新应急预案。

6.2.6 数据安全事件分类分级标准

数据安全事件定级中应考虑对国家安全、社会稳定、公众权益、组织利益和声誉的影响程度评价，内部定级指标以数据等级和数据量级为主，外部定级指标可引入舆情量级、用户咨询、监管问责、法务诉讼、业务连续性影响、资损影响。

6.3 技术工具

数据安全应急响应的技术工具通过自动化的方式支撑数据安全应急响应全流程，提升应急响应工作效率，助力保障应急响应的及时性、准确性和有效性。数据安全应急响应技术工具主要包括但不限于：

(a) 风险监测：主要用于对图1中信息感知渠道进行统一管理，收集所有信息感知渠道获取的风险数据并进行分类和存储，实现自动化分析和告警，帮助机构了解内外部安全威胁和风险趋势，及时采取相应的措施，提高机构的风险感知能力和安全防范能力；

(b) 溯源分析：主要通过对数据安全事件数据、相关风险数据和溯源数据（如日志记录等）的分析，实现自动化过程回溯和风险故障定位。可从溯源数据的采集管理、数据查询加速、ID特征数据索引和溯源逻辑编排等方面大幅提升溯源效率；

(c) 事件响应运营：通过响应编排化，加速事件原因调查过程，保障对整个事件的响应处置动作有效。响应编排能力可通过应急预案管理和响应流程编排，保障事件被按照正确的响应流程处置，并通过在线联动和处置服务在线化接入等提升事件的响应处置效率；

（d）其他技术工具：利用安全事件分析研判平台、病毒检查、恶意代码检查、后门检查、暗链检查、恶意行为分析工具等通用性技术工具进行数据安全事件的应急响应，及时发现被攻陷的信息系统，形成数据安全事件应急响应的标准化技术动作。

6.4 人员能力

应对金融数据安全应急相关人员进行相关培训，包括政策标准、技能、意识、应急流程、演练方案等方面的学习、培训，指导和帮助相关人员掌握数据安全背景知识和工作要求，按照规范流程进行应急响应处置，实现应急响应团队技术能力的提升。人员需要提升的能力主要包括：

（a）对数据安全法律法规、金融行业监管政策、国家与金融行业数据安全技术标准的了解与熟悉；

（b）对数据安全、应急响应工作框架模型、技能、安全意识、一般处置方法流程的了解与熟悉；

（c）对内部数据安全应急响应管理制度、规范、办法的熟悉与精通；

（d）对内部数据安全应急响应各总体预案、场景预案的熟悉与精通；

（e）参加与实施过多种场景的应急预案的培训与演练；

（f）对应急响应的相关培训应每年定期开展一次，可在政策法规、技能、意识、内部流程、预案中选择并轮换进行。

7 金融数据安全事件分类分级

7.1 事件分类

7.1.1 事件分类原则

金融数据安全事件可能由故意行为或意外行为引起，也可能由某些控制失效或不可抗力等原因引起。为便于更简单地了解安全事件可能导致的影响，以及方便分组管理数据安全事件，本文件基于损害后果，将数据安全事件分为数据泄露事件、数据窃取事件、数据丢失事件、数据篡改事件和数据滥用事件。

7.1.2 事件分类定义

金融数据安全事件分类定义如表 1 所示。

表 1　金融数据安全事件分类定义

事件分类	类别定义	示例
数据泄露事件	因误操作、软硬件缺陷、安全意识不足或电磁泄漏等原因导致数据被未授权人知悉的数据安全事件，一般为被动性的	(1) 从系统中导出数据，临时存储在移动介质上，移动介质在传递过程中不慎丢失，被不法分子获取，从而造成数据泄露； (2) 没有保密意识将敏感数据分享给不在知悉范围内的非授权部门等； (3) 磁盘数据未清除导致数据泄露
数据窃取事件	出于获利、炫技等目的通过技术手段攻击、非法售卖等途径获取数据的数据安全事件，一般为主动性的	(1) 通过渗透攻击、恶意软件窃取系统数据； (2) 外部人员利用系统数据库漏洞进行拖库窃取数据； (3) 内部数据管理人员违规售卖个人信息获利等
数据丢失事件	因物理环境因素（火灾、地震、断电、雷击等）、人为因素（误操作、盗窃、恶意破坏等）、技术原因（病毒、勒索软件等）、系统故障等因素导致数据失去且不易被恢复的数据安全事件	(1) 数据存储介质丢失或损坏，使数据丢失且无法恢复； (2) 断电等故障导致数据没有被完全保存产生一段时间内的数据丢失
数据篡改事件	对数据的内容、属性等进行增加、删除、修改导致数据的完整性遭到破坏的数据安全事件	(1) 业务系统被植入恶意木马程序，导致交易金额等数据被非法篡改； (2) 非授权增加特权账户或者修改权限，修改交易金额，修改银行利率数据等
数据滥用事件	数据的使用超出了预先约定的目的、范围、用途、场景的数据安全事件	(1) 超出业务场景需要超范围采集个人信息，并导致用户权益受损； (2) 未经用户同意，将个人信息挪作他用，并导致用户权益受损

7.2　事件分级

7.2.1　事件分级要素

金融数据安全事件分级主要基于数据等级、影响对象、影响程度等要素，并采用定性与定量相结合的方式。

数据等级：根据 JR/T 0197—2020，将金融数据安全级别从高到低划分为 5 级、4 级、3 级、2 级、1 级。遭到破坏的数据的级别越高，导致的数据安全事件的影响越大，则相应的数据安全事件等级越高。

影响对象：指发生数据安全事件时可能影响的对象。通常包括国家安全、公共利益、组织利益、个人权益。

影响程度：主要包括影响范围和影响严重程度。影响范围通常定量评估，如被破坏的数据的量级，影响的用户量级等；影响严重程度通常定性评估，从高到低分为特别严重影响、严重影响、一般影响。

7.2.2 事件分级定义

综合分析数据等级、影响对象、影响程度等分级要素，金融数据安全事件级别按照其严重性，从高到低划分为特别重大事件、重大事件、较大事件、一般事件四个级别。金融数据安全事件分级定义如表2所示，如行业主管部门有具体要求，则具体定级标准根据行业主管部门要求执行。

表2 金融数据安全事件分级定义

等级	事件定义（符合下列条件之一）
特别重大事件	• 对国家安全产生特别严重影响或严重影响，对社会秩序与公共利益产生特别严重影响
	• 因数据安全风险受到来自主管部门的刑事处罚，对金融机构构成特别严重影响（如某业务板块终止运行、停业整顿、关闭网站、吊销营业执照或吊销相关业务许可证等），或重大经济损失，直接或者间接损失合计在5000万（含）元以上的
	• 为犯罪提供敏感数据的；非法获取、出售或者提供敏感个人信息500条以上的；非法获取、出售或者提供其他个人信息5000条以上的；或相应比例合计达到前述数量的
	• 3级以上金融数据遭泄露、篡改、毁损、丢失条数大于等于1亿条或因数据遭泄露、窃取、丢失、篡改、滥用等影响用户数量大于等于1000万
重大事件	• 对国家安全产生一般影响，对社会秩序与公共利益产生严重影响的
	• 因数据安全风险受到来自主管部门或行政机关的行政处罚，对机构构成严重影响（如巨大声誉损失，客户信用降低，某业务板块的临时关停处罚或定期整改处罚），或重大经济损失，直接或者间接损失合计［1000万，5000万）元的
	• 非法获取、出售或者提供行踪轨迹信息、通信内容、征信信息、财产信息［10，50）的；非法获取、出售或者提供敏感个人信息［100，500）的；非法获取、出售或者提供其他个人信息［1000，5000）的；或相应比例合计达到前述数量的
	• 3级以上金融数据遭泄露、篡改、毁损、丢失条数［1000万，1亿）或因数据遭泄露、窃取、丢失、篡改、滥用等影响用户数量在［100万，1000万）的

续表

等级	事件定义（符合下列条件之一）
较大事件	• 对国家安全不产生影响，对社会秩序与公共利益产生较大影响的
	• 因数据安全风险受到主管部门或行政机关的警告或行政整改要求，对机构构成较大不良负面影响，或产生较大经济损失合计［100万，1000万）元的
	• 非法获取、出售或者提供行踪轨迹信息、通信内容、征信信息、财产信息十条以内的；非法获取、出售或者提供敏感个人信息（0，100）的；非法获取、出售或者提供其他个人信息［100，1000）的；或相应比例合计达到前述数量的
	• 3级以上金融数据遭泄露、篡改、毁损、丢失条数［100万，1000万）或因数据遭泄露、窃取、丢失、篡改、滥用等影响用户数量［10万，100万）
	• 合作伙伴经机构授权获取的3级以上金融数据发生泄露条数超过100万或因数据遭泄露、窃取、丢失、篡改、滥用等影响用户数量10万以上
一般事件	• 对国家安全、社会秩序与公共利益不产生影响，可能一定程度上影响少量个人权益的
	• 非法获取、出售或者提供其他个人信息100条以内的
	• 3级以上金融数据遭泄露、篡改、毁损、丢失条数（0，100万）或因数据遭泄露、窃取、丢失、篡改、滥用等影响用户数量（0，10万）
	• 合作伙伴经机构授权获取的3级以上金融数据发生泄露条数［10万，100万）或因数据遭泄露、窃取、丢失、篡改、滥用等影响用户数量［1万，10万）

8 应急响应流程

8.1 安全监测

安全监测是判断是否需要进入应急处置状态的触发点，包括安全监控和探测发现两个阶段。

安全监控可基于机构内部人员发现的数据安全风险、组织部署的安全检测设备等预警信息，也可基于外部风险感知渠道获取的数据安全风险信息。宜建立基于金融数据安全的风险库，定期进行风险评估，并保持风险库的更新。探测发现主要基于安全监控阶段的数据安全风险信息，通过风险识别策略体系来分析和识别可能发生或已经发生的数据安全事件。

安全监测需要对日常的IT基础设施运营状态，安全运行状态，数据存储传输状态，数据调用使用状态做常态化的监控。对于常态化运行监控需要区分时间、物理区域、业务活动等维度定义运行基线，在此基础上，对于基线的偏移量定义异常状态的风险预警。例如，网络设备流量监控，存储设备的容量监控，数据增量监控，数据链路的流动状态等指标，环比过去24小时的指标对比，上移10%则定义为一般风险预警，上移20%~40%则定义为较大风险预警，上移40%~100%则定义为重大风险预警。同时在IT基础设施运行监控外，需要配合安全设备监控，包括但不限于系统入侵行为监控，机器行为，数据爬取，数据集中输出等。

8.2 分级响应

基于安全监测发现数据安全事件后，应立即向应急响应实施团队报告，应急响应实施团队根据金融数据安全事件等级启动不同的响应程序及处置决策机制，并确认应急处置团队成员、应急模式、处理方案、响应时效等。

突发事件的处置恢复时长将影响最终的数据安全事件影响程度，通常恢复时间越长，数据安全事件影响程度越大，因此响应过程需要面向事件等级区分不同的响应状态，针对不同等级事件投入不同程度的响应资源，保障事件最终影响范围可控，同时组织可接受投入资源大小。

不同响应状态下对不同响应指标要求不同，响应的指标可以包含但不限于：处置团队成员，应急模式（线上、线下），响应时效，同步范围，上报范围，DRP触发范围。

响应分级的状态除了需要参考关联事件等级外，还可参考机构发展的业务需求，如在新业务上线或推广期内，响应等级可以合理上移，然后关联上述的响应等级指标。

针对不同的数据安全事件等级，分级响应和同步机制如下：

（a）重大事件及以上等级事件，应急响应实施团队应在获悉应急事件后10分钟内报送应急响应领导小组，由应急响应实施团队负责牵头进行应急响应及处置，由应急响应领导小组向机构最高管理层汇报事态进展，由机构最高管理层进行重要事项的决策；

（b）较大事件，应急响应实施团队应在获悉应急事件后30分钟内报送应急响应领导小组，由应急响应实施团队负责牵头进行应急响应及处置，并向业务线最高管理层汇报处置进展，由业务线最高管理层进行重要事项的决策；

（c）一般事件，应急响应实施团队应在获悉应急事件后2小时内报送应急响应领导小组，由应急响应实施团队负责牵头进行应急响应及处置，并向应急响应领导小组汇报处置进展，由应急响应领导小组进行重要事项的决策。

8.3 溯源分析

发生金融数据安全事件后，应对事件的发生时间、威胁来源、风险主体和事件原因进行溯源分析。不同安全事件分析动作存在差异，包含但不限于以下动作：

（a）真实性核定：与情报来源人员沟通情报信息内容，包含但不限于样本数据、发生时间、涉及数据类型、数据量级等，确定情报数据为本机构相关数据，并验证数据安全性是否遭到损害；

（b）过程回溯：基于系统应用的访问记录、内部人员的操作记录、用户授权合作伙伴记录和数据库访问记录等数据分析，还原泄露样本数据的存储位置和历史操作输出记录，定位导致泄露的嫌疑对象，内部系统、设备、网络或人员，以及发起访问或操作的威胁源头；

（c）风险排查：针对泄露数据的系统应用、设备进行挖掘分析，分析是否存在数据安全风险，如数据使用不合规、数据访问权限管控不当和系统漏洞等；

（d）威胁源排查：威胁源排查可以分为横向和纵向两种排查方式，纵向排查是对威胁源头的所有访问行为进行回溯，还原完整利用链路和其他可疑行为。横向排查是针对发现的系统安全漏洞或威胁，分析其他攻击者或违规者的威胁行为；

（e）联合排查：需要面向当前机构的合作伙伴，上下游数据交互组织等存在数据调用方，通知其相应的数据安全风险以及已经排查探明的具体威胁等信息，并联系合作伙伴进行联合排查。

8.4 影响评估

8.4.1 概述

影响评估工作的开展，主要通过对事件发生后潜在或已经产生的影响进行分析，给出已经产生的影响范围和潜在的风险清单。根据影响范围，参照就高不就低原则对事件进行定级，可指引机构执行不同等级的响应处置方案。根据风险清单可指导后续对不同风险的处置恢复。

8.4.2 影响评估阶段

影响评估按照响应阶段不同分为事前评估、事中评估和事后评估。

（a）事前评估，即事件触发时进入应急状态的阶段。根据安全监测的指标作为输入来评估安全情况，以此作为参考依据辅助机构评判需要执行何种等级的应急响应动作。

(b) 事中评估，即事件进入应急处置或归因溯源阶段。机构经初步排查，根据事件的起因、影响范围、大体的威胁和风险等关键指标，得到的评估结论。当事中评估的风险等级高于事前评估时，需要机构即刻提升事件等级，并升级事件处置；反之则可以适当降级处置。

(c) 事后评估，即在整个事件处置关闭后，其影响范围、风险等级、威胁来源、业务影响度等关键指标都清晰刻画后得到的结论。

8.4.3 影响评估内容

影响评估的主要内容包括但不限于：

(a) 业务影响：事件是否会引发系统连续性、系统可靠性或服务能力下降，影响业务正常运转；

(b) 财务影响：事件是否会引发公司业务营收减少或向用户或者合作伙伴进行资金赔偿；

(c) 法律合规影响：事件是否涉及数据采集、存储、使用、传输等环节的违法违规行为，从而可能引发民事或刑事诉讼、主管部门的问责或处罚，以及是否达到主动向主管单位或部门报送的标准；

(d) 系统安全影响：事件是否涉及网络、设备或系统的资产信息、访问网络、设备或系统使用的账号密码泄露，从而导致设备、服务器或应用存在被入侵或攻击的风险；

(e) 用户资金安全影响：事件是否涉及用户账户、密码、资产或可能导致用户资金被盗取的风险；

(f) 声誉影响：事件是否会引发利益相关方、社会公众、媒体的关注，从而对机构形成负面评价，损害其品牌价值。

8.5 处置恢复

处置恢复主要基于 DRP 开展。机构发现数据安全风险时即应启动 DRP，旨在遏制风险范围继续扩大，或消除风险对机构的影响。同时，DRP 可以在同质或相同的数据安全事件上排查是否还有残留风险或隐藏风险。DRP 处置过程中宜注意不应造成次生或衍生数据安全事件。

DRP 的主要关注内容包括但不限于：

(a) 针对内部风险，宜从人员、应用系统、账号权限、设备和网络等多维度进行应急处置，不限于网络访问控制、账号权限控制、应用漏洞修复、设备冻结、账户资金限额等手段；

（b）针对外部合作机构带来的风险，宜尽快通知合作的生态机构，并要求在限定时间内对泄露接口进行修复，特别重大情形可暂停接口调用，甚至终止合作；

（c）针对外部舆情风险，联合业务、法务、合规、公关和客服团队对潜在可能产生的集体客诉风险、负面声誉风险等提前进行防护和准备，遏制事件影响范围继续扩大；

（d）涉及个人信息泄露的安全事件，宜联合相关团队评估是否存在侵犯用户隐私权，并依据相关法律法规要求执行利害人告知、上报主管部门等义务；

（e）经法务判断，相关数据安全事件触犯了法律要求，宜依照相关法律法规要求报案，并协助提供相关证据材料。

8.6 上报主管部门

发生数据安全事件时，按照规定及时向有关主管部门报告。具体报告内容和报告时效应根据主管部门具体要求执行。相关法律法规要求见附录 A。

8.7 复盘总结

应急结束后，应急响应实施团队应牵头对事件进行复盘并形成书面报告，复盘过程需结合事件发生和处置的详细情况，明确事件发生的根本原因，评估应急预案的有效性和应急处置的效果，并制订具体的整改方案。同时，应急响应实施团队和应急响应日常运行团队应定期对应急响应工作进行分析和回顾，总结经验教训，并改进应急流程与措施。对应急响应工作的总结的内容应包括总体成效、准备工作的充分性和针对性、事件发生数量类别频率等统计情况、处置过程经验得失、事件趋势信息、同类隐患排查情况。

附录 A
（资料性）
数据安全事件向主管部门报告相关要求

序号	法律法规名称	具体条款要求
1	《中华人民共和国网络安全法》	第四十二条　网络运营者不得泄露、篡改、毁损其收集的个人信息；未经被收集者同意，不得向他人提供个人信息。但是，经过处理无法识别特定个人且不能复原的除外； 网络运营者应当采取技术措施和其他必要措施，确保其收集的个人信息安全，防止信息泄露、毁损、丢失。在发生或者可能发生个人信息泄露、毁损、丢失的情况时，应当立即采取补救措施，按照规定及时告知用户并向有关主管部门报告
2	《中华人民共和国数据安全法》	第二十九条　开展数据处理活动应当加强风险监测，发现数据安全缺陷、漏洞等风险时，应当立即采取补救措施；发生数据安全事件时，应当立即采取处置措施，按照规定及时告知用户并向有关主管部门报告
3	《中华人民共和国个人信息保护法》	第五十七条　发生或者可能发生个人信息泄露、篡改、丢失的，个人信息处理者应当立即采取补救措施，并通知履行个人信息保护职责的部门和个人。通知应当包括下列事项： （一）发生或者可能发生个人信息泄露、篡改、丢失的信息种类、原因和可能造成的危害； （二）个人信息处理者采取的补救措施和个人可以采取的减轻危害的措施； （三）个人信息处理者的联系方式。 个人信息处理者采取措施能够有效避免信息泄露、篡改、丢失造成危害的，个人信息处理者可以不通知个人；履行个人信息保护职责的部门认为可能造成危害的，有权要求个人信息处理者通知个人
4	《中国人民银行金融消费者权益保护实施办法》	第三十四条　银行、支付机构应当按照国家档案管理和电子数据管理等规定，采取技术措施和其他必要措施，妥善保管和存储所收集的消费者金融信息，防止信息遗失、毁损、泄露或者被篡改； 银行、支付机构及其工作人员应当对消费者金融信息严格保密，不得泄露或者非法向他人提供。在确认信息发生泄露、毁损、丢失时，银行、支付机构应当立即采取补救措施；信息泄露、毁损、丢失可能危及金融消费者人身、财产安全的，应当立即向银行、支付机构住所地的中国人民银行分支机构报告并告知金融消费者；信息泄露、毁损、丢失可能对金融消费者产生其他不利影响的，应当及时告知金融消费者，并在 72 小时以内报告银行、支付机构住所地的中国人民银行分支机构。中国人民银行分支机构接到报告后，视情况按照本办法第五十五条规定处理

续表

序号	法律法规名称	具体条款要求
5	《非银行支付机构重大事项报告管理办法》	第六条　支付机构发生风险事件或者突发情况的，应当按照中国人民银行相关规定和本办法的要求及时报告。事后报告事项分为一类事项和二类事项。 第七条　一类事项包括下列情形： （一）涉及影响社会公共秩序的群体性事件或者重大负面舆情的； （二）支付机构受益所有人发生非正常死亡、失联等异常变故，未履行审批程序而发生变更的； （三）发生客户个人信息泄露等信息安全事件一次性涉及客户信息数据超过 5000 条或者客户数量超过 500 户的； （四）因突发情况导致支付业务中断或者功能故障，超过 2 小时或者影响支付业务笔数超过 10 万笔，或者可能造成重大负面舆情的； （五）客户、特约商户或者外包服务机构涉嫌利用本机构渠道从事欺诈、洗钱、非法集资、网络赌博等违法犯罪活动，造成重大影响的； （六）发生客户备付金被挪用或者重复结算等风险事件，可能影响正常资金结算或者损害客户合法权益的； （七）其他可能对支付机构经营管理造成重大影响或者损害金融消费者合法权益且可能引发区域性、系统性金融风险的重大风险事件和紧急情况。 第八条　二类事项包括下列情形： （一）支付机构及其主要出资人、实际控制人涉及涉案金额超过净资产 10%的重大诉讼、仲裁纠纷，超过净资产 10%的重要资产被查封或者冻结、刑事案件等法律问题的； （二）支付机构董事、监事、高级管理人员涉及刑事案件，或者发生非正常死亡、失联等异常变故，可能影响其正常履行岗位职责的； （三）发生客户个人信息泄露等信息安全事件一次性涉及客户信息数据不超过 5000 条，且涉及客户数量不超过 500 户的； （四）因突发情况导致支付业务中断或者功能故障，但不超过 2 小时且影响支付业务笔数不超过 10 万笔，不会造成重大负面舆情的； （五）涉及其他监管部门、司法机关通报的支付风险案件，或者被其他监管部门采取列人经营异常名录、行政处罚等监管措施的； （六）支付机构在内、外部审计或者检测中被发现存在重大问题，可能影响支付机构经营或者损害金融消费者合法权益的； （七）其他可能对支付机构造成影响或者损害金融消费者合法权益的重大风险事件和紧急情况

续表

序号	法律法规名称	具体条款要求
6	《银行业保险业突发事件信息报告办法》	第三条　银行保险监管机构、银行保险机构应当建立完善突发事件信息报告工作制度和流程，及时、客观、真实、全面地报告各类突发事件。 第五条　银行保险机构应当按照“谁监管、向谁报”的原则，向银行保险监管机构报告突发事件信息。 银行保险监管机构应当按规定向上级机构报告辖内银行业保险业重大突发事件信息。 第六条　银行业保险业突发事件报告共同标准。发生下列银行业保险业突发事件，应当向银保监会报告信息
7	《银行计算机安全事件报告管理制度》	第三条　银行计算机安全事件的报告必须做到快速及时、客观真实，并实行归口管理、分别报告的原则。 第八条　银行计算机安全事件具体包括： （一）信息系统软硬件故障； （二）网络通信系统故障； （三）供电系统故障； （四）系统感染计算机病毒； （五）数据处理中心遭水灾、火灾、雷击； （六）银行网络遭遇入侵或攻击； （七）信息系统敏感数据泄露； （八）信息系统数据失窃； （九）银行数据处理设备失窃。 第九条　符合以下条件之一的计算机安全事件必须报告： （一）计算机信息系统中断或运行不正常超过 4 小时； （二）造成直接经济损失超过 100 万元； （三）严重威胁银行资金安全； （四）因计算机安全事件造成银行不能正常运营，且影响范围超过一个县级行政区域。 第十条　计算机安全事件报告包括以下内容： （一）计算机安全事件发生的时间、地点、单位、单位负责人和联系方式； （二）计算机安全事件的类别、涉及软硬件系统的情况和事件发生的过程； （三）计算机安全事件造成的后果和影响范围； （四）计算机安全事件发生的原因； （五）责任人或涉案人员； （六）计算机安全事件发生后采取的应急措施

参考文献

[1] GB/T 20984—2022 信息安全技术　信息安全风险评估方法

[2] GB/T 20985.2—2020 信息技术　安全技术　信息安全事件管理　第2部分：事件响应规划和准备指南

[3] GB/Z 20986—2007 信息安全技术　信息安全事件分类分级指南

[4] GB/T 24363—2009 信息安全技术　信息安全应急响应计划规范

[5] GB/T 28827.3—2012 信息技术服务　运行维护　第3部分：应急响应规范

[6] GB/T 38645—2020 信息安全技术　网络安全事件应急演练指南

[7] GB/T 41479—2022 信息安全技术　网络数据处理安全要求

[8] JR/T 0223—2021 金融数据安全　数据生命周期安全规范